雅债

文徵明的社交性艺术

[英] 柯律格（Craig Clunas）著

刘宇珍 邱士华 胡隽 译

生活·讀書·新知 三联书店

Elegant Debts: The Social Art of Wen Zhengming
by Craig Clunas was first published by Reaktion Books, London, 2004
Copyright ⓒ Craig Clunas, 2004
Chinese language edition ⓒ Rock Publishing International
ⓒ 此书中文简体字版权由（台湾）石头出版股份有限公司授权
未经许可，不得翻印。

图书在版编目（CIP）数据

雅债：文徵明的社交性艺术 /（英）柯律格著；刘宇珍等译 . —2 版 . —北京：生活·读书·新知三联书店，2019.1
（开放的艺术史丛书）
ISBN 978 – 7 – 108 – 06388 – 5

Ⅰ . ①雅… Ⅱ . ①柯… ②刘… Ⅲ . ①文徵明（1470—1559）－人物研究　Ⅳ . ① K825.72

中国版本图书馆 CIP 数据核字（2018）第 196277 号

特邀编辑	张　琳
责任编辑	王振峰
装帧设计	蔡立国
责任印制	卢　岳
出版发行	生活·讀書·新知 三联书店
	（北京市东城区美术馆东街 22 号）
邮　　编	100010
图　　字	01-2018-6206
经　　销	新华书店
印　　刷	北京图文天地制版印刷有限公司
版　　次	2012 年 4 月北京第 1 版
	2019 年 1 月北京第 2 版
	2019 年 1 月北京第 5 次印刷
开　　本	720 毫米 × 1020 毫米　1/16　印张 20
字　　数	320 千字　108 图
印　　数	19,001 – 26,000 册
定　　价	69.00 元

目 录

开放的艺术史丛书总序 ························· 尹吉男　I

致中文读者 ··· III

引　言 ·· VII

第 I 部分 ·· 1

　1　家　族 ··· 3

　2　"友"、师长、庇主 ································· 27

　3　"友"、同侪、同辈 ································· 51

第 II 部分 ··· 75

　4　官　场 ··· 77

　5　"吾吴"与当地人的义务 ······················· 107

第Ⅲ部分 131
　　6 "友"、请托人、顾客 133
　　7 弟子、帮手、仆役 171
　　8 艺术家、声望、商品 193

后　记 225
谢　辞 229
注　释 231
参考书目 269
图版目录 285
人名索引 289

开放的艺术史丛书

总　序

　　主编这套丛书的动机十分朴素。中国艺术史从某种意义上说并不仅仅是中国人的艺术史，或者是中国学者的艺术史。在全球化的背景下，如果我们有全球艺术史的观念，作为具有长线文明史在中国地区所生成的艺术历程，自然是人类文化遗产的一部分。对这份遗产的认识与理解不仅需要中国地区的现代学者的建设性工作，同时也需要世界其他地区的现代学者的建设性工作。多元化的建设性工作更为重要。实际上，关于中国艺术史最有效的研究性写作既有中文形式，也有英文形式，甚至日文、俄文、法文、德文、朝鲜文等文字形式。不同地区的文化经验和立场对中国艺术史的解读又构成了新的文化遗产。

　　有关中国艺术史的知识与方法的进展得益于艺术史学者的研究与著述。20世纪完成了中国艺术史学的基本建构。这项建构应该体现在美术考古研究、卷轴画研究、传统绘画理论研究和鉴定研究上。当然，综合性的研究也非常重要。在中国，现代意义的历史学、考古学、人类学、民族学、社会学、美学、宗教学、文学史等学科的建构也为中国艺术史的进展提供了互动性的平台和动力。西方的中国艺术史学把汉学与西方艺术史研究方法完美地结合起来，不断做出新的贡献。中国大陆的中国艺术史学曾经尝试过马克思主义的阶级和社会分析，也是一种很重要的文化经验。文化理论和文化研究的多元方法对艺术史的研究也起到积极的作用。

　　我选择一些重要的艺术史研究著作，并不是所有的成果与方法处在当今的学术前沿。有些研究的确是近几年推出的重要成果，有些则曾经是当时的前沿性的研究，构成我们现在的知识基础，在当时为我们提供了新的知识与方法。比如，作为丛书第一本的《礼仪中的美术》选编了巫鸿对中国早期和中古美术研究的主要论文31篇；而巫鸿在1989年出版的《武梁祠：中国古代画像艺术的思想性》（*The Wu Liang Shrine: The Ideology of Early Chinese Pictorial Art*）；包华石（Martin Powers）在1991年出版的《早期中国的艺术与政治表达》（*Art and Political Expression in Early China*）；柯律格（Craig Clunas）在1991年出版的《长物：早期现代中国的物质文化与社会状况》（*Superfluous Things: Material Culture and Social Status in Early Modern China*）；巫鸿在1995年出版的《中国古代美术和建筑中的"纪念碑性"》（*Monumentality in Early Chinese Art and Architecture*）等，都是当时非常重要的著作。像雷德侯（Lothar Ledderose）的《万物：中国艺术中的模件化和规模化生产》（*Ten Thousand Things: Module and Mass Production in Chinese Art*）；乔迅（Jonathan Hay）的《石涛：清初中国的绘画与现代性》（*Shitao: Painting and Modernity in Early Qing China*）；白谦慎的《傅山的世界：十七世纪中国书法的嬗变》（*Fu Shan's World: The Transformation of Chinese Calligraphy in the Seventeenth Century*）；杨晓能的《另一种古史：青铜器纹饰、图形文字与图像铭文的解读》（*Reflections of Early China: Décor, Pictographs, and Pictorial Inscriptions*）等，都是2000年以来出版的著作。中国大陆地区和港澳台地区的中国学者的重要著作也会陆续选编到这套丛书中。

除此之外，作为我个人的兴趣，对中国艺术史的现代知识系统生成的途径和条件以及知识生成的合法性也必须予以关注。那些艺术史的重要著述无疑都是研究这一领域的最好范本，从中可以比较和借鉴不同文化背景下的不同方式所产生的极其出色的艺术史写作，反思我们共同的知识成果。

视觉文化与图像文化的重要性在中国历史上已经多次显示出来。这一现象也显著地反映在西方文化史的发展过程中。中国"五四"以来的新文化运动是以文字为核心的，而缺少同样理念的图像与视觉的新文化与之互动。从这个意义上说，这套丛书不完全是提供给那些倾心于中国艺术史的人们去阅读的，同时也是提供给热爱文化史的人们备览的。

我唯一希望我们的编辑和译介工作具有最朴素的意义。

尹吉男
2005年4月17日
于花家地西里书室

致中文读者

能将本书以译本的形式呈现在中文读者面前,我在骄傲之余,亦不免有些惶恐。正如我其他的作品,这本书原是写给英文读者看的,自不可能期待他们对中国文化传统中的大人物有所听闻,更别说是对其生平或作品有何了解了。故中文读者或许会对本书的某些方面感到奇怪与不解。这篇小序虽不意在为此开脱,仍要感谢出版社让我得以借此序言稍做解释,略述本书何以是今日所见的模样,及其主要的关怀何在。

我在三十年前所受的学术训练与背景(先后在剑桥大学东方研究院与伦敦大学亚非学院),其实不是中国艺术,而是中国语言及文学。现在我虽以艺术史家自居,当年训练的重要性对我而言却未尝稍减。这本文徵明研究,实有赖周道振先生1987年的《文徵明集》,可说若无周先生的书,就不可能有本书的出现。他以无比的耐心与严谨的治学态度,集结了现存所有的文徵明文本,将之合成一编,分为上下两册。这部集子收录的虽只是昔日曾存在过的一小部分,且由一个从未在专业学术机构里占一职缺、我亦无缘得见的学者编成,却成就了本书所提出的种种解释,并间接促成其后关于文徵明的研究,故在此首先要对周先生致意。此外,也要向所有参与翻译工作的译者们致谢,我的英文文风想必使得翻译工作格外地艰巨吧。

一本书专讲一个人物的写作方式,就各方面而言,在艺术史界看来似乎是过时了。所谓的"新艺术史"约在1970年到20世纪80年代时盛行于英国,并对于将艺术家视为个人天才的概念多所抨击;其影响之一,便是使得专注于单一人物的研究,一度被认为不如那些讨论艺术自身历史趋势的著作或那些看重观者之所见所思更甚于艺术家成品的研究来得有用。我前此曾写过明代人如何接受并观看艺术；就在这研究之后，我开始觉得，文徵明虽自乾隆朝以来即在艺术典范中享有盛名与地位，但若不将之视为理所当然，那么试图去了解单一个人物，或许也能有所成就。近年已有不少艺术史家重拾专书的写作形式（一本书专讲一个人物），而专书的复兴，亦成为近十至十五年来英文著作中显见的特征。然这些新的专书（包括本书在内），在写作时都意识到艺术史已经是个更宽广的学科，并试着将之与其他领域所关心的知识课题相连结。如人类学家的作品，以及那些讨论"自我"与"个人"在不同时代里如何被建构，并挑战艺术史于19世纪及20世纪初成为学科时所依凭之哲学论点的著作，对我而言便格外重要。希望随着本书的展开，读者们会更明白这些作品对我的深远影响。

文徵明的盛名让学者们对他既趋之若鹜，又望而生畏。我承认我也曾稍怯于其大名——他就像莎士比亚一样，是那种还在世时其作品便已受敬慕者推崇备至的人物。而我走向他的过程，亦不可谓不曲折。我先于1991年出版一本书讨论其后人文震亨（1585—1645）所撰之《长物志》，后又于1997年出版另一本书研究明代文献中的园林，里头有不小的篇幅提到文徵明。因此，直到对文家及其所处（和形塑）的明代苏州文化圈思索了约莫二十年之后，我才觉得有把握直接面对这个人。另一个使我却步的原因，是我缺乏书画的正式训练，无论是实际提笔操作，或者是展卷鉴赏。对某些人而言，这短处或许会让我没资格提出什么有用的看法。然本书相对而言虽较少着墨于过去文徵明研究中最重要的主题——风格与笔墨，我可不愿对此毫无解释。本书之所以有此偏废，并不单是意识形态的立场所致，更不是我个人认为风格的问题一点也不重要。风格与笔墨既已是其他学者们关心的焦点，而这情形也无疑会持续下去，故我希望还有空间容得下这本把重点放在别的问题上的书。

事实上，有些西方书评认为本书对文徵明所作的画，特别是其风格，言之过少。这样的看法若真能成立，那我也要极其严正地说，这**绝非**因为我认为这些事无关紧要。当我还在伦敦的维多利亚与艾伯特博物馆担任策展人的时候，便常能时时磨炼自己的眼力，故对中国艺术里的漆器、家具、玉器及瓷器等，也算是小有心得。因职务之便，有幸结识许多当代书画鉴赏界的泰斗；对他们的赏鉴技巧，我自是佩服得五体投地。然而，那些我最尊敬的前辈们，无一不是在实物面前反复地摩挲勘验方得成就其眼力，而这样的涵泳经验，对我来说，却几乎是不可能的事。因为某些复杂的历史因素,英国境内的中国画相对而言十分贫乏——出现于本书图 7 现藏于大英博物馆的那幅画,即是唯一一件得以让我反复观看的文徵明画作。当我开始着手本书的研究时,原以为可以多谈谈其风格的。当时或许太过天真,以为真有可能建立画作风格(画成何样)与其制作之社会情境(为谁而画)的关系。很快地,我便清楚意识到这无疑是缘木求鱼。虽然认为这两者间于某种程度上仍有所关联的信念至今犹在,我现在相信此间的关联性已细致且复杂到今日无法觉察的程度,至少对我而言是如此。相信来日定有学者致力研究这个中国画坛上的大人物,或许他们会有能力辨识吧。届时,盼本书能提供他们进一步思考这个问题或其他问题的材料;若然,则余愿足矣。

Craig Clunas

2009 年 6 月于牛津

引　言

　　文徵明（1470—1559）是中国历史上赫赫有名的艺术家。他出现在当今每一本中国艺术通史里，并以"明四大家"之一的称号，成为明代（1368—1644）绘画展中不可或缺的要角。当我在"中国艺术史：1400—1700 年"课上被学生问道："究竟谁是中国当时可比拟米开朗基罗（Michelangelo Buonarroti，1475—1564）的大师？"（这个问题意味着："谁是我应该第一个记住的经典人物，以便开始对这段时期的画坛有所认识？"）文徵明则是我不得不简单回答问题时的答案。文徵明的生卒年与著名的意大利艺术家米开朗基罗几乎一致，让这个问题变得更为有趣。我之所以不愿简单以"文徵明"回答上述问题，是因为他生前留下的各种资料，包括其子所写的正式祭文等，均少有我们今日称之为艺术活动的记录；文徵明还在世时便已流传的传记资料，也少有这方面的记载。这些传世文献多集中在一些现在看来冗长庞杂的世系、坟墓坐落的方位、葬礼举行的时间以及一些连绘画史专家都不甚清楚的朋友和来往人物的名字。反倒是现代的资料记叙着"我们所知道的"文徵明。如中国书画鉴赏界泰斗徐邦达，便在其1984年划时代巨著《古书画伪讹考辨》的文徵明小传中写道：

　　　　文徵明，初名壁，后以字行，改字徵仲，祖籍湖南，故自号衡山。后为长洲（今江苏省苏州市）人。嘉靖初，"以贡荐试吏部，授翰林院待诏"，不久辞归。工诗文，善篆、隶、正、行、草书，画山水得赵孟頫、王蒙、吴镇遗意，亦善兰竹。曾师事沈周，后自成家，与沈周并称"吴门派"领袖。生成化六年庚寅，卒嘉靖三十八年己未（1470—1559），年九十岁。[1]

这篇传记以看似"传统"的文体及典雅的用语写成，据此可知他出身于明代文化中心苏州的一个良好家庭，虽然未通过科举考试取得功名，却有段短暂而不如意的仕宦经历，并于离开官场后投身于艺术创作。然而，这段叙述却与明代资料里所呈现的要点有所差别。这差别或可解释为："中国""艺术家"以及最重要的"中国艺术家"这些对于主体的定位方式，其实并不存在于文徵明的时代。这些 20 世纪才出现的建构方法，很可能模糊了他作品制作情境的完整性、忽略他用以建构自我身份的各种活动场域。然而，明代的人一定了解"大家"在诗、书、画等场域里的含义。这些论述场域（discursive fields）在当时亦已出现各自的历史、经典、批评和理论；正是在这些场域里，文徵明所传承的过往大师，及其师沈周（1427—1509）的名字，才有了意义。因此，若说"中国没有艺术或艺术家的概念"，显然又太过褊狭。

现下对于主体（subjectivity）的讨论方式其实只注意到文徵明作品的极小部分。在中文世界以外，这小部分的作品基本上指的是明代语汇里称之为"画"的物品，少论及其"书"。"书"即书法，可说是明代的价值体系中层次更高的艺术形式与文化行为（虽然目前对于"书"与"画"两者位阶的认识，仍未出现细致的处理）。"书"亦指书写，且必定以文本的形式出现，因为没有任何一篇书法是没有内容的。长期以来，文徵明也一直被视为诗人，而"诗"在当时甚至比书画创作更受推崇。然而，英文论著中常模糊地以"学者"或"文人艺术家"（scholar artist）形容文徵明，却从未精确地交代他的学问究竟包括些什么。如在权威的英文工具书《明代名人传》（*Dictionary of Ming Biography*）中，便以"画家、书家及学者"来描述文徵明（《明代名人传》无意间逆转了明代艺术的阶层序位，将比较重要的书法排到绘画的后面）。除了含混不清的介绍，人们对文徵明书法的内容亦缺乏深入了解的意愿。这些书法作品有很高的比例是为了特定场合及特定受画者所书所作，却常被轻鄙为应付社交之谊的产物，因此对于"身为艺术家"的文徵明应该是较不能反映事实、无关紧要的作品。然而，文徵明所写的文本，无论是信札、祭文、序或是诗，即使今日原迹已失，只有经过修订而印刷成书的版本留存，这些文字原本都是一件件的书法作品。正如现存其他明代文化名人的遗物，这些文本也是一种物品，通常以纸卷的形式收受流传，由赠者移转至受者，并在此过程中夹带收藏家或观者等个人的物质性残留（译注：如题跋或是藏印一类）【图1】。这看法不仅归纳自以下将

[图1] 董其昌《项元汴墓志铭》（局部）1635年 卷 纸本 墨笔 27×543厘米 东京国立博物馆

讨论的人类学研究文献，亦得自中国书法的研究成果。因此对我来说，目前可以收集到的一切文徵明资料，都是本书处理的范围（当然我也意识到现存的资料仅是原本的部分残存）。如果我们视文徵明《千字文》【图2】这类标准的书法习作为"艺术品"，只因其流传至今，而不理会他为姨母写的祭文，只因其现已无存，可谓一开始便划地自限了。

注意作品制作的时机和场合、尽可能将一切资料包含在这个研究里，是本书基本的论述架构之一。大部分的现存作品，无论是图像或是文字作品（在明代，文字与图像常一起出现），或是印制的文本，都是在某个特殊的场合、为某个特定人物所作。它们都在了却文徵明所谓的"雅债"或"清债"。目前学界大体接受这个论点，如李雪曼（Sherman E. Lee）便曾讨论"'人情'网络"（'obligation' system）的原则如何主导这段时期绘画作品的流通。不过，大家却也一直抗拒全盘接受此论点的一切意涵。[2] 文徵明一件常被收入选集的作品《古柏图》【图3】，是他在晚年1550年时，为年轻许多的张凤翼（1527—1613）所作；张凤翼当时卧病于文徵明家乡苏州城外的寺庙中。图像与诗作中复杂的视觉与文字隐喻，不只是修辞的表现，亦是"送礼"这种社会行为的体现。[3] 通过画上题诗，我们清楚得知送礼的时机、情境以及受画者的身份。许多文徵明的作品亦可通过类似的题跋来定位。然而，如果题诗与画卷分离（此事经常发生），我们便无法复原这件作品的原本脉络。因此我认为，文徵明作品中有好大一部分（我将刻意地模糊其数），其实都可以在送礼的活动中找到其产生的根源。

引言 | IX

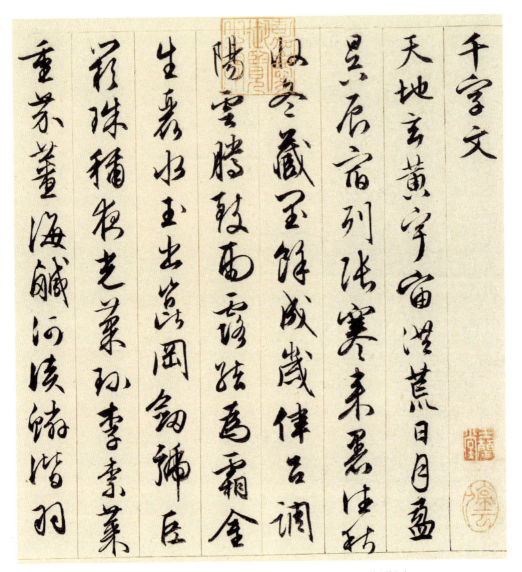

[图2] 文徵明《千字文》(局部) 1529年 册页 纸本 墨笔 每幅 26.3×24 厘米 台北故宫博物院

"礼物"的概念看似简单,却也十分困难。学者们都知道如何致赠同事论文的抽印本;而探望住院朋友或是受邀至某人家中晚餐时应该带什么礼物,送戒指或送手镯的区别等,这些关于礼物的知识,广泛地流布于现代西方社会中。即使不仔细研究,本书大部分的读者也都能判断谁能送巧克力、谁能送衣服、何时(例如师生之间)是可以给予或接受的,以及各种礼节上的限制。日常生活中早已存在着一整套言语与姿态的陈规,以界定种种收受的时机与场合。而礼物本身也令人烦恼:太

[图3] 文徵明《古柏图》1550 年 卷 纸本 水墨 26.1×48.9 厘米 纳尔逊美术馆
(The Nelson-Atkins Museum of Art, Kansas City, Missouri. Purchase: William Rockhill Nelson Trust, 46-48. Photograph by Robert Newcombe.)

小、太大、太亲密、太疏远、太早、太迟、太唐突、还留着价格标签、没有包装好，这一连串令人不自在、担心举措太过或不及的考量，笼罩着那些原本以为并不复杂的状况，并且一次又一次地造成某些社交困窘。当跨文化、跨时间或跨地域的情况出现，问题就更加复杂。我有个生于南英格兰的旁听生，曾提到她参加苏格兰东北部表亲婚礼的经验：婚礼前有个"礼物展示"的时段，在新娘家中举办，屋里摆着特别租来的桌具用以展示，并备有考究的茶饮。新娘则像个博物馆馆员，为客人导览这些排列整齐的礼物。从她略微惊恐的语调中，我可以了解这是在她原本文化中极不熟悉的做法，更不用说还带有些微的嫌恶。另外，像是萨塞克斯大学（University of Sussex）的副院长办公室，虽然不是唯一展示着外国高等教育代表团赠礼的场所，但见到时，我总不免好奇地想知道副院长究竟是如何回礼的。

之所以使用"回礼"这个词，是因为我将"礼物"这个概念置于一个大家所熟悉的理论场域里。或者说，我正试图脱离各式各样作为礼物的实际物品（或者是口语中所谓的"礼品"），而为许多研究"礼物"这个概念的理论性作品所吸引。关于礼物的诸种理论研究，即使不全是由莫斯（Marcel Mauss）所引发，亦是因之而将重点转移至此。其

《礼物：旧社会中交换的形式与功能》一书，出版于1925年，直到今日仍是征引与争论的焦点。[4] 然此书的重点究竟为何？其书名副标题隐去"礼物"，改称交换，并将其置于"旧社会"的脉络中，或可提供我们了解的线索。在莫斯的心中，礼物（gift）和商品（commodity），以及它们的交换模式，隐然有所区别；前者被视为小规模的、原始社群的类型，而后者则被视为较大型、复杂且较现代的典型。将礼物视为交换模式的想法吸引了莫斯的注意，因其在礼物中见到了三层义务：给予的义务、接受的义务以及更重要的回礼的义务；如此一来，赠者与受者的关系方能长久延续。我显然过度简化了莫斯的理论（甚至可能会有人认为我糟蹋了莫斯原本的理论，好在中国艺术不在他原本的分析内容中），但这有利于集中讨论礼物关系中核心的互惠议题——我们给予同一批人，却也得自同一批人。

莫斯之后，有一大批人类学家与社会学家希望丰富"礼物"这个概念，其中有不少著作形塑了我对于这个题目的了解。阿帕杜莱（Arjun Appadurai）之作打破了将礼物与商品视为两极对立的陈见。他认为在某些特定时空条件下，物品在它们自身的传记里，具有往这两种（礼物或商品）或其他身份发展的可能。他并将注意力放在使物品具有商品身份的特定时空阶段与脉络。[5] 唐宁思（Nicholas Thomas）则引导我注意礼物除了可以用来确认既存的关系（通常是上下的阶层关系），同时亦可以打造新关系。[6] 我也由斯特拉森（Marilyn Strathearn）的著作中汲取了"可分割"的个人（the 'dividual' person）的观念，"个人经常是由产生他们的各种关系所组成的多元复合体。由一个单独的个人，可以让我们想象出一个社会的小宇宙"。[7] 对我来说，这个概念应用在明代中国，与应用在澳大利亚东北部的美拉尼西亚一样有成效，而且与郝大维（David Hall）和安乐哲（Roger Ames）所主张关于中国的自我与认同等概念若合符节。安妮特·韦纳（Annette Weiner）"给予，同时也保有"（keeping-while-giving）的洞见，似可用以讨论明代作为礼物的书画作品；因为这些物品之后可能再度获得原作者的题跋，特别是像文徵明般赫赫有名的作者，其作品更无有一刻失去来自于原作者身运手移的光华（aura）。[8]

20世纪90年代，因为在中国城市与村庄进行田野调查日趋便利，一口气出现了三本讨论礼物的著作，分别是：杨美惠的《礼物、关系学与国家：中国人际关系与主体性建构》（*Gifts, Favors, and Banquets: The*

Art of Social Relationships in China, 1994)、阎云翔的《礼物的流动：一个中国村庄中的互惠原则与社会网络》(*The Flow of Gifts: Reciprocity and Social Networks in a Chinese Village,* 1996)，以及任柯安（Andrew Kipnis）的《制造关系》(*Producing Guanxi: Sentiment, Self and Subculture in a North China Village,* 1997)。这三位作者都警告我们切勿鲁莽地由现今的角度解读过去族群分布的证据，因而本研究的部分目的便是要谨慎地应用杨美惠、阎云翔与任柯安的观察，历史化我们对于中国礼物关系的理解。我也深受研究其他时代与地区的史学家与艺术史家的启发。虽然娜塔莉·泽蒙·戴维斯（Natalie Zemon Davis）精要深入的《十六世纪法国的礼物》(*The Gift in Sixteenth-century France*) 一书是 2000 年刚发表的论著，却是这位最杰出的近代欧洲文化史研究者耕耘了二十年的成果。书中她强调送礼体系与销售体系共存的关系，"送礼活动游移的场域，时而在此、时而在彼地于某些群体中产生强烈的联系"。[9] 其他像是芬德伦（Paula Findlen）、安妮·哥德戈（Anne Goldgar）和林达·利维·佩克（Linda Levy Peck）等历史学家，则分别自人类学家对礼物的论辩着眼，研究巴洛克时代意大利自然科学知识方面的交换、启蒙时代著名学者信件与书籍的交换以及英国斯图亚特时期的赞助文化。[10] 以上这些论著对我思考明代的"送礼模式"都有相当的影响。20 世纪 90 年代时，以欧洲为研究脉络的艺术史学者已开始以礼物往来作为分析的架构。亚历山大·纳格尔（Alexander Nagel）已发表关于米开朗基罗与科隆纳（Vittoria Colonna）之间礼物往来的研究，布里吉特·比特纳（Brigitte Buettner）则发表了关于中古时期法国宫廷季节性送礼行为的研究，而沃里克（Genevieve Warwick）则以 17 世纪意大利收藏家塞巴斯蒂亚诺·雷斯塔（Sebastiano Resta）以图画（drawings）为礼的送礼方式为题，使用人类学的各种参考观点，针对某个历史脉络下礼物往来的社会特性进行研究。巴洛克时期意大利的"混合经济"（mixed economy），因其礼物和商品体系共存，故与中国早期发展中的商品脉络有许多相似之处。此外，她以为"包括经济面向在内的所有交易，都是通过社会关系网络谈判后的结果，因此这也是种地位的表征"，也是相当允当的看法。[11]

虽然沃里克对艺术史学者研究"艺术品之报酬模式及交易形式"的过于迟缓感到遗憾，但中国"以艺术品作为礼物"的种种特性，已是郭立诚于 20 世纪 90 年代初研究"赠礼画"一文的研究议题。这篇论文以明代权臣严嵩（1480—1565）的收藏目录为基础，并着重于检视其僚属致赠、带有庆贺意味的画作。[12]魏文妮（Ankeney Weitz）的论文则揭示了13世纪的中国社会，"虽讲究送礼要清高纯粹、不求回报，却反倒强化了礼物在社会或政治上作为逢迎巴结之具的地位"。[13]我最近发表了一篇短文，讨论中国艺术的收受问题，指出现存绝大部分的中国古物，都具有相当明显的礼物关系，并主张"以这种角度看待这些古物，乃是企图将之绾结于层叠的复杂关系中，并尝试呈现出它们在社会生活中的动态意义"。[14]约与此文同时，石守谦也直接处理了文徵明以书法作品为礼的问题，并讨论这些作品在形塑明代苏州社会与文化网络时的角色。[15]中国文学的研究者也开始采用互惠及礼物交换的概念，以拓展对诗文传统中经典文本的了解。[16]互惠、应酬和赠礼也是白谦慎处理17世纪书法家傅山的社会关系一文中相当重要的喻说（trope）。[17]事实上，今日对于这些论题的关注相当普遍。绘制"应酬"画虽然可以得到诸如火车票、电视机等种种物质方面的好处，但对当代艺术家李华生来说，可是对其专业的一帖毒药。他抱怨"中国画家老被那些想要免费拿画的人纠缠"。[18]对李华生来说，相较于他"真正"的作品，应酬画都是草率制成的；然而，李华生所展现的作为"艺术家"和"中国艺术家"的主体定位，并未出现在文徵明身上，若将两种看似相同的状况等而观之，实非明智。正如杨美惠、阎云翔与任柯安所警告的，我们应避免将应酬置于跨历史的结构里，或不加批判地解读"关系"一词在过往时代的意义。

这三位人种学家都引用了《礼记》中的一段文字：

太上贵德，其次务施报。礼尚往来，往而不来，非礼也，来而不往，亦非礼也。[19]

他们证明了这段文字至今仍具参考的价值，特别是文中使用的"往来"二字，在今日仍用以表达礼物交换之宜。明代的文本中亦见到这种用法，例如文徵明当时的人就曾提到他"与人没往来"。稍后我们会再回来讨论这段话。18世纪皇朝百科全书巨著《古今图书集成》的编者，将上述《礼记》的文字置于《交谊典》的起首，亦即是将互惠作为社交的基本原则之一。这也是杨联陞四十多年前一篇经典论文的议题，提出"报"，即互惠，乃是中国文化中不断出现的主题。[20]至此为止，中国的状况似乎与莫斯提出的经典理论模型相合。但文徵明及其同代人所熟悉的其他经典中，却强调礼物往还的其他面向，特别是其中的阶级性。接受和给予的义务通用于"天子以至于庶民",但并不代表回报以相同的物件便是适当的做法。接受的义务也具有阶级性结构,如:"长者赐少者,贱者不敢辞",又或者"上之赐者以恩,下之受也以义"。[21]《古今图书集成》中所引用的古代文籍经典,反映了古往今来众多文士对收受义务源源不绝的关注,送对礼或送错礼所造成的种种可能好处或坏处也不断受到反复思量。但这部书将"赠礼"一事由社会行为者(social actor)与其具体面对的种种状况中抽离开来,也对赠礼的内涵造成某种单一平板化的效果。类似的问题也出现在"家训"类的史料中。"家训"是由家族的家长为教育子孙正确的行为而撰述的规范。禁止收受过度奢华礼物的规定(无论男女),常见于各种家训的"往来"段落,不过目前所存家训大部分都是起自16世纪后半,晚于文徵明的活动年代。[22]禁不住让人相信,正当明代社会经济日趋商业化及商品化之时,礼物的交换行为亦具有更为重要的象征意义。[23]也许这种送礼的焦虑在稍早文徵明的时代已经出现,但我们在阅读材料时仍然要小心过度解释的可能。除了要避免时代错置地将礼物交换视为中国文化跨时代的共同要项,另一方面,我们也要知道礼物交换并不全然受到某些"规则"的约束。皮埃尔·布尔迪厄(Pierre Bourdieu)认为这些所谓的规则是"'一知半解'下的产物,是建立恰当的行为理论时最大的障碍",他敦促我们不要将礼物以及回礼当作"抽象的普世公理……而将其视为是由早期教育所积累的教养,及群体不间断的要求与强化所形塑的处理方式"。[24]撇开唯有那全知且无所不在的观者才能得见的互惠循环,布尔迪厄鼓励我们将时间因素再次拉进礼物交换的研究中,再检视礼尚往来时种种的不确定性;我们将发现,某些特定的时候,有些作为会变得无聊、受曲解,最后完全无法达成目的,一点好处也没有。任柯安于20世纪90年代依布尔迪厄的理论典范研究山东冯家村,强调村人"在行动的当下,也依赖着共享的旧有知识;然村人们技巧性地自当下诠释过去,而非死板地遵循成规"。[25]本书的目标不在于将文徵明所处环境中的礼物往来状况简化为某种模式,而是希望借由深入研究记载详尽的文徵明生平,而对各种人情礼数的纷杂本质得到进一步的认识。为达此目的,本书读者必须面对许多细节,尤其是众多的人名;因为欲求了解整个人情礼数的运作网络,我们必须避免仅聚焦于某些"重要"的人物。而本书认为,人情礼数的积累本质,方为重点所在。

这种取向将会带领我们注意到许多过去讨论文徵明的著作中不曾提

及的人物,也会触及艺术交易的本质,后者与文人艺术家作为自发而不受拘束之创作者的理想化形象相悖。这种提问的方式或许可以视为中国艺术史学界修正理论浪潮的一部分,将重点转向赞助议题及艺术制作的社会史。[26] 现在已经没有什么人真正相信文人艺术家是全然的无欲无求了。[1956年劳伦斯·席克门(Laurence Sickman)的文章,或许是当时相信文人艺术家彻底清高的"文人迷思"的代表。如席克门便在文中说道:"他们的作品无欲无求,只有源源不绝的创造力。"][27] 不过,我也不希望本书的目标被认为仅仅是要"揭露"文徵明为他人创作时,内心的种种盘算机制。任何盘算都与前述的文人迷思在本质上相距不远,"文人迷思"一词在此亦毫无贬义。无私自发的文人艺术家并不是个微不足道或者简单的迷思,这也不是在20世纪才被建构出来的产物。这迷思,正是在男性精英于史上所处的复杂周至的社会人情网络中,取得其强大的文化力量。正因为自发性的创作几乎是不可能的(甚至是没人想要的),反而产生了非常巨大的对于自发性的迷思;就如同在几近全球商品化的今日,认为有不求回报、纯粹礼物之存在的迷思一样强烈。[28] 但这个迷思是个社会事实;我的目标主要不在于"揭露"这迷思,而是尝试探寻其运作的方式。因此,我很清楚这么做会招致批评,人们会认为我将艺术品降格,将之视为不具意义、仅"代表"着某些社会关系的记号。我承认我深受已故人类学家阿尔弗雷德·杰尔(Alfred Gell)的影响,他甘于在方法上撇开艺术性之讨论(methodological philistinism),并以**能动性**(agency)代替**意义**(meaning)的探询,作为发展"艺术人类学"的适当基础。[29] 尽管有些人可能认为这样的问题超越了艺术史所处理的范畴,同时又达不到人类学的起码标准,我仍然坚持我的想法。但归根究底,这仍是一本意图讲述艺术史的书,或者说,我以"这些物品究竟为何存在"作为本书的中心问题。我并不认为对此问题的理解,同样适用于回答:"它们为何以这种样貌出现?"这个触及个别作品视觉品质的关键问题,并非下文所讨论的重点,而这不全然只是由于篇幅的限制。我相信,若缺乏对作品何以存在的了解,尽管对作品的外在形式有极为精辟的解释,其成果终有所局限,而外在形式的研究正是过去文徵明研究的探讨焦点。本研究的立足点,在于同时把握"视觉文化"(将作品视为文字与图像的结合)与"物质文化"(将作品视为一种物品)的研究取向,在两者所形成的张力间寻求最丰富的解释空间。(不过这也造成研究上的困难,因为传统中国书画作品的照片或复制品，通常都省略装裱的部分，因而大大降低其物质性的成分；此外，书籍版式的限制也使得局部图像常常便得代表整件作品。）我写作此书，乃是基于深信：正是各种能动者（agents）间的关系及作品所身处的关系网络，才彰显了物品，而物品也将反过来实现这些社会关系。在这样的辩证关系中，两者享有同等的重要性。这便是阿帕杜莱的观点，他指出在**方法学**上我们必须仔细观照每一件实际存在过之物品的社会生命史，即使我们接受物品所具有的多重意义并非取决于制作完成之时，而是经过时间及许多社会行为者不断标记的结果。艺术史的史学信念并非在研究"物品"的泛泛概念，而是在研究特定的"这件物品"或"那件物品"；这虽然是艺术史研究的长处，却也是近几十年来饱受批评的弱点。对我来说，此书正是回馈一些其他学科的时机，如人类学，因为人类学亦在重新评价传统社会科学典范里见林不见树的研究信念。因此，我对于本书在种种细节上的深入探讨，无有任何歉意。

此书并不在处理文徵明的"生平与时代"，虽然文中对其家族和友伴的着墨或可称之为是对文徵明"人际关系"的一种陈述。英文世界里重建中国艺术家交游圈最早的尝试之一，是史景迁于 1967 年对 17 世纪画家石涛（1642—1707）所做的研究。其后则有李慧闻（Celia Carrington Riely）、汪世清分别对董其昌（1555—1636）之社交网络及社交策略的全面性研究。[30] 20 世纪 70 年代一场重要展览，亦以此研究取向看待文徵明。[31] 上述这些研究成果都将艺术作品视为需要解释的物品，而社交网络则成为至少可以提供部分解释的脉络及背景。乔迅（Jonathan Hay）在其以石涛的社会行为为题的近作中，则采用了另一种非常不同的研究取向；他"以自觉、怀疑及自主的欲望，重新定义主体（subjectivity）"[32]。礼物交换与主体、与自我（selfhood）的关系，在人类学著作中已有完善的讨论，包括一些针对 20 世纪 90 年代中国送礼行为的研究，但在艺术史研究领域中仍未充分发展。对此议题的研究架构，我部分采取了郝大维和安乐哲提出的"自我作为场域及焦点"的模式；我已在其他文章中对此加以解释，并试着与近年欧洲文化研究中关于"自我"与"认同"之形塑过程的研究融会而观。[33] 白露（Tani Barlow）的一段话与我上述的想法不谋而合："就像男女，儒家的主词总以另一个物件的一部分出现，它们不是因其本质而是依其脉络被定义，为其互助及互惠的义务所定位，而非其自主性或冲突性。"[34] 将此与阿尔弗雷德·杰尔认为能动性是"自关系中而生"(exclusively relational)的看法合而观之，[35]则提供我们思考文徵明、与他有关的人以及在他们之间流转的物品如何一同在一连串特定的社会脉络中运作其能动性。因此本书每一章都以某种"场域"、某一组特定的关系类型作为参考架构，这两者不但定义了文徵明的自我认同，同时也是他据以待人接物的出发点：如家族、师生、朋友、官场、地缘等。在这些场域中浮现的个别人物，不应该被简化为某几种社会"类型"，而应当看作是方法学上的实验装置；其中有许多人是可以同时出现于数个场域的。如果这种处理方式使人难以完整捕捉文徵明的整体样貌，那么这也是经过深思熟虑的效果。在引言之后，第一部分的三个章节将会处理与文徵明前半生有关的场域。而第二部分（内有一章通过地缘而非人物来检视其社交关系，特别是其家乡苏州）援引的资料横跨其一生。第三部分则着重处理他的后半生。最后一章检视在他去世后如何凝聚出一个一贯且鲜明的"伟大艺术家"的形象。本书采用的是一种探索式的结构，而不是对社会经验的完整叙述。文中举出的数个场域并不就穷尽了所有的可能性，这些场域之间可能还有空间，彼此也并不互斥。它们的总和并非明代苏州精英完整的历史。虽然这些场域仅部分与明代对社会关系的理解重叠，也就是经典中提到的"五伦"：君臣、父子、兄弟、夫妇、朋友，但几乎可以完全表现出文徵明所处时代的各种关系。这些场域也许不能比"画家、书家、学者"来得更实在，但确实可以帮助我们不要先对交易做价值判断，或者将我们当代的认知强加于过去，武断地评价其重要性。本书的目标之一是希望尽可能地应用当时的材料，特别是文徵明自己的诗文。这并非出于认为这些文字是基于实际状况而更为"真实"，而是因为中国艺术史的研究者直到最近也许都还太依赖事件发生后数十年甚至数百年后的材料，并仍以"一手资料"看待它们。例如，我不认为完成于1739年的《明史》中的人物传记可以算作当代的史料，然而，在实际应用上，它们仍被当作一手材料（当然有许多情况是发生在无法找到其他更佳材料的情况下）。后世为文徵明所作的传记虽然是本书讨论的项目之一，但我倾向不去使用一笔16世纪60年代的传记材料，因为这是由一位应该在文徵明暮年时才结识的人物所撰写，故传记中对于九十年前文徵明年轻时的叙述应不足采信。这类文献虽然可以提供我们许多文徵明在16世纪60年代时的线索，但在严格定义下却也不是所谓的一手资料。文徵明的文集也有许多问题。1987年之前，研究者主要只能以他死后不久、由其子文嘉编纂的1559年版三十五卷的《甫田集》为资料来源，文嘉在书中附有文徵明生平传记。[36]（1543年另有以《甫田集》为名的四卷诗集出版。）三十五卷版《甫田集》中所包含的十五卷诗集，以不同的体裁分类，再依时间前后顺序排列，而其余的二十卷文集则依"序""记""墓志铭"等项目分类。但就如下文将会证明的一样，无论此书是由晚年的文徵明自己或是他儿子所编辑，《甫田集》只包含了一部分文徵明现存的诗文。这个事实造成我们对文徵明的印象有所曲解。现代学者周道振于1987年辛苦编辑而成的《文徵明集》，让关于文徵明的资料增加了近两倍。[37] 我的研究是以这本较丰富的文集为本。当然我知道伪造的诗文就如同书画伪迹般，会随着时间渐渐被纳入真迹的范围内，但是我相信周道振是一位严密敏锐的编者；就如同在另一种一手资料——书画作品的鉴定问题上，我也信任那些这方面训练有素的专家一样。[38] 对那些原本是书法作品，但目前仅以印刷文字留存的那部分，我并不想将它们放回"它们的脉络中"，因为我相信它们本身就像人物般具有强烈的"脉络性"。在处理这些资料时，我期望自己能将与一位明代男性精英"有关"的事物做最大程度、最大范围的复原，同时不要忘记他对自己的主体定位绝不会是我现在为他所定位的；我所建构的文徵明也不可避免地带有今日的色彩。

第 I 部分

1 家　族

　　文徵明生于成化六年十一月初六日（相当于1470年11月28日）[1]。自其呱呱落地的那一刻起，文徵明就成了一个社会主体（social subject），负起漫长一生中接踵而来的一连串人情义务。其中最直接的莫过于对文氏家族在世或已逝成员的义务（指其父系家族，称"家"或"氏"）。此外，姻亲亦是他尽义务的对象，先是对母系家族，继而扩展到自己妻子的亲族，由是而渐延伸成一片广布而模糊的亲戚网络，如连襟，或子孙辈的亲家等。然而，除了那些已经在艺术史或文化史上以画家、书家或是篆刻家的身份占有一席之地的子侄辈与后世子孙以外，关于文氏家族的其他成员则鲜有研究。[2] 我们必须在一开始便承认这方面的研究甚为稀少，因为直到相当晚近这才成为艺术史研究关注的重点。即使将广义的家族成员全都纳入考量，他们也几乎都不是现存或记录中文徵明书画作品的受赠者，而这些艺术作品却是文徵明今日得享大名的由来。为家族成员所作的诗也相对稀少。虽然文氏家族的男性成员几乎都是五十万苏州居民中，约两万五千名受过传统教育的精英分子之一，但在17世纪以前，却没有任何一位文家成员成为明代政治界的要角；欲进入这官僚体系，得通过一系列以儒学为本的考试才行。[3] 关于这些人，以及他们与文徵明间日常往来的资料相当零星，甚至有完全空白的部分（例如，我们无法确定文徵明成婚的确切年代）。但是这些零星的资料在文徵明或他的同侪团体眼中不见得不重要。他们都将"家族"视为个人能够发挥作用的首要认同场域。上自帝王下至黎民，每个人都有家族。所有的人都必须分担对骨肉应尽的义务，正如各种家训中不断复述的，这是每位家族成员无法逃避的责任。[4] 作为一位知名的文化人，当然也无法自作为文化价值核心的家庭中脱离。

人们通常不会为出生举行正式的仪式,我们自然也无从得知文徵明初出世时是否得到任何贺礼。无论如何他总得到了一个名字,或者应该说,他得到了人生不同阶段中所使用的各种称号中的一个。或许他出生时立刻就有了乳名,不过目前并没有留下任何记录。文徵明的训名是文壁,可能是其父亲或祖父所取。在他三十岁左右开始以"徵明"名世之前,文壁是他通用的正式名字。[5]中国姓名是由书写时所用的表意文字组成,每个字必定含有某种意义。"壁"在字面上是墙的意思,但也是二十八星宿之一,因此也代表了文徵明的出生时节。[6]"姓"和"名"在明代,就如同其他时代一般,是定位一个人的方法之一,并标记出他所应尽的人情义务与对象。尽管文徵明要在数十年后才书写其认知里的家族史,以表明对家族的应尽之谊,这些义务早在他出生时就已存在了。我们不应该排除这些义务带有的情感意义。文徵明的诗文可以提供充分的资料,证明家族关系所能产生的深刻情感,包括对那些在历史记录中没有留下痕迹的家族成员;特别是文氏家族的女性成员,无论是生于其家或嫁入其家的。而对文徵明与姑姊表亲有关的文章多一些关注,则可纠正我们原来只侧重某些深入研究过的资料类型;在那些被研究过的资料中,由于儒家礼仪的规范,通常看不见女性的存在。对于家族成员的研究,亦可以为我们揭露他在"著名中国艺术家"标签下变得模糊的认同与抱负。

1472年,文徵明出生两年后,他的父亲文林(1445—1499)考上进士(明代文官考试的第三级,亦是最高一级),因而有机会参与国家的官僚体系。进士的考试每三年举行一次,每次来自全国各地的考生,只有三四百人可以通过。因此,在中国当时约一亿五千万人口中,文林是拥有进士头衔、总数约三千到五千名精英阶层的一分子。[7]登进士第让文林在1473年成为浙江永嘉知县,他也因为赴任而离开家乡。[8]其妻,也就是文徵明的母亲,在1476年去世,为了悼念亡妻,他请当时最著名的文人李东阳(1447—1516)为妻子作墓志铭。墓志铭由这位十六岁便中进士、后任皇帝亲信大臣、声名赫赫的文人操刀,说明了文家当时的名望。李东阳或许曾因这篇墓志铭收到丰厚的笔润(不过这篇文字并非作公开展示之用,而是埋入坟中以向冥界说明死者品德),但他却不是个呼之即来的受雇写手,因其身份地位足以让他选择是否愿意接受这委托。李东阳考量了文林是否值得敬重及去世妇人本身家世背景，决定撰写这篇墓志铭。这也让他将这篇《文永嘉妻祁氏墓志铭》收入自己的文集中。[9]（不是所有的墓志铭都会被原作者视为值得收入文集永久保存。）就像一般为妇女撰写的墓志铭，这是篇不超过五百字的短文。文中道亡者名祁慎宁（在中国，已婚妇女仍保有娘家之姓，无须改为夫姓），并根据其夫之言细述其品德：她曾因坚持俭朴的衣着遭到责难，而以"吾乃儒家妇"之语应对；她为令其夫专心公务，承担起一切属"内"的家务。文中还提到她尽心扶养两个儿子和一个女儿，不过并未提及儿女的名字（他们年纪还太小）。虽只泛泛地称她因"病"去世，未对其死因作更多交代，却详细记录她的死亡时间——成化十三年二月二日（1477年2月15日），得年三十二岁。

虽然文徵明日后也作了很多墓志铭，但他当时年纪太小，无法参与亡母墓志铭之委托或是丧礼进行的细节，虽然我们可以想见他必定是身处其中的一员。三十多年后，文徵明才在为舅父祁春（1430—1508）与姨母祁守清（1437—1508）所作的墓志铭中，提到母亲过世时的景况。[10] 在较早的一篇于1509年为舅父所作的墓志铭中，他首先言及自己继承父志撰写此文之谊，接着写道：

> 先夫人之亡，先君官永嘉。余兄弟才数岁，家既赤贫，又无强近亲戚。府君居数里外，率日一至吾家。委衣续食，哺鞠周至，终三年不衰。于时微府君，余兄弟且死。故余视府君犹母也。府君慈恋虽切，而不忘训饬。自先君之亡，所严事者，独有府君，盖又有父道焉。而今已矣！呜呼！尚忍言哉！

怀着满腔的悲伤，他以"嗟斯人兮何愆！"作结。

文徵明的情感在1514年为姨母祁守清所作的墓志铭中，表露得更加坦率。他先提到表哥（姨母之子）如何含泪托他撰写墓志铭，接着重述当年母亲去世、父亲仍在外任官，他与兄长无人可依之时曾迁到外祖父母家居住之事。当时年迈的外祖母已不再料理家务，一切都由姨母负责打理。时姨母新寡，"家既赤贫"，但因她勤于洗衣缝缀贴补家用，故他们两兄弟从不知处境艰难，亦因姨母的"母道"而"不知有馁寒之苦"。最后文徵明哀叹："呜呼！先夫人之亡，于兹三十余年矣。岁时升堂，见硕人，犹见先夫人也，矧有恩焉！而今已矣，其何以为情耶？而于其葬也，忍不有铭以昭之耶？"

文徵明以真挚的语调言及"于余有母道"的亲人（无论男女），正是孩子与母系家族间紧密关系的明证。某些现代学者视此为削减父系家族重要性的指标，因为母亲与其娘家俱得负担起"养"与"教"的双重责任。[11]但这样的付出能获得回报吗？文徵明用"恩"字来说明这永远无法偿还、**无以为报**的巨大情义。"恩"只可以来自于神祇、朝廷以及扶养一个人成长的家庭。有些学者将源自于地位等差的无以为报观念视为亚洲文化的鲜明特点，而挑战"互惠"原则的普世性。[12]我则倾向于将"恩"看作互惠原则的一端，因为它非但没有否定互惠的可能，反而更巩固其重要性。文徵明刻意将自己摆到接受恩惠的一方，即使无以为报，也要**竭力**报答来自长辈的恩情。在这个恩与报的例子里，母系家族仍相当重要，即使母亲的娘家从商，而非书香门第。其间的女性成员亦很要紧，尽管在父权社会里女性的地位较低，生养子嗣的责任依旧落在妇女身上。文徵明对母亲及其娘家仍有亏欠，即使其母过世时他是因年幼而无法帮忙筹办相关事宜。

然而，1499年文徵明的父亲亡于温州任上时，情况就完全不同了。这次是由当时二十来岁的文徵明负责处理所有的丧葬事宜，包括复杂而等级严明的守丧制度、准备特定的祭品与祀具，及安排一连串让亲友故旧吊唁祭祀的仪式。关于这些事宜，至少有部分反映在文徵明给陈璠（卒于1534年）的回信中；陈璠在1487年于温州卫担任指挥佥事之职。[13]信中文徵明回绝父亲温州友人的金钱援助，言道虽感念"诸公怜其贫困不给"的好意，但如果接受的话，自己"则是以死者为利"。他亦提及丧礼的安排，并写到"所须先人画像，恐途中有失"（这类精英家族其实很少会提到遗像的事），希望对方能补送另一张遗像过来，最后以"哀荒中，占报草草"作结。这里的"报"字将是贯穿本书的互惠概念。

说陈璠与文家的关系不深（只有同僚情谊）或许有可能，但以下几位文徵明去函联络丧葬事宜的对象，便大不相同。文徵明写信给老师沈周，请他为亡父作行状，文字上更为典赡的墓志铭便多根据行状而来；[14]他写信给杨循吉（1458—1546），请之作墓志铭；[15]他还写信给徐祯卿（1479—1511），请作一篇葬礼用的祭文。[16]这几位都是收录在《明代名人传》中大名鼎鼎的人物（特别是沈周，他跟文徵明一样，是"明四大家"的一员）。这三位先生对文徵明来说，都是兼具师、友、恩庇者（patron，译注：下文或称"庇主"）等角色的重要人物；以下的章节会将他们放入这三个脉络中继续讨论。不过他们当下则被置于文徵明如何对亡父及父系家族尽义务的脉络中讨论，从文徵明邀集到最适当的人选来撰写这些重要的丧葬文章，可以看出他如何妥善处理父亲的纪念仪式，以及这些人选如何以他们本身的文化资本来荣耀亡者。而尽可能动员所有人来参与丧葬过程，不仅可以宣传家族的人脉广度，亦可以增加未来可能需要的人际纽带。[17]

为何请求这三位先生撰文以纪念文林，而他们三人又为何会接受这样的请求，都是有迹可循的。沈周无疑是文林相当亲密的朋友，且自1489年起便开始指导文徵明作画；由于彼此关系亲密，因此文徵明的信主要在于请求撰写行状。杨循吉则是苏州地方第一位以军家背景取得进士功名的人物，虽然文徵明称之为"杨仪部"，其实只是敬称，因为杨循吉仅担任过礼部的小官，1488年致仕后，一直在苏州过着闲散的藏书家生活。上述两位先生都较文徵明年长，因此文徵明以无比尊敬与自抑的笔调写信。徐祯卿则是小文徵明九岁的同辈，因而文徵明写与他的信札便少见强烈自贬的笔调，即使仍有文字言及悲痛的心情。不过我们无须认为个人悲痛与对家族公众声望的讲究是互不相容的，也无须认定其一较为"真实"，而其他则徒具"形式"。文徵明在写给徐祯卿的信札中提到墓志铭的作者杨循吉，虽云"杨公一代名人，其文一出，人必传诵"，却只是表现出对明代名望机制的合理期待。因为对杨循吉来说，他对文家的义务还不足以让他将这篇墓志铭收入自己的文集中，因此这篇墓志铭只会在看得到杨循吉亲笔原迹的文氏家族成员间流传。难道这样的交换代表的是纯粹的商业关系吗？这是否与将丧礼祭文收入文集中的徐祯卿所代表的关系完全不同呢？[18]然这又是个容易提出却难以回答的问题。

另有两封信与丧礼的安排有关。其中一封是相当短的简札，言及送礼之事，收信者是永嘉的王廷载，其名只见于此处。永嘉是文徵明父亲早先的任官地点，因此王廷载可能是文林于永嘉为官时的好友。[19] 文徵明在信中提到由福建护送父亲遗体回到家中的景况："到家，人事纷然，加以哀荒废置，未遑裁谢。"这可能是文徵明众多感谢亲友为此丧事致赠礼品的信札中，意外流传下来的一封。信中用"人事"二字代表礼物，是最晚开始于宋代并沿用到明代的习惯用法。[20] 这两个字模糊了礼法中对香、茶、烛、酒、果等之"奠"，与丝帛、钱财一类之"赙"

的分别。[21] 但在上述任一情况中，收到礼物的家族都必须表达谢意，如此方能确保并维持彼此的互惠关系。

另一封信则是请求吴宽（1436—1504）撰写祭文。吴宽是当时的耆老，同时也是仕途顺遂的显宦。这位大人物与死去的文林有深厚的关系，因为他们两人是一起通过1472年进士科考的"同年"（吴宽是当年的状元）。也因着同年的关系，彼此产生相互扶持的强烈义务。通过科考成为进士的其中一个吸引力，便是无论自己最后是否能成为高官，都会得到约莫三百多个在权位和影响力上都极富潜力的"同年"。这层关系应该也是文林之所以能够让吴宽在1478年收文徵明为门生的原因，时吴宽因亲丧暂居苏州。尽责的父亲有义务安排自己的孩子进入恩庇者的网络，就如文林此举一般。吴宽对青年时期的文徵明而言是个相当重要的人物，其人际纽带的影响力，即使在死后仍得以让文徵明一生受用不尽。由于亡者文林是自己的同年，而提出请求的又是自己的学生文徵明，因此吴宽不太可能推辞，而这篇祭文最终也收入其文集中。[22] 在央写祭文的信中，文徵明则说明杨循吉所作的墓志铭因已埋入墓中，因此非得要一位"当世名公"为文刻于墓碑上，才能表彰亡父。

文林去世一年后的1500年，文徵明为了父亲身后之名，着手依年代将文林的残稿编为文集《琅玡漫抄》。文徵明在《琅玡漫抄跋》中提及：

> 先公官太仆时，政事之余，楮笔在前，即信手草一二纸。或当时见闻，或考订经史。间命璧录置册中，而一时逸亡多矣。且皆漫言，未尝修改。璧每以请，则叹曰："此岂著书时也？他日闭门十年，当毕吾志。"呜呼！岂谓竟不俟也。自公少时，即有志著述，有日程故录甚富，在滁失之，此编盖百分之一耳。姑存之，以著公志。在温一二事，散录诗文稿中，不忍弃去，并抄入之，总四十八则。[23]

主办父亲丧礼、邀集合适的文坛泰斗撰写祭文与墓志铭并编纂父亲的文集，看来好似寻常儒学涵养下的孝子所应有的作为，实则不然。因为文徵明后来的卓著声名，总让人忽略其实他并非文家长子。事实上，这些仪式或其他场合都该由文徵明的兄长文奎（1469—1536）负责。文奎，字徵静，因无著作传世，故资料异常稀少，我们只好通过文徵明的诗文以了解其生平轮廓。有一首1505年的诗记录了文奎致赠螃蟹的书信虽然到文徵明手上，但意外地螃蟹却没送到，这让文徵明戏谑地作了这首答谢诗。这首诗即使看不出其他特别的意义，却是近亲间一种简单送礼形式的明证。[24] 两年后的1507年《三月廿二日家兄解事还家　夜话有感》诗中更有"艰难谁似兄弟亲"之句，[25] 同年还可见沈周赠文奎诗画之例（或许当时文奎也是沈周的门生）。[26] 文徵明另有一首诗作于1509年，题为《家兄比岁罹无妄之灾，常作诗慰之。今岁复得奇疾，垂殆而生，因再次韵》。[27] 诗云："形容尽改惟心在"，并以"从知富贵皆春梦，不博平安一味贫"作结。这些谜样的句子只能让我们做些猜测，料想文奎在当时必定遭遇严重挫折。然文徵明为文奎所作的《亡兄双湖府君墓志铭》却对此事无有着墨；而写作当时这对兄弟都已年近七十。[28] 这篇文章将去世的文奎与文家先人连成一脉，记述15世纪时文家随着苏州自明初动乱后的复苏而逐渐繁荣兴旺的过程。在这篇值得大加摘录的激昂文字中，上述1508—1509年间神秘隐晦的事件仍隐然成痛：

> 府君讳奎，字徵静。后以字行，别字静伯。有田在阳城、沙湖之间，因号双湖居士。吾文氏自卢陵徙衡山，再徙苏，占数长洲。高祖而上，世以武胄相承。至曾大父存心府君讳惠（文惠，1399—1468），始业儒，教授里中。先大父讳洪（文洪，1426—1479），始登科为涞水教谕。后以先君升朝，追赠太仆寺丞。继以叔父中丞贵，加少卿。先君讳林，起进士，仕终温州知府。先夫人祁氏。府君生成化己丑七月廿八日（1469年9月3日），卒嘉靖丙申五月廿日（1536年6月8日）。是岁闰月十日（1537年1月21日），葬吴县梅湾，从先君之兆。配姚氏。子男三人：长伯仁，娶朱氏。次仲义，娶王氏，俱县学生。又次叔礼，出赘淞江赵氏。女一人，适刘稺孙。孙男四人，女五人。
>
> 府君读书善笔劄，聪明强解，达于事理。平生气义自胜，不以贵势诎折。虽素所狎嫟，一不当其意，则面加诋诃，至人不能堪不为止。然不藏怒畜怨，或时忤人，人方以为怼，而府君则既忘之矣。人知其易直，亦乐亲附之。然卒不能胜夫不知者之众也。

在赞许文奎尽事于祖先与亲友后，文风接着转到兄弟关系上：

> 某少则同业，长同游学官，依恋禽协，白首益亲。癸未之岁

(1523),随计北上,府君追送至吕城,执手欷歔,意极惨阻。比归,相见甚欢。自是数年,无时日不见。疾且革,顾谓某曰:"吾生无善状。即死,慎无为铭誉我,取人讥笑,无益也。"其明达如此。虽然,不可以不志也。铭曰:

> 维伉而直,弗以势诎,弗仇有疾,而维义之克。岂不有严,秩秩先宗,肃言将之,敬德维躬。生无矫情,矢死弗欺,乃坦有夷,乃全而归。隰隰墓田,于梅之湾,葬从先公,式永以安。

文中自然流露的家族情感,大不同于文人超脱清高的刻板印象,这种了无罣碍、独立自主的个人,就像出现在文徵明及其老师沈周无数画中的个体【图4】。这篇文章着重于交代家族谱系、源流、历任官阶、跻身显"贵"的历程及姻亲关系等。简而言之,呈现在这类墓志铭中的个人是侧重其社会面的。

文徵明既与母系亲族的关系如此深厚,文家的女性后裔自亦与原生家族血脉相系,受之追念不已,特别是当她们成为儒家妇德顺从与贞洁的象征时。嫁到赵家的文素延(1437—1512)是文徵明祖父文洪的妹妹。文徵明在1515年为她撰写的墓志铭中,先谈文素延与文氏三代男丁的关系,并在告诉读者她与夫家有关的事情之前,就针对她对文家的贡献大书特书。[29] 其夫为文惠弟子,这可能是当时精英阶层选婿的常途。赵家当时似乎欣欣向荣,其子孙多"联婚富室"。在众多因端庄姿容而闻名的新嫁娘中,文素延因"儒素"而显得突出,成为家中正直与道德的守护者。文素延的丈夫于1491年去世,她却不似其他孀妇回娘家居住,仍留在赵家。她广读群籍且深明"大义",更笃信佛教的轮回义理,即使晚年失明时仍能背诵经文。文徵明在其墓志铭中再度提到祖父贫困的出身,文素延则是家族中最后一位见证这段往事的长者,故她经常提及此事,并劝诫文徵明不可稍忘。最后,文徵明以"呜呼!硕人已矣,吾文氏老人,至是且尽"作结。在文徵明笔下通晓文艺、诵念经典的儒家正直典范中,可以见到出嫁的女性(然仍保有娘家姓氏)即使在谢世后,依然是家族道德与文化资本的一部分,亦可见其如何以文字记录通常未尝言及的方式,作为家族史的推手。

这种对家族女性学行的骄傲,更充分表现在文徵明1529年为姑母文玉清(1449—1528)所写的墓志铭中。文玉清是文徵明父亲的妹妹,嫁给"吴中名族,业儒而贫"的俞氏。[30] 她的丈夫在科举考试中数度

[图4] 沈周《杖藜远眺》约 1490—1495 年 册页 纸本 水墨 38.7×60.2 厘米 纳尔逊美术馆
(The Nelson-Atkins Museum of Art, Kansas City, Missouri. Purchase: William Rockhill Nelson Trust, 46-51/2. Photograph by Robert Newcombe.)

失利,生活备尝艰辛,但她对公婆的侍奉仍极为殷勤。当公婆去世之际,她的丈夫正在南京应试,身边没有近亲,因此文玉清变卖自己的首饰衣物,筹办殡葬事宜。文徵明在文中也提供了 15 世纪中叶文氏女眷教育方面的有趣细节:"硕人少受学家庭,通孝经语孟及小学诸书,皆能成诵。"她以道义教育子女,"不为妍嫌婉恋之态。虽贫,衣被完洁,器物虽敝不辄弃";后来并沉静地过着孀居生活。

> 先公与仲父中丞相继起科第,列官中外,家日显大,硕人未尝少有所干,以是先公特贤爱之。先公殁,仲父中丞及今季父(文彬)事之尤谨,岁时来归,诸女妇若诸子侄,迎侍恐后。吉凶事,必请而后行。

她会以文氏早年家贫的故事训诲子弟。"某归自京师(1526),拜硕人床下,硕人抚慰甚至。时中外至亲,凋落殆尽,而硕人岿然尚存。庶几时时见之，犹见吾先公也。"文徵明接着又提到一段自己的家族史，然后结论道："俾某为铭，义不得辞。"这再度证明个人情感与人际义务并不冲突，女性与原生家庭间强而有力的纽带也以最庄严的方式被确认。然不知道俞家会如何看待文徵明所写的这篇墓志铭。

文玉清的墓志铭不只说明了她与文徵明父亲文林的关系，也提及她的另外两个兄弟文森与文彬。我们对文彬（1468—1531）所知不多，[31]而文森（1464—1525）的家族地位则显然较为重要，去世时广为众人所悼念。收入文徵明官方文集《甫田集》的《先叔父中宪大夫都察院右金都御史文公行状》，虽题为"行状"，却具备许多墓志铭的特点。[32]"行状"中文徵明先言远古以来源远流长的家族系谱，谓文氏乃姬姓（黄帝的子孙，也因此是周朝开国祖文王的后裔），裔出西汉成都守文翁，是这支家族中第一位名字可考的成员。之后的留名者历经唐代的闻人，传十一世至宋代任宣教郎的文宝，而此人"实与丞相（文）天祥同所出"。文森的祖先就这样一代一代地由元代记录到明初，直到一位任散骑舍人的祖先文定聪时，文家才迁到苏州定居。文森幼时随父亲文洪宦居涞水，并在家中接受教育。致仕后的文洪在家中去世，当时次子文森才十八岁。根据文徵明的描述，文森在父亲死后仍然自奋于学，昼夜不休，终于在1486年中举人，1487年中进士，次年明孝宗登基，又得到奉使各地的机会，不久为了纂修《宪宗皇帝实录》，更奉派到江浙寻访材料。1491年他受命为河间府庆云县知县。庆云县当时地瘠民贫，连年大旱。[33]根据描述，他（用救世主般的语气）承诺提供民众粮食、减免税赋、释放因税赋被捕的因犯。他向上级官员争取到赈灾的米粮，并减免人民的劳役，主张："民饥且死，何以出役？"他不畏天候四处步行巡视，屏退骑侍和撑伞的随从，身上只带着一袋食物、一瓶茶水，无视于自己晒伤的脸庞与破敝的衣服。身为一县之长，他虔诚祷求甘霖，并建立八蜡祠、修复龙王庙及修筑社稷县厉诸坛，"尽毁诸淫祠"。文中还提到一种称为"淋旱魃"的地方风俗："岁旱则聚恶少发新瘗尸墓而鞭之。或执产妇被发坐而沃之，曰淋旱魃。"此举为文森严厉禁绝。他表扬当地良善之家、为贫民兴筑庐舍，并保护县民不受沧州官厅的劳役剥削。

1493年，根据文徵明的记载，文森为继母丁忧在家。直到1497年守丧结束之后，他才改官山东郓城县。[34]郓城地大雄繁，民风犷健而喜好争讼，他必须铲除地方劣豪。此处另有德王府的庄田，苛捐杂税，极为扰民，官吏购买牲畜时也从不给予人民合理的价格。他着手与上级官吏交涉此事，情况终获改善。许多与税赋有关的其他措施也都经他修正。但有些地区因为不接受他的警告，而导致洪水泛滥。郓城多盗，因此他设立民兵，并高悬赏金，最后缉捕了许多盗匪。这个地区与文森成长的保定为邻，因此他还能以此地方言进行审讯。在巡抚交相推荐其才足以大用之前，文森在郓城任官三年。

1501 年，当文徵明三十多岁时，文森就任于浙江道监察御史，吏部尚书刘大夏（1436—1516）、周经（1440—1510）也请他推荐新人。1502 年，他奉命榷木重建北京城外的卢沟桥。1503 年，奉命到河南视察军队状况，后来在此患病，于 1504 年返回苏州养病。两年后，正德皇帝纵容宦官刘瑾擅政，因此文森继续退隐在家。直到 1510 年刘瑾失势，文森才再度被起用为河南道监察御史，于 1513 年升迁至南京太仆寺少卿。1515 年他为接受考绩回到北京，升任都察院右佥都御史，其父也因此追赠为南京太仆寺少卿，妣顾氏、继妣吕氏也被封为恭人。届此时，文森已任官三十载，年五十五岁；因身染小疾，所以上疏乞休，在 1517 年回籍养病。1521 年嘉靖皇帝即位，他受到许多重要官员推荐升迁，但都没有结果。1525 年，他在自己修建的文山忠烈祠旁的自宅中过世。

文徵明接着称赞叔父具有忠诚、正义、充满自信的人格特质。他以著名的英烈祖先文天祥为榜样，荣耀苏州的文氏族系，同时也造福百姓。作为一位精悍英发的人物，他在为官初期，因拒绝对宦官、上司卑躬屈膝而闻名。在学问上，他以哥哥文林为师。当他踏上宦途，则仿效李东阳的文体。他的诗作不轻易示人，因此人们大多不知道他这方面的才华，晚年他更将诗赋视为小技而舍弃不作。因为正德年间的诸多政治问题，他在盛年时弃官家居。少时虽然贫困，但对富贵无动于衷。等到他显贵时，并未变得富有，也未经营家产。所得悉数散去。其子女的婚礼，都以合于最低限度的礼仪办理。他喜爱宾客，但除了置酒外，并无其他奢华的招待。贪腐的宠臣钱宁和廖鹏曾想送礼给他，但都不被接受。

在叙述其婚姻与子女的细节之后，我们得知文森较文林小十九岁，因此视文林如父，终生未尝顶撞。文森对县学生弟弟文彬备极友爱；抚育子侄辈则是礼严而情笃。文徵明结论道："徵明少则受业于公，赖其有成。及以荐入官，数书示其所志，思一见徵明，不及。及是归，而公不可作矣。呜呼痛哉！"

我花了很大篇幅摘录这篇内容广泛的文章，因为它提供了许多关于文氏家族及作为家族一员的文徵明当时所关注的诸多要项,其时间点恰恰在其叔父过世之际,及他16世纪20年代中叶京华梦断之前。首先,文徵明第一次全面性追溯了文氏的远古谱系,并将之与许多过去的文化英雄串联在一起。对于今天的我们来说,这一长串代代相承的父子世系、地域流徙,以及在过往朝代中所担任的官职,或许一点意思也没有,但若排除或只是略微浏览这些部分,我们便选择了不去理会这当时最受人瞩目的论题。(家谱世系的正确与否并不是最重要的,重要的是让这个家族的世系深植人心。)文氏家谱中最重要的部分是声称与文天祥(1236—1283)有亲戚关系(虽然其关系遥远且含混)。文天祥是宋朝最后一位宰相,在英勇抗元失败后,为蒙古人所杀,后于1408年成为明代国家祭祀的忠烈人物。[35]文森在苏州的自宅旁兴建一座文天祥祠,将文天祥视为文家祖先,必定让家族声望向前跃进不少。在某种意义上,这是文氏家族终于在社会的层面上"来到"苏州的标志,距其实际上随着明太祖的都指挥官以军官身份迁徙至苏州,相隔已过百年。家族的军人背景似乎完全不会让他们抬不起头来;在各种可能的场合,他们从不隐瞒,且骄傲地提到其军人背景。这种姿态或可让我们挑战明代"文人"总是鄙薄行伍的想法。

此外,在描述叔父时,文徵明也对家族因科考而崛起之事做出清楚的交代,文家早先在功名上的成就还不是很明确,直到文林在1472年、文森在1487年高中进士时方才稳固。文林因为过早亡故,无法真正成为高官,然文森则在官位上达到相当的高度(他进入约由一百七十位"言官"所组成的都察院。言官可说是儒家政治中维持良政的突击部队)。这也使其祖先得到封赠,同时令他得以出入最高阶层的恩庇网络。文徵明所写的显然是褒美之词,就像所有只说好话的碑铭一样,却也同时鲜活地描绘出一个县令在向上爬升的过程中所遭遇到种种地方行政的艰辛。虽然为官的细节及税赋的减免,读来难以引人入胜,却相当要紧。文中突出家族价值,(就像强调贞洁烈妇的文字般)特别标举出文家恪守儒家典范,教化乡里遵守新兴的、有本有据的行为规范。近来的研究已经显示出,15世纪末的江南精英阶层是相当有意识地(通过婚丧典礼)遵守这些规范,并将之推行于管辖之处。[36]一部16世纪中叶的地方志声称,文林在永嘉知县任上时,是首位毁弃淫祠的官员,[37]而前文也可见其弟文森对地方奇风"异"俗的禁革。

当然,官场上的成功也伴随着潜在的危机,这不只来自被抑制的地方豪强，也同时来自全国性的重要人物。文森在1501年被任命为浙江道监察御史，虽然让他接触到刘大夏和周经，但也将他推上与权珰刘瑾（卒于1510年）斗争的火线上。刘瑾在1506年后掌控正德初年的朝政。[38] 其政敌在他死后给了其完全负面的历史形象，因此我们很难跳脱出他是个"邪恶太监"的刻板印象。不过，文氏家族许多人的事业发展，很清楚地都因刘瑾及其党羽的介入而遭受摧折，而文森则聪明地选择在刘瑾当政的那几年退隐。

在文徵明对文森的描述中，我们看到某种行为典范。他们两人只差六岁，当为叔的文森于1487年高中进士时，文徵明也已经十七岁了。对一些早慧的人而言，这年纪已足以达到令人艳羡的成就。文森年纪较文徵明稍长却又成功得多，故可作为文徵明仰赖的潜在庇助渠道。文森乃声名赫赫之李东阳的门生，但他自己也有能力收受门徒，他的侄子理当为其一员。文徵明便曾提到："徵明少则受业于公，赖其有成。"文氏家族自13世纪以来已建立了"儒"道，现又因为文森而为家族带来最重要且令人羡慕的"贵"格。"贵"在此处指的并非世袭爵位（虽然明代的确有此情形），而是"散官"或"勋"，前者并可以溯及父祖，如同文森的例子。《庞氏家训》云："士为贵。"[39] 在文森的例子中，"中宪大夫"是其荣衔，"右佥都御史"方为其实际官职，两者在九品官制中，都属于正四品的位阶。[40] 荣衔乃"贵"之所出，在文徵明的字里行间，无一不显露出他对荣衔追求的认真执着。"贵"和"儒"当然不相矛盾，它们就像显耀家族的一双门柱，而光耀门楣则是家族中所有男女成员应当承担的义务。

十三年后（1538），文森的遗孀谈氏（1469—1538）身亡，文徵明再度提及已逝的叔父（同时也透露了支持他科考成功的经济靠山）。在《叔妣恭人谈氏墓志》[41]中，他小心避免提到谈氏的名字（二人年龄虽然相仿，但谈氏在辈分上较文徵明高）。谈氏是吴人谈世英之女，母徐氏，十五岁时嫁到文家，成为叔父文森的妻子。[42] 谈氏对丈夫十分顺从，"左右进止，惟府君之命"，并伴其彻夜苦读。这段文字让我们感受到登进士第虽让物质环境为之一变，谈氏并未因此改变原有的靖恭厚默，且因其谨慎有度，故在文森历官各处都留下了清白的名声。当丈夫因言事入狱时，她无所畏惧；文森十分推崇她的冷静明达。虽然出身富贵，她却不奢侈，对待侧室的孩子犹如亲生，因此大家都对她十分敬爱。

[图5] 夏昶《湘江春雨图》（局部）1449年 卷 纸本 水墨 45.5×900厘米
柏林东方美术馆（©*bpk, Berlin*, 2009 photo Jürgen Liepe. Museum für Ostasiatische Kunst, Berlin.）

接着又是一段对文家系谱的交代，虽然不像为文森写的那么长，但仍由"文氏之先，与宋丞相（文）天祥同出庐陵。其后徙衡山，再徙今长洲"开场。最后依惯例列出她的子嗣及其配偶，并仔细交代墓葬的所在位置。

谈氏是文氏家族——包括文氏子孙及姻亲——最后一位由文徵明撰写墓志铭的成员。文徵明于1540年撰写此文时也已经七十岁了。但广义而言，关于家族的种种议题仍未结束。为了对此及文徵明对"亲戚"所需负担的义务有所理解，我们必须回到他的青年时期，去思考其姻亲关系可能为他带来的效益以及姻亲们所期待的回报。对于文徵明结缡五十多年的妻子，我们仅知其娘家姓"吴"，而不详其名字，这在儒家礼法上或许不值得大惊小怪。令人较惊讶的是，文徵明的生平资料虽较其他人详尽，却未尝提及他成婚的年份。推测新娘较新郎年轻，应该不成问题，而新郎此时应该也已超过一般的结婚年纪——十六岁（1486年时文徵明十六岁）。因此，"约于1490年左右"成婚，应是最稳当的猜测。可以确定他在1494年时已婚，因为他在这一年为王银（1464—1499）的竹画题了一首诗，这也是他诗文集中收录的最早诗作之一。文徵明之所以认识王银，很可能因为他是妻子姐姐的丈夫。[43] "连襟"（英文的brother-in-law一词显得太过含混，中文对血缘关系的描述较为丰富）在明代乃至于今日都是中国社会中一层重要的关系。[44] 文徵明称王银为"友婿"，而且这层关系至迟在16世纪20年代便已延续到王银的儿子王同祖

(1497—1551)上。文徵明其中一首早期诗作既然是作给妻子家族的亲戚（有确定题赠者的早期诗作只有四首），那么我们更不可忽略作于15世纪90年代、被选进文集中的最早画跋：

> 跋夏孟旸画：右云山图，昆山夏孟旸作。孟旸名昺，太常卿仲昭（夏昶，1388—1470）兄，能书，作画师高房山（高克恭，1248—1310）。初未知名。洪武季年，为永宁县丞，谪戍云南。永乐乙未（1415），仲昭以进士简入中书科习字。一日，上临试，亲阅仲昭书，称善。仲昭顿首谢，因言臣兄昺亦能书。召试称旨，与仲昭同拜中书舍人，时称大小中书。既而谢事，终于家。其书画平生不多作，故世惟知太常墨竹，而不知孟旸。
>
> 予往年见所书西铭，颇有楷法。此轴为王世宝所藏，亦不易得也。[45]

夏昺，正如题跋中所言，并非中国绘画史上的大名家，因此或许有人纳闷，这幅画怎会成为文徵明文集中的第一则画跋呢？[46]其实答案很简单，夏昺不只是名气较大的夏昶之兄，[47]两人还是文徵明岳母的兄弟，是他妻子的舅舅。所以为这幅后来纳入王银（此处以其字"世宝"称之）收藏的画作题跋，便可视为广义的孝友亲族之举。不过，文徵明是否通过岳父母之便，受惠于夏昶呢？或者更直接地问，在后世画坛

1 家族

享有大名的文徵明究竟向谁学画呢？并无资料显示文氏家族较早的几代有修习绘画之事。文徵明或许自小即跟着母亲学画，一个时代较晚的资料将她誉为"当世管道昇"[48]（管道昇，1262—1319，是最知名的女画家）。然文徵明的母亲在他六岁时去世，因此无法得知他在1489年与著名的长辈沈周学画之前，曾经受过谁的训练。这段空白的时期正好约莫与他和吴氏联姻的时间重叠，也是他认识夏昶之妹的时候。此处证据虽不充分，但也许正是我们过去对明代妇女地位的假设，而蒙蔽了精英家族中由女性成员传承工艺品、画作以及画法的可能性。明代文献里早有提及夏昶与文徵明的关联。如印行于1519年，由韩昂所编，接续夏文彦《图绘宝鉴》的续编中，收录了自1365年《图绘宝鉴》初出版后活跃于明代的一百一十四位画家小传，也是合传类出版品中最早提及文徵明的一本。[49] 书中介绍道：

> 文徵明，姑苏人，写竹得夏昶之妙，山水出沈周之右，工诗文，精书法，吴越间称之。[50]

与夏昶的甥女产生姻亲关系，至少给予文徵明接触夏昶作品的机会【图5】，并形塑了他画竹的方法。夏昶与画竹一科几乎毫无例外地联系在一起，而另一位吴家的女婿王银，对画竹也多少有些涉猎。

文徵明与岳母的往来情况仍不甚清楚（其岳母的墓志铭乃由当地名人、文徵明的老师吴宽所撰写，可见其身份地位）。不过他与岳父吴愈（1443—1526）的关系则不然。除了1528年为其撰写墓志铭外，[51] 目前还存有十三封在两人相交逾三十年间文徵明写与吴愈的信札（当然这只是其中幸存的一小部分）。[52] 这些信札都没有纪年，不过信中提及的事件足令现代编者据以排列可能的前后次序。其中有数封提到16世纪20年代的政治事件，将于第4章再做讨论。大部分的信札字数都不过六七行，内容不外乎是亲友们迁移、婚丧、升迁等讯息。文徵明在信札中曾提到迫在眉睫的科考、孩子们出世（"母子均安"）云云。有一封信的原迹仍存【图6】，可让我们更了解这两人之间的关系，由是可知亲戚关系、恩庇纽带以及文徵明初露锋芒的文化人声誉，彼此紧密地交缠在一起。[53] 这封信关乎吴愈请文徵明作一首送别诗以赠与贬谪到四川的顾潜（1471—1534）（因此这封信的年代应该是1506—1510年刘瑾擅权之时）。[54] 与吴愈的女儿结为连理，意味着文徵明得为吴愈的利益发

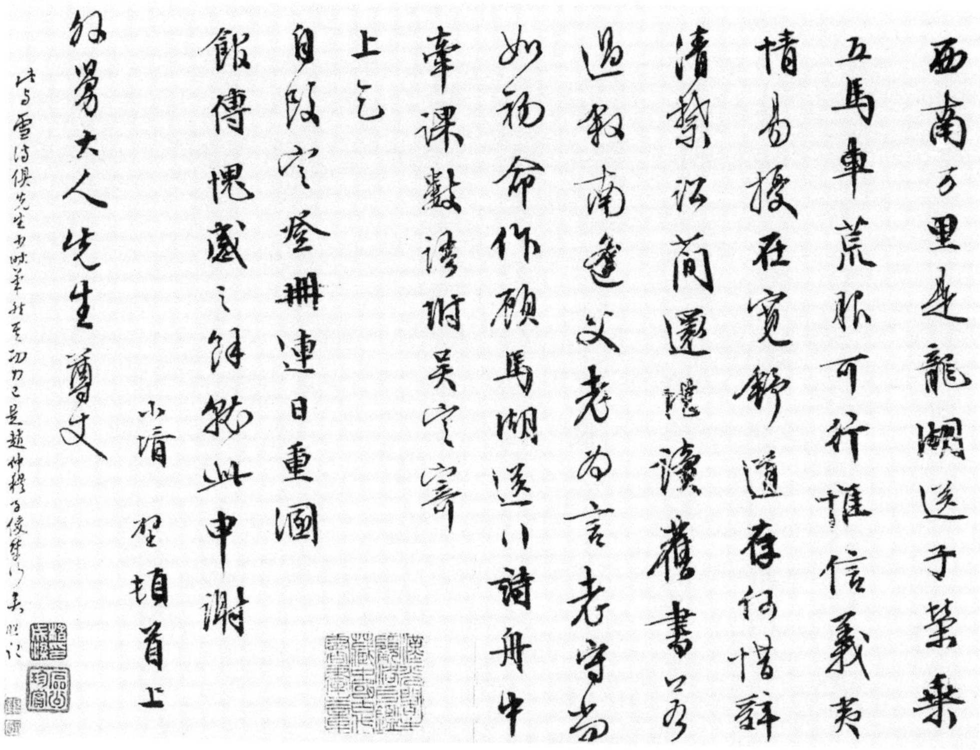

[图6] 文徵明《致岳父吴愈札》1505—1510年 册页 纸本 墨笔 22.8×30.8厘米 纽约 大都会美术馆
(Metropolitan Museum of Art, New York.)

挥所长,甚至维护他的朋友、对抗他的仇敌,并顺从其文学品位等。接着诗作之后的短文,可能是文徵明自昆山近郊的吴愈宅邸归来苏州后所作,以非常谦顺的语气写成:

> 命作顾马湖送行诗,舟中牵课数语附吴定寄上,乞自改定登册。连日重溷馆传,愧感之余,就此申谢,小婿 璧顿首上。
> 外舅大人先生尊丈[55]

如果以现代观点将这些过度自贬的言辞视为"不真诚",或是认为这些社会责任"不过是社会责任",而不符合真实的感受,将是个错误的想法。我们没有理由假设文徵明并不认为顾潜遭受不公平的对待。我们同样没有理由怀疑,在这种集体且公开支持的情况下,文徵明会认为岳父没有修改家族后辈文字的权力(尽管其文名渐起)。吴愈属于坚决反对宦官刘瑾擅权的江南官员集团。在这场对抗中,他至少有一个戚族成员

| 家族 | 19

因此失去性命。我们由吴愈的墓志铭得知，除了四个儿子外，他还有三个女儿：长女嫁给王银（以子贵），幼女则是翰林院待诏文徵明的妻子。然次女则嫁给"死逆瑾时"的陆伸（1508年进士）。[56]字里行间似乎透露出陆伸死于非命，也许是为了将权力由刘瑾手中夺给如吴愈这些可能更适合掌权的人而牺牲的吧。[57]

文徵明在1528年，即岳父去世后两年，始撰写其墓志铭（吴愈过世时，文徵明远在北京），记录岳父一生顺遂的宦途，然文徵明当时却已走到仕途的尽头。吴愈在1475年高中进士后，便一直保持稳定的升迁，先任南京刑部广东司主事，1490年升任四川叙州府知府，1503年升河南省右参政（一省之中第二高的行政长官），最后于1504年致仕，闪避了刘瑾当政时的种种麻烦，并享受一段优渥舒适的退隐生活。1522年他更被加赠正三品"嘉议大夫"的荣衔。文徵明强调其才智、过人的记忆力、对治下移风易俗的影响力，称其家庭足为模范，并喜其待人"和而有辨""雅喜宾客"的作风。最后以"有如公者，可复得邪？"作结。这些溢美之词或许很公式化，但我们无须将之视为不具意义与真心的空洞言语。

关于其女吴氏的生平，我们就没有这么细腻丰富的细节了，充其量只知道她本姓吴，是吴愈的女儿，也是文徵明的妻子。然此处资讯的欠缺、志文的阙如及其丈夫对相关事件几乎未尝记录等，都是她应承担的义务，正如同文徵明必须对吴愈负有子婿的义务一般。吴氏必定有一篇墓志铭，很可能是由"文徵明的朋友"执笔，甚至是极负文名的人物。然而，为维护礼法，他们不会将这类文章选入自己的诗文集，因为一个女人无论名声好坏都不该传出家外（文徵明把言及姑母美德的墓志铭收录在自己的著作中，则是另一个问题，因为这仍在"家族范围之内"。我们将可见到，文徵明很谨慎地剔除了自己所书却与自己无关的妇女记述）。在文嘉（1501—1583）1559年所写的《亡父行状》中，文徵明的妻子被描述为治家的典范，除此以外几乎没有任何资料。这不能算是漠不关心，因为就女人的状况而言，身份地位愈高者，愈难见于公众场合。然由文徵明的家书可知，1523年他在北京时非常盼望妻子可以跟在身边，这除了照顾起居的现实考量外，出于情感的依靠也不无可能。他也提到要让妻子看信，这暗示了她无疑是名通晓文艺的苏州女性精英。[58]有封短札直接以她为收信人，印证了这个事实。此札可能也是文徵明旅居北京时所书（不过也可能作于其他旅程，因为信中文徵明寄钱给妻子，但他在北京时却总是抱怨缺钱，并要求送现给他）。信中写道："付去白银五钱，因两日有事，不能多也。好葛布一匹，文化可自用。我此间点心有余，今后不劳费心，千万千万。"[59] 留下来的另一系列信札是写给医生女婿王曰都。信中提及妻子的健康问题，指示王曰都要好好照顾她（"前药已服尽，就带两帖来"），并描述了她的症状："病者胸膈已宽，泄泻亦止，但咳嗽不解，夜来通夕不宁。可来此一视，专伺专伺。徵明奉白子美贤婿。"[60] 吴氏于1542年过世，也带来一个间接观察绘画制作如何环绕于明代人情义务、精英阶层的相互往来及礼物交换等问题的机会。这幅收藏于大英博物馆、带有题跋的文徵明画作，现在名为《仿李营丘寒林图》【图7】。[61] 画面左上方的作者题诗清楚说明其制作情境：

> 武原李子成以余有内子之戚，不远数百里过慰吴门。因谈李营丘寒林之妙，遂为作此。时虽岁暮，而天气和煦，意兴颇佳。篝灯涂抹，不觉满纸。比成，漏下四十刻矣。时嘉靖壬寅腊月廿又一日（1543年1月25日）。徵明识。时年七十又三矣。[62]

这件事看起来很简单。李生前来慰问，算是正式丧礼过程的一部分，通常还会依例献上丝绢或布匹以帮忙支付昂贵的丧葬支出。[63] 两人一同讨论10世纪大画家李成（或称李营丘，919—967）的作品。李成以画寒林闻名（寒林是艰苦环境中坚忍不拔的象征），也是文徵明师法的对象；至1542年时，文徵明已因书画闻名。[64] 这场景或许很令人感伤：冬夜里，年迈丧妻的鳏夫与永恒的文化价值对话。然至少还有另一种可能的解读方式，且无伤于这幅画的艺术感染力（这幅画通常被视为文徵明晚年最撼人的作品之一），可令我们借此讨论人情义务的分际与要求的资格。由于在大量的文字记载中，找不到任何其他李生与文徵明曾有所接触的场合。[65] 故其中一个可能的场景是：一位几乎可以算是陌生人的人，利用这个机会得到渴望已久、由当世最负盛名的文人艺术家所绘制的画作；这个艺术家的作品是出了名的难以取得，特别是对那些没有特殊关系的人。丧礼中，亲族的人情义务扩大其对社会的开放范围。在此情况下，丧家无法拒绝来人到场参加丧礼，因此这或许可以成为创造新关系的第一步，也是李生对未来关系的合理期待。这符合莫斯所勾勒出关于人情义务的收、受及回礼的经典模式。然而，就像布尔迪厄与其他

[图 7] 文徵明
《仿李营丘寒林图》
1543 年
轴 纸本 设色
60.5 × 25 厘米
伦敦 大英博物馆
(British Museum, London.)

学者所主张的，收受的时机方为重点。若要逃脱不愿背负的人情债，或是在无法推辞礼物的情况下，阻止不愿结交的关系继续延续，就得"立刻"给对方相等分量的回礼。杨美惠曾强调，在她20世纪90年代从事研究的环境里，各种送礼的情况往往缺乏客观及普世通行的价值兑换比率，反倒是送礼的时间点、礼物的稀有性以及收受者的地位才真正重要。价值"因着每个送礼的脉络，以及所牵涉的特定人士"[66]而生。如此迅速回礼、如此直白地道出（画跋异常直接地说明当时情境），并以如此精审的画当作回礼，文徵明有效地清偿了这笔人情债，且关上了日后继续对李生负担人情义务的大门。

另一封与妻子丧礼有关的信札可以相当程度支持这种解释。收信人是张衮（1487—1564），任御史，因曾英勇对抗16世纪40年代经常侵扰江南沿海的倭寇而成名。文徵明感叹距离他们最后一次会面（也许是在16世纪20年代的北京），已经过了好长一段时间，并礼貌地提到虽然自己在退隐中，却仍记挂着他。接着写道：

> 昨岁襄葬亡妻，特枉慰问，重以厚赙，情意勤至。潦倒末杀，岂所宜蒙？但千里沉浮，迤逦今秋始得领教，坐是不及以时报谢。然中心感藏，何能忘也。[67]

我们可以从中看出一连串的回报往来，始于奠仪所展现的"情"，而引发文徵明之"感"。[68]这些奠仪无法回绝，却可能启动延续不断的送礼/回礼关系。现代中文所使用的"感情"一词，就体现在当时送礼及收礼后的应对上。任柯安强调在现代脉络中的"感情"是"非关再现的"（nonrepresentational），约莫就是他所说的"关系惯例"（guanxi propriety），而并不代表内心的"真感情"。[69]道德评判都建立在这些惯例上，而这些惯例也因时空距离很难说明清楚。如果将李生和文徵明间的关系过分感情化，可能有错，但如果把《仿李营丘寒林图》当作是某种"规避"义务的巧妙策略，也同样是错误的。无论如何，我们至少会纳闷，丧礼是否为正当且不可推辞的送礼管道（以下将可见到，有些礼物是可以拒绝的），可以借此与不认识的重要人物或久未联络的旧同事产生"感情"？文徵明提到"领教"及"报谢"。这封信是否附了一件文徵明的书或画，作为张衮的回礼呢（要记得信札本身就是一件书法作品，无论就价值层面或实际的保存而言）？可以依这种方式完全清偿

[图8] 文徵明
《湘君湘夫人图》
1517年
轴 纸本 设色
100.8×35.6 厘米
故宫博物院

的人情义务，不同于对家族成员的人情义务，后者是持续不断甚至至死未已的。这不禁让我们提出某种可能性，即文徵明那些清楚写出题赠对象的作品，代表的极可能不是两人间的亲近关系，反而是恰恰相反的情况。此间的悖论将于接下来的几章继续讨论。

另一位与远房亲戚往来的例子也深具启发性。一首可能作于1552年名为《送族弟彦端还衡山》的诗作，[70] 满是客气的感性语句，谓："我于同姓自难忘"，并语带诗意地言及别离的愁绪，及"楚（湖南）水""吴（苏州）山"间遥远的距离。这首诗记录一位名不见经传的湖南文姓人士，拜访当时已经年过八十的文徵明之事。前述文徵明在为叔父及其他亲族所撰写的墓志铭中，当述及家族历史时，屡屡提到遥远的湖南"南岳"衡山，此乃苏州文氏祖先文宝的家乡，也是其家族能与宋代民族英雄文天祥产生联系之处。文徵明本身即以"衡山"为号，并经常在作品上以此署名。他对于此地的认同，也让他得以建立自己与《楚辞》作者屈原（约卒于公元前315年）的关系，他的一枚印章"惟庚寅吾以降"（指涉其出生时辰），便是取自屈原之句。此外，在他为数不多的人物画中，一幅以精致的复古风格绘制的《湘君湘夫人图》【图8】，也是来自《楚辞·九歌》中的人物，为传说中舜帝的妻子，其祭祀中心亦邻近南岳衡山。[71] 这很可能是那位来自湖南省衡山地区的文姓人士，之所以能在缺乏关系或正式的引见下，仍能靠着自我介绍得到文徵明接见的原因。他可能带着礼物前来，文徵明或因此而在赠诗中接受了文姓人士的攀亲带故，并称其"族弟"以为回报。

在这个例子中，亲戚关系被模模糊糊地承认了（就定义上，我们不清楚有拒绝承认的例子）。我们必须考虑到文徵明生命中的此一面向，毕竟基于服丧礼仪或其他儒家思想文献架构出的正式亲戚，在实际操作中是有很多弹性的。曾有人提出，亲戚称谓体现的是一种"行动的倾向"（disposition to act），而非对任何单一个人的标签，虽然姻亲（通常被归为女性）和血亲（被归为男性）有所区别。[72] 在一些例子中，文徵明的确以亲族称谓称呼一些目前我们难以找到之间真正关系的人士。特别是在墓志铭中，他称为"府君"的人物。他在1531年的《袁府君夫妇合葬铭》中，以府君称呼袁鼒（约1467—1530）；袁鼒夫妇是文徵明孙女婿袁梦鲤的祖父母。[73] 他们显然是成功的商人，却不属于仕宦阶级，文徵明并未将此文收入《甫田集》，虽然他确实参与了1527年为袁鼒六十大寿策划的诗画联作活动。[74] 1534年，文徵明为达官毛珵（1452—1533）写过一篇"行状"，文中不惮烦地指出他们的姻亲关系，因为毛珵的长子毛锡朋是文徵明堂妹（其叔御史文森之女）的丈夫。[75] 这些都是人们愿意公开承认的亲戚，相关文字最终也都出现在文徵明的著作中。但这个情形不适用于为顾右（1461—1538）及其夫人张氏所作的《顾府君夫妇合葬铭》。[76] 虽然文中以府君称呼顾右，但是并没有交代真正的关系（文徵明的母亲虽然也姓顾，然无法确定两者是否有关）。顾家是富有的地主家族，完全不具重要的文化或官宦性质（根据文徵明的说法，顾家是少数安然度过元明朝代移转时期的家族），且顾右多半是酗酒而死。这篇墓志铭是由顾右的儿子所安排。这个例子出于亲戚间义务的可能性，微弱到让人猜测这多少是种商业交易。文徵明所做的，比顾家为他所做的要多，或许他这样做可以得到立即的报偿；也许文徵明若愿意以亲属称谓称呼写作对象，润笔之资便能提高。这同样适用于《华府君墓志铭》。[77] 此文纪念的是文徵明经常往来的无锡大家族中的一员华钦（1474—1554），虽然感觉上此文亦不适于收录在文集中，与文氏永远地连在一起。

本章试图纯粹地由家族成员的角度看待文徵明，而不把他当作一个自主的个体，并标示出他必须对其他成员担负的义务；这么做，可以达成几个效果。除了让女性在他一生中所扮演的角色变得更为醒目外，也让我们注意到他早年（实际上是幼年）的岁月，因为自其1528年由北京回乡起，特别是其兄于1536年去世之后，他与家族成员间的互动便减少很多（除了与孩子们的互动，这将在以下章节讨论）。明代的家族不该被理想化为和谐而整体的领域；它反而是一处社会阶层高低不平等的运作场所，男性凌越女性、长者凌越年幼者、正妻的孩子凌越侧室的孩子，等等。所有材料（小说可能除外）都对这些状况所产生的种种负面情绪保持缄默，其间的空缺只有留给读者大胆臆测了。长者生时，年少者该服其劳；长者亡时，年少者则须葬之、祭之、铭之以礼。随着同辈人逐渐凋零，文徵明也变成家族中最年长的一位（当他过世时，他的孩子亦皆垂垂老矣），所有服务、祭祀和铭记的责任都落在子孙的身上，不再由他来主持。当他成为文家成就的新神话时，无论其个人的成就有多么灿烂辉煌，他也是以文家一分子的身份而获得颂扬。

2 "友"、师长、庇主

即如前章所述，家族的概念既然在某种程度上是可以商量并随着时代的不同而有所调整，另一组从幼到长俱至关紧要的人伦关系自无有不同。此即文徵明与父执长辈间的关系：他们可以为其师表（master）、任其教师（teacher）或庇主（patron）。文徵明于年不过半百之时，即与明中叶苏州文化及政治界中最知名的人物建立了上述关系，尤其是在他二十岁、三十岁与四十多岁这三个时期（即1523—1526年宦游北京以前）。这些人多在现存的历史文献上享有大名，然若仔细分析文徵明的诗文及其题赠对象，便可发现还有许多人也适用于这样的关系，只是在与文徵明相关的文献中较少提及。

文徵明于四十岁出头时曾写下一组诗作，提供我们其与师长及庇主间相与往还的部分图像，借此亦可大略知道，究竟是哪些人让文徵明认为自少时即受其提携（至少文徵明希望塑造这样的印象）。重点是，这些人都被他称作是已故父亲的友人，如此一来，家族与庇主这两种关系网络便不着痕迹地联系起来。然而，若将诗组中所有提及的人物都视为同一类，却又掩盖了其间复杂而多样的实际关系；因为其中有些人文徵明自己根本不认识。中国社会由五伦关系所建构，"朋友"一伦虽在五伦中较为次要（其他四伦分别是君臣、父子、兄弟与夫妇之伦），但在这理想的社会秩序中，"朋友"关系的建立却享有某种可供论述的空间。[1] 就实际的操作面而言，"朋友"一伦在五伦中的论述能力最大，因为较诸其他四伦，其界限既不明确，且易于在不同的情况下重整，在应用上也有很大的弹性。因此，在讨论恩庇（patronage）与侍从（clientage）的关系时，"友"变成一个有效力且可以应用的词汇。这也是文徵明《先友诗》

所论及、与自我有关的场域。该组诗作共有八首,开头有一段简短的序言,解释道:

> 璧生晚且贱,弗获承事海内先达,然以先君之故,窃尝接识一二。比来相次沦谢,追思兴慨,各赋一诗。命曰"先友",不敢自托于诸公也。[2]

要看出这八首诗的排序有何意义并不容易,但在一个极为重视优先次序的社会,这些诗作不太可能是随意排列。可以确定它们大致是根据这些友人的卒年先后而排序:自卒于1493年的李应祯(1431—1493),至殁于1511年的吕㦂(1449—1511);1511年正好也是这组诗作完成的前一年。我们应特别注意文徵明字里行间透露的其家与这些庇主间的联系;由于文徵明的父亲曾担任过一些不错的官职,故文徵明得以通过父亲的关系认识这些杰出的人物,而把自己的儿子介绍给这些人认识,无疑也是一个好父亲应有的作为。

现在让我们一个个来检视这八个人与文徵明的关系。诗组第一个提及的是李应祯,在后世资料中常与文徵明的名字相论,因为他曾是文徵明主要的书法老师。[3] 李应祯是长洲人,因书法精妙而任职中央,先任中书舍人,后升为太仆寺少卿,成为文徵明之父文林的同僚。文林还曾为李应祯写过一篇送别文,并在李应祯死后为他作墓志铭。李应祯被认为是文徵明的书法老师;1531年文徵明在一件书作的跋文中,便忆及少时曾跟随李应祯同观该作,"及今四十年,年逾六十"。当时李应祯曾略论此书作之品质,然当下文徵明无法明了,日后方知其评论真确。[4] 在此,我们不仅见到师徒间的口传授业,亦可见这位为师者的社会影响力,使自己及门生都有接近重要作品的机会。一个二十岁的年轻人,若只靠他自己是不会有这种机会的。在文徵明出版的著作中有不少题跋,是为李应祯所书或所收藏之作品而写的,[5] 通过这些跋文,我们可以得到更多关于文、李关系的资料。首先言及两人结识的经过,"家君寺丞在太仆时,公为少卿",接着谈到年老的李应祯抱怨自己年力渐衰,而文徵明却正值"目力壮"之盛年。当文徵明谓李应祯的书法"当为国朝第一",又云其在古法与自我风格间达到完美的平衡时,他实自谓为李应祯的接班人,"尝欲粹其言为《李公论书录》，而未暇也"。另有一则《题祝枝山草书月赋》，推崇李应祯的女婿祝允明（1460—1526）的书艺成就，然此题跋却未收录于《甫田集》中。[6] 值得注意的是，说明祝允明与李应祯关系的这段文字并没有出现在"官方版"的叙述中。"官方版"的叙述转而强调文徵明自己与李应祯这位知名人物的关系。文徵明在李应祯死后所作的这些题跋（包括一篇可能不太得体的文字，提及李应祯曾为买一件苏东坡书迹而付出"十四千"的巨款），[7] 是采用不同于正式墓志铭的方式来纪念李应祯，但这些题跋仍然发挥这类文字应有的纪念功能，以及作者对其师应尽的义务，让老师的名字和关于他的记忆继续鲜活地流传下去，并与伟大的文化传承世系联结在一起。

陆容（1436—1497）是"先友"中的第二位，与文徵明的岳家同为昆山人氏，曾任浙江右参政，其墓志铭亦由文林所撰。然我们对他于文徵明一生中所扮演的角色并不清楚，同时亦无其他资料显示二人曾有互动往来。而对于文徵明与第三个友人庄昶（1437—1499）的关系，我们同样亦接近毫无所知；此人曾入仕途，但时辍时起，退休后则以学术与文章闻名于世。不过，文徵明曾赠与庄昶画作，经周道振考证为著录中文徵明最早的一件，主题为莲鹭图。此画今虽不存，但周道振根据庄昶写给文徵明以谢其赠画的一首诗，将该画年代定为 1493 年。在这首诗中，庄昶亲切地称文徵明这位年轻晚辈为"文儿"，[8] 至于其他的往来就只能用猜测的了。

第四位"先友"吴宽的情形则大为不同，在前一章我们已提到文徵明的父亲文林与他是同年，文徵明曾致函吴宽请为亡父撰写祭文。文、吴两家都住在长洲县，地缘之便又是另一种建立关系的重要方式。史称文徵明的诗文自幼便师承吴宽，然远在帝都北京担任要职的吴宽，当年想必没什么与文徵明相处的时间。直到 1475 年后，吴宽先因居丧而回苏州一段时间，后又于 1494—1496 年再度居乡（文徵明也是在这段时间写了一首诗给吴宽，是其早年诗作之一），[9] 最后一次回苏州则是在他退休后直至去世的 1504 年。除此之外，吴宽多在北京任官，这些从政经历也使他成为明中叶最有名的苏州人之一。因此我们实际上并没有多少关于他跟文徵明往来的资料。除了前文谈到的那封信以外，比较重要的还有一套画册，是在吴宽去世前不久，由文徵明及其画学老师沈周共同完成的【图9】。[10] 这本画册至今仅存六页，其中只有一页是文徵明所作（在完整的本子中文徵明所作的应有四页之多）。文徵明在 1516

[图9] 文徵明《风雨孤舟》出自《沈石田文徵明山水合卷》约 1490—1495 年 册页裱手卷 纸本 设色 38.7×60.2 厘米 纳尔逊美术馆（The Nelson-Atkins Museum of Art, Kansas City, Missouri. Purchase: William Rockhill Nelson Trust, 46-51/6. Photograph by Robert Newcombe.）

年一篇赞誉沈周技法浑融精妙的长文中，回忆当时作画的情况：

> 匏翁（即吴宽）命余补其余纸，余谢不敏，然不能拂其所请。偶拟唐句四联，漫为涂抹。但拙劣之技，何堪依附名笔，徒有志愧。……[11]

若将这段文字中的"命"看作"要求"，不免低估了"命"的强度，因为这个动词其实有命令的意思。我们或许应将此视为一种特殊庇助关系下的委托，由于这项委托，使得文徵明与吴宽、沈周这两位比他年长并比他有名的人之间建立了恒久而公开的关系。这委托，创造了彼此间的关系，而不仅只是反映了他们的关系，并借此将互惠的义务加诸于双方。吴宽还用另一种直接的方式庇助文徵明，那就是将文徵明纳入1506年《姑苏志》的编辑团队，因吴宽正居此间担任要角。类似这种不同世代的人利用一些计划建立关系，正是精英群体复制其阶层认同的重要部分。在文徵明与吴宽的个案中，我们或许只能找到少数与两人往来有关的物质或文字的资料。不过从李应祯的个案，我们则可见到师/徒或庇主/附从之人（client）的关系并不会在其中一方死后就中断，相反地，学生有义务维护师长的声名始终不坠，因为学生本身的声名也是这名望机制里的一环。我们可以清楚地从文徵明在吴宽死后所作的诗文中看到这点。文徵明在1522年作了一首《补先师吴文定公诗意为图》诗（文定是吴宽死后的谥号），[12] 身为学生的文徵明虽已年迈，但吴宽的诗作依旧岿然存在，吴宽仍是个活跃的能动者（agent），有能力召唤回应，尽管他早已谢世。文徵明还曾为吴宽生前所作的祝文写过一篇跋，这篇跋文颇长又未标明日期，题为《跋吴文定公撰华孝子祠岁祀祝文》。[13] 文中先简要地讨论家祠的定位，以及家祠与官方为乡贤所行的公开祭祀有何不同后，文徵明接着说：

> 然比于乡人私祀，又有不同者，故先师吴文定公特为撰祝文。时公以礼部尚书，掌詹事府事，兼翰林院学士，专掌帝制。此文虽不出钦定，其视临时自制，亦有间矣。

学生因其师的成就而感到骄傲是完全可以接受的，故而我们可以思量，老师或庇主所享有的声望未尝不是个人在表彰自我身价时主要的象征性资源，毕竟中国文化认为人们在提到自己时，应该要在修辞上谦虚自抑方为得体。

谢铎（1435—1510），先友名单中的第五位，也是个谜样的人物，在文徵明现存作品中只于此处出现。谢铎于载浮载沉的官场生涯中，可能与文徵明的叔父或父亲结识缔交，而在谢铎退休潜心于儒学研究以前，他们肯定有许多相识的机会。从许多人曾为谢铎作贺文之事看来，他应该是一位人缘特别好的人。至于第六个人物沈周，[14] 则不是什么名官显宦（这份名单中也唯独他不具备官员的身份），却在中国文化史上迭有回响，代代不绝。沈周跟文徵明一样，几乎被神话化了，因其同时以诗人、书家与画家的身份著称于世，名声历久不衰，并对文徵明的一生扮演举足轻重的角色，且显然是文徵明之父的老友（记得1499年时文徵明曾请沈周作其父文林的行状）。[15] 沈周与文家的关系还可见于沈周赠与文徵明兄长文奎之画与其上的题诗。[16] 由于这些关系与情谊多不胜数，文家遂以各种不同的形式来答谢沈周。至于文徵明如何看待这位画学老师与文家的关系（而非后来评论者所采取的解释），可自文徵明于沈周1509年去世时为之所编的行状窥知。可是，这并非文徵明第一次答谢沈周的恩情。早先于1503年时，他便接下为沈周长子沈云鸿（1450—1502）作墓志铭的感伤差事。[17]事实上，这也是文徵明现存全部作品中最早的一篇墓志铭，文中文徵明不只提到他与沈周的往来，更谈及他与整个沈家的关系。在这篇墓志铭中，沈云鸿被描述为沈周的得力助手，负责经营整个家庭，使沈周可以致力于笔砚书画并接待许多来访的宾客。但对沈云鸿与沈家来说，可悲的是其早卒而无法侍奉其父享尽天年。我们看到的沈云鸿是"性喜剧饮，而不为乱"，到中年时有志于学，颇好经典考订与诗作，"特好古遗器物书画，遇名品，摩拊谛玩，喜见颜色，往往倾囊购之"。[另一篇跋文则让我们一窥沈云鸿这位快活人物的赫赫收藏：文徵明曾于1531年见到一件王羲之（303—361）的书作，忆及三十多年前在沈云鸿家见过。][18]沈云鸿喜欢对访客亲自展示其收藏，并常自比于宋人米芾。米芾曾希望来世能成为蠹书鱼（好在书堆中生活），沈云鸿也说："余之癖，殆是类耶！"文徵明接着提到："江以南论鉴赏家，盖莫不推之也。"文徵明虽与沈云鸿相差二十岁，但彼此相知甚深，因此于文末谓："故其葬也，余不得不铭，而石田先生（即沈周）实又命之。"

六年后（1509）沈周去世，时文徵明年辈尚浅，故正式的行状乃是由苏州文化圈的名公王鏊（1450—1524）执笔。不过，身为沈周最钟爱的弟子，文徵明还是为沈周行状作了一份初稿，算是回报十年前沈周为其父文林撰作行状的恩情。文徵明还特别说明，这些并非他自作主张去做的，实在是因为沈周次子沈复深知他了解沈周甚详而请他操刀。[19]这篇文章的起首，与文徵明为自己家人撰写行状的方式雷同，都是先叙述传主的系谱，然后转入传主的幼年生活（然文徵明不太可能对传主的幼年生活知道太多）。文徵明告诉我们，沈周年少时娟秀玉立，聪朗绝人，于陈继（1370—1434）之子陈宽的门下学习，陈氏父子都以文学高自标置，不轻许可人【图10】。有一段关于沈周十五岁时为了家中税赋前往南京的叙述，清楚确切地呈现出当时恩庇机制的运作方式。当时沈周为了得到某位高官的庇助，呈上他所作的百韵诗，这位高官"得诗惊异，疑非己出，面试凤凰台歌。先生援笔立就，词采烂发。……即日檄下有司，蠲其役"。[20]据文徵明所言，沈周在诗作上的成就主要奠基于博览群籍，"若诸史、子、集，若释老，若稗官小说"，以及他所师法的典型。

[图 10] 沈周
《庐山高》
1467 年
轴 纸本 设色
193.8 × 98.1 厘米
台北故宫博物院

之后（这个叙述的先后次序很重要）才谈到沈周与绘画相关的事：

> 稍辍其余，以游绘事，亦皆妙诣，追踪古人。所至宾客墙进，先生对客挥洒不休。所作多自题其上，顷刻数百言，莫不妙丽可诵。下至舆皂贱夫，有求辄应。长缣断素，流布充斥。

接着，文徵明引用另一件逸事来解释为何沈周这位完美的典范人物无法谋得一官半职，而这类传闻也常被用在文徵明身上。据说当时的苏州知府汪浒希望以贤良的名义荐引沈周，沈周占卜后得到《易经》六十四卦中的"遁"（退隐）卦，使他确信自己可以推辞荐举且不致得罪这位颇有权势并可能成为其庇主的官员。[21]"然一时监司以下，皆接以殊礼，……然先生每闻时政得失，辄忧喜形于色。人以是知先生非终于忘世者。"

相较于以"文人隐逸"这类乏味的陈腔滥调形容沈周，文徵明以上这段叙述所勾勒出来的形象明显有趣得多。若继续读下去，则可见两人间的真挚情谊悄悄流露：

> 佳时胜日，必具酒肴，合近局，从容谈笑。出所蓄古图书器物，相与抚玩品题以为乐。晚岁名益盛，客至亦益多，户屦常满。先生既老，而聪明不衰，酬对终日，不少厌怠。风流文物，照映一时。百年来东南文物之盛，盖莫有过之者。

最后从文中还得知他孝养双亲（如因其父好客而常强醉以娱宾客，孺慕敬侍年已近百的母亲）、儿孙成就，以及留下的许多诗文作品。

沈周的一生，或者说文徵明笔下的沈周，之所以被叙述得如此详尽，乃是因为在文、沈当代人或后世的史家看来，师长的名望对于弟子至关紧要。一如沈周之于陈宽间的师生关系，文徵明之于沈周，亦是这持续进行之文化传承与延续的一部分。居于此一关系的下位者，是相当重要且合宜的，而揄扬其师之名更是正当的作为。在文徵明其他可能较随意而为的文章中，文、沈关系依然反映出这重要的一面。因此，出现在文徵明官方文集的第二则画跋（第一则是为其妻先祖之画所题）的标题便很巧妙地定为《题沈石田临王叔明小景》。[22] 这样的关怀甚至扩及记录沈周所藏的书法作品，[23] 另一方面，文徵明在沈周死后仍不时借机提及其名。如文徵明于1519年时提到，他与沈周曾想借观张长史

《古诗四帖》，但当时的藏家不愿出借；如今藏品易主，得以借留文家数月，可惜却不能与沈周共论其妙了。[24] 到16世纪20年代，沈周作品上的文徵明跋可能还更炙手可热，特别是因为这些题跋可用以佐证作品的真实性；正如许多成功大师的作品一样，沈周的作品也面临赝品充斥的潜在问题。[25] 其中有些题跋是收藏家特别钟爱的，如邢家收藏的沈周《牧牛图卷》，上有文徵明跋云：

> 忆是昔年侍其门时而作，及今四十余秋矣；不意得见于丽文家藏，不胜感慨。先生去世，余亦老朽，信乎年不可待，而寄意者犹存；然会偶岂非前定欤！[26]

在此，我们再次见到作品强大的能动性，即使在作者去世后，仍作为其"寄意"之处，持续长存。

在谈到师生关系间不平等的文化权力时，我们较多从文徵明的角度看沈周，而较少从沈周来看文徵明。在一首《赠徵明》的短诗（载于晚明的资料中，但不确定是否为伪作）中，沈周赞美文徵明"胸次有江山"，这是艺术创作不可或缺的情感与性灵资粮。[27] 由沈周作《落花诗》一事更可看出彼此复杂的文化互动。沈周在1504年作了这首诗，当时立刻得到文徵明与其友徐祯卿作诗应和，接着原作者沈周又和之。[28] 同年，文徵明赴南京应试（仍是落榜），拜谒了太常卿吕㦂文徵明父亲的旧识，亦是1512年《先友诗》中提及的最后一位）。吕㦂也作了十首诗应和《落花诗》，不疲不倦的沈周随之又反和诗十首，至此，七十七岁的沈周已作了三十首同韵唱和的诗。[29] 文徵明于是将沈周、他自己、徐祯卿及吕㦂所作的共六十首诗书写成一卷书作，为这随机聚合的群组留下有形的纪念。然这个组合可是包括了高官（吕㦂）、地方上著名的文化人物（沈周），以及两位意图仕宦的文人（文徵明和徐祯卿）。此后，这个圈子中的其他成员不断地加入应和，至1508年沈周作《落花图》卷，文徵明更亲笔将这些诗作誊录于画后【图11】。其后数十年间，苏州精英阶层仍常援引此事【图12】。在这个特别的个案中，文徵明因为父亲文林的关系得以结识吕㦂，进而有机会将其友徐祯卿的诗作呈与吕㦂一读，使徐祯卿因此得到这位大官的注意。文徵明虽以"友人"称呼这三个参与其间的人物，然该词用于这三个人的隐含深意并不完全相同。这里鲜活地呈现出明代精英阶层里最核心的一种文化模式，即互惠

[图11] 沈周《落花图并诗》（局部）（附文徵明题跋）1508年 卷（画）绢本 设色 30.7×138.6厘米（诗）纸本 墨笔 30.5×414.9厘米 台北故宫博物院

往来的过程，也就是"行动与反应"（act and response）、"对回应的再回应"（response to the response）之模式。我们不该单纯地将沈周与文徵明的关系化约成只有这种行动与回应的模式，但若忽略他们彼此间文化权力并不相等的实情，却也失了真。其间的权衡非常细致，包括年龄、财富与"显贵程度"（根据所拥有的功名来较量）的不平等都得列入考量，这些差异在今日几已察觉不出，但对当时身处其中的人而言，却是他们生活的一部分。

这义务与恭顺的复杂网络可在王徽（1428—1510）的例子上看得更明白。王徽在文徵明《先友诗》中列名沈周之后，出身南京，也是文林的友人。若放在这特定脉络中考量，表面上看来王徽之于文徵明，跟沈周之于文徵明的关系应该相同。问题是两人实际上的关系是什么？他们如何、在何处、于何时相识？谁又为谁做了什么事？王徽的墓志铭是李东阳所作，而李东阳也曾在15世纪70年代末为文徵明的母亲作过墓志铭，这个巧合是否提供我们什么线索，让我们可以从贫乏的文献材料中找出两人间的联系与互助的网络？王徽以对抗当权的宦官著称，还为此降职，这又是否使他因此与文徵明的其他庇主或长辈结成某种党派上的联盟？对于以上这些问题，我们所能回答的其实非常有限。

名单中的最后一位是吕㦂，也是最年轻的一位（但仍长文徵明一辈）。他在这群人当中去世最晚，正好卒于《先友诗》完成的前一年。吕㦂是嘉兴人，如前述曾作诗应和沈周的《落花诗》，亦是文徵明的父亲在太仆寺的同僚。这些讯息及其仕宦生涯的其他细节皆可自其行状得知。吕㦂的行状由文徵明所撰，与《先友诗》作于同一年（1512）。[30] 通过

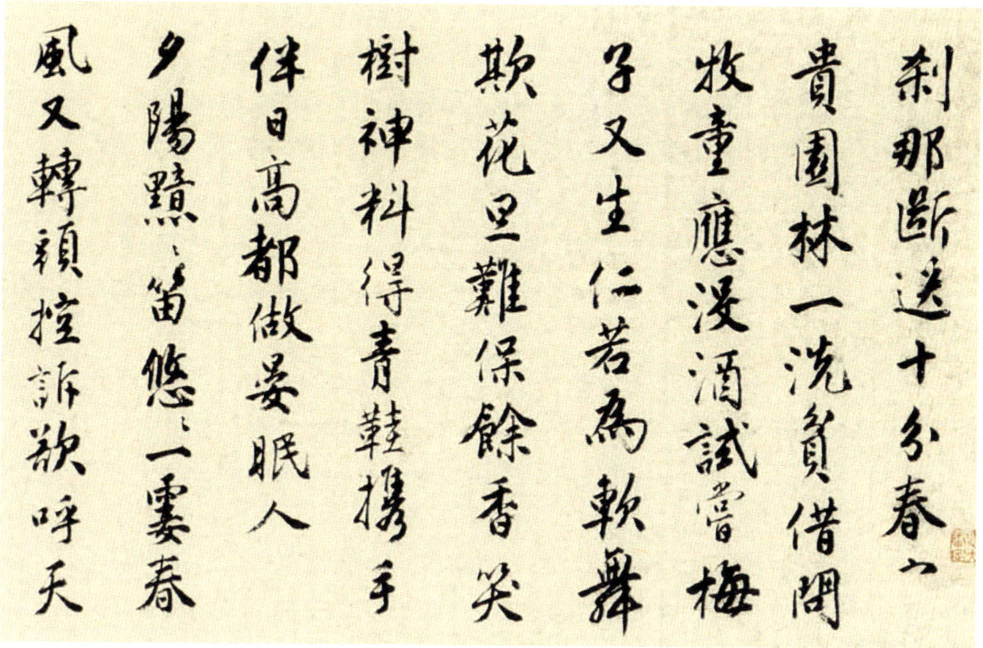

> 刹那断送十分春
> 贵园林一洗贫借问
> 牧童应没酒试尝梅
> 子又生仁若为软舞
> 欺花且难保馀香笑
> 树神料得青鞋携手
> 伴日高都做委眠人
> 夕阳默默笛悠悠一霎春
> 风又转颖控诉欲呼天

[图12] 唐寅《落花诗》（局部）约 1505 年 册页裱手卷 纸本 墨笔 25.1×649.2 厘米
普林斯顿大学美术馆（Princeton University Art Museum）

此文我们得知他长于制艺，历任要职，1508 年致仕后则纵情诗酒。退休后曾受到宦官头子刘瑾的调查，幸而较其长寿，遂得获通议大夫的荣衔。文徵明在勾勒他的性格时，强调其正直与俭朴："公虽生长贵族，而贫终其身，不喜骄侈。"吕㦂好学不倦，志学至老，未尝一日废书，在太仆寺任官期间还曾三度通读《易经》。归田后享受恬静的生活，"若初未尝有官者"，也不常出席嘉兴县城的宴会，但若是邻里人家的邀请，却从来没有不赴约的。因为他认为这些家境不富裕的人准备宴会并不容易，不该让他们失望。他去世时，地方上自群邑大夫而下，至于贩夫牧竖，没有不说"善人亡矣"的。他的儿子欲请求翰林院中人士为其父作墓志铭，由于"通家相知"，便找上了文徵明。文徵明在文末更强调其父文林与死者的同僚情谊，并说："某因得给事左右，窃闻余绪。"

与一个素不相识的人相熟，对现代人来说显然不合常理，因为现在所谓的友情往往意味着彼此间的关系得要够亲密而平等才行。但这可不是这个词汇在明代所独有的含义，例如，至少在当时的"家训"里，就把"师友"归成同一类。[31] 这或许也促使我们思考，这组诗是为何而作，以及文徵明根据什么标准将这些人纳入"先父之友"。究竟又是什么把这些同辈之人自长而少地凑成一个群体？有充分证据显示这些人彼此间都有往来，而且在私人或职业上的关系网络也都有所交集联系，但文徵明并不在这些关系网络中。当中有三人（李应祯、陆容、吕䚳）是在任官时与文林相交，其中两个更是与文林颇有交情的同僚。八人中只有庄昶比较特别，他与吴宽（也是这群人其中之一）、李东阳或王鏊等人都没有直接而明显的关系。这群人除了沈周（被视为处士或隐士）以外，其他都曾担任受人尊崇的重要官职，因此提到这些人时往往也会提到他们的职衔。

对于这类地域性的、意识形态上或私人的连结，如何在明代官僚系统中转化为可发挥作用的网络，我们所知甚少。人们总担忧与"党"牵扯在一起，因为这个字在官方论述中从来只有负面的含义。向来没有所谓的"善"党，善党这类字眼是不曾存在的（至少在15世纪的时候是如此）。因此时人多以"友"来形容这类利益团体。我想再次强调，此处无有任何非难其虚伪的意思，只是认为将这两个不同历史脉络下的产物拿来类比，会有助于我们的了解。

> 虽然建立并维系恩庇与侍从的关系是成事的基础所在，……但对身处其中的人而言，这样露骨的字眼却不见得有必要提及。对他们而言，这与对上位者表现适度的尊重或对下位者宽容大度，其实无有太大区别。身份地位很自然地会产生相对应的合宜态度与举止。然而合宜的举止包括促成侍从的请愿或给予其好处，以及使用正确的敬称并知道该行几次屈膝礼。[32]

这段叙述若放在明代的时空脉络下也非常适用，但其实它所写的是17世纪早期的罗马教廷，贵族世家巴尔贝里尼（Barberini）家族的"朋友"是整个广大恩庇赞助圈的中心所在。明代精英阶层混合了官僚系统与私人纽带的操作方式，亦可见于数百年后英国乔治时期（1714—1830）庞大的职业化海军系统。当代研究此期海军最著名的史家曾论及，当与公共服务的价值有关时，现代人很难把考量到私人关系所做的决定视为是正当的。我们早已习惯于这样的想法，认为下决定时依从主观偏见、坦然接受个人的"利益"，是件坏事；这不仅在道德上是错误的，同时也会影响实务进行的效果，所以我们必须尽最大的可能，去掉这些主观的因素。然而，"利益"这个词却为18世纪的英国海军公然视

[图13] 唐寅
《贺王鏊六十寿》
1509年
纸本 墨笔
上海博物馆

为运作机制中的要件:"追求利益在18世纪是被接受的,并被视为公民社会中正常且不可避免的一个面相,是一种交换工具,跟金钱一样,是对是错因人而异。……相互间的依赖与义务,这种我们称之为恩庇赞助的纵向联系,仍然是社会天然的黏合剂。"[33]然这不只是能力不足却关系良好之人的求进机制,这可由海军的晋升率得到证明。在组织所谓的拥护群(时人称之为"following")时,这位高阶军官必须展示他的能力以便晋升他的拥护者,这些人多被他称之为"友"。"他必须得到长官的信任,……让这些长官相信他的判断力与鉴别力,进而可以相信他所推荐的人。"[34]相对地,倘若他不考虑所推荐人选的能力,而只是一味地招揽并重用自己的亲戚或朋友,那么他将很难得到长官的信任。明代官场的情况则大不相同,特别是科举考试的制度,对于步入仕途有无可比拟的重要性。然而,科考并非入仕的唯一途径,特别是在15世纪"荐举"仍然有其重要性时(这正是沈周何以在15世纪40年代初将诗作呈给一个可能的庇主)。明代的思想家与政治家从不曾偏好科举考试的机制,他们依旧秉持着经典所认同的看法,认为有才有德之人自能赏识并向在位者推荐与他们一样才德兼备之士。我们对于明代职官升迁系统内部的操作所知不多,只知道这取决于一系列对官员们的定期考核。然当我们阅读文徵明一生中所写就的墓志铭时,即可知道,若有个在朝任官的长辈"引荐"自己,确实能对个人仕途的升迁有着举足轻重的影响。文徵明本身及其亲戚朋友们的仕途发展,更是如此。因此,我们若认为这种基于恩庇与侍从关系的引荐情形在当时也不妥当,其实是犯了时代错置的毛病。1512年这组《先友诗》，正是在颂扬这群在某些方面掌握权力并对文徵明的事业能有所助益之人（或至少能够强化他的名声，让人认为他是个值得拔擢的对象），而这群人同时也是他在许多方面可能会欠下人情的人。倘若认为这些人要不就是"友"、要不就是"庇主"，那便是将我们的分类方式强加于其上了。

或许是因为文徵明父亲的八位友人当时都已谢世，是以同时颂扬他们的做法可以被接受。因为只要靠着这些名号的光环，便足以给予文徵明相当的助益，而无须这些人做任何实际的介入行动。不过对另一位文徵明的长辈王鏊而言，则非如此。王鏊在他所属的那个世代算是年纪较小的，可能是文徵明同时期苏州曾有过最成功的官员。这位学者型的奇才（后来还变成一位藩王的远房姻亲）来自苏州内地一个富有但不甚显贵的家庭，自1475年开始受朝廷任命后，便一路晋升，在1509年攀上仕途顶峰时（正一品）致仕，归返苏州，以避开太监刘瑾专权后混乱的北京政局。之后屡荐不起，即使在刘瑾垮台后及1522年世宗继位时亦然；最后在家享寿而卒，备极哀荣。其存旧之风足为后生所法。[35] 王鏊对与文徵明同辈的书画家唐寅（1470—1524）庇助之多，可参见葛兰佩（Anne de Coursey Clapp）的研究【图13】。[36] 王鏊之于文徵明亦然，即使没有那么明显；两人之交可回溯到上一代的渊源。我们知道1492年秋天文林曾宴请王鏊，这是在王鏊回苏州一段时间后又返回北京时的事，文林还作了首诗纪念此事。[37] 王鏊曾召集团队以编纂新的苏州府志（1506年出版），而他的名字与文徵明另一个庇主吴宽放在一起，列名于编者之首，文徵明的名字则放在第七位，只是作为"长洲县学生"。[38] 列名其中可以得到地方要人的注意，如当时长期担任苏州知府的林世远（1499—1507年在任），[39] 而林氏自己也挂名在修志名单上。

一个退休官员仍有可能作为庇主。王鏊致仕后，文徵明仍持续以诗作相赠，多是讴歌王鏊在苏州拥有的数座园林之美，而王鏊至少有一次次韵应和。[40] 1511年有题为"柱国王先生真适园十六咏"的诗组，1512年也有另一首诗记文徵明随侍王鏊在其另一处园林举行宴会之事。[41] 王鏊在1511年为文家所做的事，或许可使我们隐约看到这些精英间互惠的方式。在南直隶巡按御史谢琛（1499年进士）的请求下，王鏊为吴县兴建的文天祥祠撰写正式的祭文，文徵明的叔父文森则是当初为兴建祠堂之事到处奔走的其中一人,而祠堂就落址于文森家隔壁。要记得,苏州文家宣称他们与文天祥这位兼具忠义与德行的典范系出同源,而兴建祠堂只能增加他们在当地的声望。倘使有王鏊这类知名人物公开肯定文家所声称的祖先文天祥的美德,更显得意义非凡。很明显的我并不是在阐述"你若称赞我的园林,我就颂扬你的祖先"这类粗糙的想法。因为根本不需要有这类算计。"报"的原则是一种默契,主导着人与人之间的关系:没有人会期待只有报答而不必施与。

赞美王鏊宅第的同时,文徵明也注意到王家颇富规模的收藏。他在一则1519年的画跋中(保留在19世纪的书画著录,因此不能完全确认为真),赞羡王鏊以五百两银的高价得到一幅梦寐以求的唐代绘画,如今这幅画可说是适得其所:"一日出示索题,余何敢辞?"[42] 同年,王鏊七十大寿,收到文徵明所作的一件贺寿图,以及几位苏州"晚辈"的诗作。[43]

文徵明的书信很少收录在其官方文集中,但其中有四封是直接写给他实际的或可能的庇主。最早一封是寄给王鏊,经由葛兰佩确定作于1500—1522年。[44] 文徵明在这封信中先说王鏊"命献其所为文",再说"有志于是"(即科考成功)。他抱怨早年便随父亲宦游四方,故无师承,直到十九岁回到苏州后,得"同志者数人",相互赋诗作文,希望踵继古人成就。但这些同志或死或去,其余的也多"叛盟改习"。就在此际,他也进入了学校的威权体系:

> 日惟章句是循,程式之文是习,而中心窃鄙焉。稍稍以其间隙,讽读《左氏》《史记》《两汉书》及古今人文集,若有所得,亦时时窃为古文词。一时曹耦莫不非笑之,以为狂;其不以为狂者,则以为矫、为迂。惟一二知怜之,谓"以子之才,为程文无难者,盍精于是?俟他日得隽,为古文非晚"。某亦不以为然。盖程试之文有工拙,而人之性有能有不能。

文徵明表示,他被许多文债缠身,或作饯送之文,或作悼挽之属,更下者是为世俗所谓"别号"撰文,解释别号的含义,"率多强颜不情之语。凡某之所谓文,率是类也。呜呼!是尚得为文乎!"但文徵明接着说,如今他既然得到王鏊的赏识,便不容他以文章不好为理由而藏拙,于是检选自己所做的一些文章,奉请王鏊一览。结论则以唐代的历史人物作类比,将王鏊比作当时最重要的文学家韩愈(768—824),而将自己比作韩愈的两位门生,并表示很乐意听到人们阅读他的文章时称他"是亦尝出王氏之门者"。

葛兰佩认为这封信的重点在于作者轻贱作品中那些"例行性的、敷衍的、没有个性的"文字,并视之为其"坚持古典品位"的表现。即使这说法不容全盘抹杀,我仍想提出,这封信也有可能是坦白的请求,请求庇主继续支持,而这封信之所以出现在《甫田集》(时王鏊已谢世多年),则是公开承认此种关系的一种表现,这样的关系甚至在其中一方去世以后仍然可以某种形式继续存在。1542 年,王鏊已逝世二十年,时文徵明已拥有相当高的声誉,他作了一篇《太傅王文恪公传》(文恪是王鏊死后的谥号)。[45] 不同于文徵明所作的其他祭文,一般祭文多是在传主逝世不久后写就的,但这篇祭文则是一篇非常正式而严谨的文章,让人几乎感觉不出作者跟传主有任何私交。[46] 其内容亦只字未提王鏊的婚姻与子嗣,更未说明这篇文章是在什么情况下所作或是由谁所托。从文中可以感觉到,这是一个名人(文徵明当时已七十多岁)在纪念另一位名人,而且有可能是王家的下一代所极力促成的结果。从一首不晚于 1554 年所作题为"人日王氏东园小集"的诗,[47] 我们可以确定文徵明仍与王家保持联系。

王鏊在苏州拥有很大的文化影响力,这与他的文名及曾任大学士的资历有关。然如前所见,仕宦与否并非作为庇主的基本条件。杨循吉是另一个与文徵明有所往来的地方上著名长者,两人的关系可见于许多文献资料,先前亦已提及杨循吉在 1499 年(应文徵明之请)为文林作墓志铭。杨循吉出身于苏州一个富裕家族,是家族中第一个取得官职的人;他在 15 世纪 80 年代任官,不久便于 1488 年乞归致仕,当时才不过三十岁而已。他与文林之间存在着恩庇赞助与/或友谊的联系(文林长他十三岁);至少可以确定 1498 年文林准备赴任温州时,杨循吉曾为他设宴饯别。[48] 除了文徵明要求杨循吉为其亡父作墓志铭的这封信以外,还有一通片段且未标注日期的短简是写与杨循吉的,[49] 几乎可以确认双方之间的通信应当更为频繁。文徵明在 1511 年有诗,题曰:"冬日杨仪部宅谯集会者朱性甫朱尧民祝希哲邢丽文陈道复及余六人分韵得酒字"(诗题很长,然算是典型)。[50] 快活好客的杨循吉在此可能并不适合被归为庇主之类,但在文徵明的声誉尚未完全建立以前,杨循吉的诗名早已著称于世;[51] 他拥有进士功名,且当文徵明为诸生时他便已在北京任职。两人的关系也许称得上是"友",但地位并不平等。

杨循吉、王鏊、吴宽都是大名鼎鼎、千古传颂的明中叶苏州精英,对今天的人来说,他们的名字与同样声名赫赫的文徵明连在一起,看来再适合也不过了。可是,身后能否得享大名,可不是事先就知道的,若冷静地检视文徵明自少至老留下的所有诗文,即可窥见一个更广大且不那么集中的关系网络,此间人情义务的对象,都是他潜在的师长或庇主,常包括一些在今日看来并不出名的人物,但却可能在当时的社交景观里占有一席之地。举例来说,文徵明最早题有受赠者姓名的诗作,提到的并不是上述那些名人,而是名叫杭濂与刘协中的人。这两人在今日都可谓籍籍无闻。文徵明在1490年有诗题为"次韵道卿独夜见怀",即是赠与杭濂,[52]他有可能与同时代以名宦及诗人见称于世的杭济(1452—1534)都是宜兴杭氏的同辈族人(从其姓名看来)。1498年,文徵明为他作了另一首诗,也称他是"宜兴杭道卿",时杭濂正居于唐寅家中。[53]我们从文徵明为杭濂的文集《大川遗稿》所作的序可知道更多关于杭濂的事:

> 弘治初,余为诸生,与都君玄敬、祝君希哲、唐君子畏倡为古文辞。争悬金购书,探奇摘异,穷日力不休。偶然皆自以为有得,而众咸笑之。杭君道卿(杭濂)来自宜兴,顾独喜余所为,遂舍其所业而从余四人者游。既而数人者,唯玄敬起进士,官郎曹;祝君虽仕不显;唐君继起高科,寻即败去;余与道卿竟潦倒不售。于是人益非笑之,以为是皆学古之罪也。然余二人不以为讳,而自信益坚。及是四十年,诸君相继物故,余与道卿亦既老矣。[54]

事实上,文徵明接着哀叹,连杭濂也去世了,而这篇序言则是受杭濂之弟杭允卿之请而作。杭允卿整理其兄四散的遗稿,不远数百里到苏州请文徵明写序。这篇序文的用语在某种程度上流露了亲密的文学伙伴关系,但若仔细分析,又可发现文、杭之间的关系与此仍有些微不同。这篇序文并未收入文徵明的文集,显示其可能只是文徵明用以回报杭濂对其早年事业的庇助及支持,而这个人情也因为作了序文而得以清偿。

我们对于刘协中所知更少。1490年当文徵明二十岁时作了一首诗怀念刘协中,[55]而1521年的一则题跋则谓刘协中当时已经去世,此跋题在一张赠予刘协中之子刘稺孙的画上。这又再次显示这样的关系是精英阶层间得以跨世代持续往来的潜在资源。从另外一些人如吴西溪（文徵明1495年有画赠之）、[56]徐世英（文徵明1505年有一诗与一画赠之）等人的身上，[57]则可发现他们彼此间的恩庇关系才结结巴巴地起头，却未能如上述那些记载甚为详尽的例子一样，通过彼此间的效劳与回报而焕然开展。

倘若杭濂与刘协中——姑不论其地位——是文徵明早年诗作的受赠者，那么文徵明最早纪年散文的受赠者王献臣，定然是个相当重要的庇主，因两人往来的时间之长，罕有能匹者。是以此人今日的默默无闻让人感到格外诧异，不过这可能是因为他并未留下任何著作所致。王献臣确切的生卒年代甚至无可稽考，只能够根据他任官的时间估算他至少较文徵明年长十岁以上（则他的生年应不晚于1460年）。王献臣是苏州几个大园林的地主之一，因园林在15世纪晚期渐成风尚，王献臣的事业及文徵明与他的某些互动，也成了早先研究苏州园林文化的一个讨论主题。[58]在此不拟复述，但检视文徵明为王献臣写文作画之事（这部分资料的保存情况较文徵明为其他庇主所做的要好得多）将可显示这类行为所可能代表的含义。关于二人的往来最早可见于1490年，时王献臣正逢事业低潮，由监察御史谪为福建上杭县县丞（在他受到杖刑与获罪后，紧接着又有因对北方军事前线的不同立场而发生冲突的一段故事）。文徵明提到他如何通过与他父亲常有书信往来的优秀官员潘辰（卒于1519年）而与王献臣结交，并强烈表达对朝廷惩处王献臣不公的不满。在他们结交过程中出现一位（年长的）介绍人，是很值得注意的事。自1503年起文徵明有两首诗，分别是《书王侍御敬止扇》及《又题敬止所藏仲穆马图》，[59]1508年起则有一首《寄王永嘉》诗，[60]文徵明还作了一幅画（今已佚），用来补王献臣所藏的一件赵孟頫书作。[61]也许正在此时，文徵明欣赏了王献臣所藏的另一件书作，并题写了一段长跋。[62]1510年文徵明还为王献臣之父王瑾的坟茔作碑文（碑文不像墓志铭埋在墓中，是一直公开展示的）。[63]类似的差事（较愉快的），还包括为王献臣的儿子取"字"，并写了一篇短文《王锡麟字辞》解释这个字的含义。[64]王献臣以"锡麟"（赐予麒麟）为其子命名，在于要让世人谨记其地位，因为这名字里有麟有角的神秘麒麟，正是御赐的御史官袍上所绣的图案，乃是官职的标志。而文徵明所取的字——"公振"，自古即含有"贵胄之子"的意思,延续其名"锡麟"的深意。

自1510年起,有许多诗作可证明文徵明与王献臣的持续往来。这些大多是韵文,多以这两位精英男性间互惠往来的小小变化为题,且文徵明并未将这些诗编入自己的文集。1514年起,先有《饮王敬止园池》,[65]接着是《次韵王敬止秋池晚兴》(1515),[66]《寄王敬止》(1517),[67]《旧岁王敬止移竹数枝种停云馆前经岁遂活雨中相对辄赋二诗寄谢止》(1518),[68]以及《新正二日冒雪访王敬止登梦隐楼留饮竟日》(1519)。[69]两人间的诗文酬唱因16世纪20年代文徵明赴任北京而中断,不过到1527年,又可见到他俩结伴搭乘王献臣的新船前往虎丘,[70]以及1529年的《席上次王敬止韵》。[71]这一系列诗作最值得注意的,在于文徵明总是居于受招待、受馈赠的一方,让人易于将文徵明以其文才为王家作墓志铭或命名之类的事,也看作是这整体的一部分。我们或许会质疑,《甫田集》之所以排除这类诗作是否只出于文学品质的考量(高达九分之七,而且全都是1514年以后所作)。或者说,这种直白的附从关系在年轻时是可以被接受的,然一旦年长,就显得不适当了?

无论答案为何,文徵明为王献臣所作最重要的一件书画作品,亦不存于其文集中。此即1533年的《拙政园图册》【图14】,内有三十一开诗画,分别以王献臣这个著名园林的各个景点为题材,并有长文叙介园名背后的历史深意。苏州今日尚有"拙政园"留存(或者更正确地说,是后世对"拙政园"的再创造),而《拙政园图册》至少在20世纪初期仍存世,在在确保了此事的高知名度,然鲜有论者停下来思考,为何关于拙政园的图记与诗作皆未收录于《甫田集》中?而这阙如的现象,又告诉了我们什么样的文、王关系?[72]还有另一本作于1551年的《拙政园图册》【图15】,但没有图记,仅有八开册页和题诗,以及一篇介绍园名深奥意涵的短文。[73]1551年时,王献臣有可能已经身故,即使依旧健在,亦应已年过九十了。我们将会看到,文徵明其实准备好要复制他自己的早期作品,尤其是诗作,以便应付庇主们的需求(不管怎样,这是较省力的),这很可能就是这件八开残本的脉络,特别是这种没有清楚受画者的状况。如同之前所见过的案例,尽管最初的起头者王献臣已经谢世,文徵明与王氏家族可能仍存续着庇助的关系,且这套册页很可能是为了最初创园者的某个儿子所作。这位受画者的字号说不定便是得自于文徵明,故文徵明与他的关系亦持续不断,只不过在敬意与人情间

[图 14] 文徵明
《繁香坞》
(《拙政园图册》)
1533 年
纸本 水墨
藏地不明

[图 15] 文徵明
《繁香坞》
(《拙政园图册》)
1551 年
纸本 水墨
26.6×27.3 厘米
纽约 大都会美术馆
(Metropolitan
Museum of Art,
New York.)

的分寸拿捏,自与当年对待他父亲有着巧妙的不同。

人情义务的横跨世代、相继相承,在文徵明的诗文里有不少鲜明的例子。如《桑廷瑞画像赞》一开头便提到:"余家于海虞桑氏有世缔。"他并具体提到两家三代以来的友谊与往来。[74]另外,1507年文徵明以两首诗为显宦杨一清(1454—1530)贺寿,便在诗序中提到杨一清与其父乃"温州壬辰同年进士也。徵明晚贱且远,不及接待,顾辱不鄙,时赐眷存,通家之情甚至也"。[75]父亲与杨一清的关系,除了给他带来义务,更提供了机会。像杨一清这样的高官,可以预期为他贺寿的祝文必定甚多,而上述关系则有可能让文徵明的作品从中脱颖而出。来自松江的文人何良俊(1506—1573),于文徵明已届暮年时与之结交,便注意到苏州社交生活的一个显著特点,即子侄辈会跟着长辈一同参加宴集(松江地区则不然),并特别提到文徵明曾在儿子的陪伴下出席社交场合。何良俊认为成年子弟多受一些长辈的调教,要比随俗放荡好得多。[76]虽然他没有明说,但是年轻子弟成为长辈的小友,同时与官位较高的人物建立关系,对于未来事业的成功有其必要。1507年时的文徵明也曾十分渴望得到这类关系。他曾在为沈林(1453—1521)所写的"行状"中总结道:"公少与先君同学,继复同朝相好。某以契家子数得接待,知公为深。"[77]像"契家"和类似"通家"的关系,便给了沈林的两个儿子请文徵明将父亲品德形诸文字的机会。此处真正发挥作用的分析单位是家族,而非个人。文徵明得以为尽享天年且功成名就的刘缨(1442—1523,资德大夫、正治上卿、南京刑部尚书)撰写"行状",也是凭着他父亲与此人的关系而来,而他之前已为刘缨的别号"铁柯"作记。这次文徵明在其行状中云:"先君温州与公居同里,既仕同朝,相好甚密。某以契家子,蚤辱公教爱"[78];接着又提到刘缨的孙子在安排丧礼时,特意找寻"当代名笔"为文,文徵明自谦不足以担任此一角色,但因与亡者有过私交,才忝然膺任。

文徵明为刘缨撰写行状之时,应已任职于明代精英政治结构中的翰林院(虽然十分资浅)。之前已讨论过,在明代中国,附从之人的义务(clientage obligation)要比早期现代欧洲(early modern Europe)的贵族宫廷文化来得有弹性。这点很值得注意,因为欧洲的贵族宫廷文化比起明代中国的官制虽更为明确严格,却也更可以预料。权贵在欧洲当然也是来来去去,然而,世袭制让人较易于推测谁将是下一任的诺森伯兰（Northumberland）伯爵（或至少可缩小范围）。相形之下，在明代中国要预测谁是下一任的大学士或吏部尚书就困难得多了。成为大学士或吏部尚书，就相当于担任教宗或威尼斯总督（虽然这两个职位都绝非选举产生的）。然我们仍必须承认，目前对于明代中国这类升迁的实际（相对于表面上）运作，仍是所知有限，只知道人们无法不与权贵结交，然较为明智的策略则是不要只与特定的人士建立紧密的关系，而要尽可能地与所有人物结交，扩大自己未来选择的机会。根据娜塔莉·泽蒙·戴维斯（Natalie Zemon Davis）对16世纪法国的研究，有权施惠的爵爷们与力争上游的平民之间，关系绝对是不对称的，然这并不尽然可作为推想明代中国状况的指南。因为在中国，施与恩惠的人（patronage-bestowing）与寻求支持的从属者（patronage-seeking）这两种角色，不仅流动而难以预料，也可能有所转变，甚至可能完全颠倒过来。明代社会的地位高低并不完全取决于"血统"（在英国，走上绞刑台的艾赛克斯伯爵再怎么说都还是贵族的一员），而是综合了年龄、官阶、财富、无形的"名望"（地方性或全国性的）等复杂因素而合成的标准。每个庇主都曾经是别人的从属，且可能仍是另一个更具权势地位者的从属；而每个从属之人也可能在某些时候成为较不具备上述资源之人的庇主。

然这样的机制也可能招致全盘皆输的后果，而若是太过明确或单一地选择特定庇主，当庇主败亡时，便有风险产生，此可由记载详尽的文徵明拒宁王之事而窥知。拒绝宁王恩庇这件事，几乎是所有文徵明传记的固定桥段，然当时却少有对这个事件的记录。这或许就是那些掌握了文字记录权的官僚精英在写作明史时的典型偏见，而现代的作家亦不自觉地继承其观点，故在《明代名人传》一书中，找不到宁王朱宸濠的条目，仅能在其他弭平宁王为期四十三天叛乱的官员传记里 [特别是王守仁（1472—1529）传] 作为配角出场。明代这批世袭贵族，长期以来饱受儒家学者藐视与马克思主义者的指责，一直没有出现同情他们的史家阐发他们在明代社会文化风貌中所扮演的角色（即使就叛乱一事来谈，自1949年以来，明代诸王的叛乱亦未若农民叛乱受关注）。然以江西南昌为中心的宁王辖地，在文化赞助上实有其特殊的历史。第一代宁王朱权（1378—1448），及其孙第二代宁王朱奠培（1418—1491），都享有学者及诗人的声名。第四代宁王朱宸濠，在18世纪初完成的《明史》中则被毫不留情地形容为"善以文行自饰",或许说明了他在这个方向至少也营造了这样的形象。[79] 记载中他当然也承袭其家族挑战现况的叛乱倾向(他的高祖父就曾是推翻建文帝之乱的要角,而他的祖父则生活在受到皇室猜忌的疑云中)。官方著述中的朱宸濠意图叛变,企图成为尚无子嗣之正德皇帝的继承人。他贿赂当时宠宦刘瑾,试图在官僚间树立自己的党羽,最后于1519年孤注一掷地自其都邑南昌挥军北上,欲取下南京。这场军事叛变最后以失败告终,他也被贬为庶人并遭处决。[80]

文徵明与宁王间若有似无的关系从来没有被深究过。不过,他应该是宁王希望延揽的精英成员之一,或至少通过送礼来开启两造间恩庇与侍从的关系,以便有益于他的未来计划。《明史》的《文徵明传》当然也提到他是被礼聘的人士之一,但他称病婉拒这些好处。[81] 而其子文嘉所撰的行状中则有如下记录:

> 宁藩遣人以厚礼来聘,公峻却其使。同时吴人颇有往者,公曰:"岂有所为如是,而能久安藩服者耶?"人殊不以为然,及宁藩叛逆,人始服公远识。[82]

这里可以看出文嘉基于孝顺而对此事有所修饰。然《明史》中强调宁王叛变的种种前兆人尽皆知,故文徵明也不是唯一觉得应该跟这位贵胄保持距离的人士(不久前在1510年才发生另一位藩王的叛变)。[83] 邵宝(1460—1527)也被提到:"宁王宸濠索诗文,峻却之。后宸濠败,有司校勘,独无宝迹(即其诗文)。"[84] 而若有文章在这位叛变失败的藩王府邸中被搜到,尽管只是一般的祝贺文字,会有什么样的遭遇呢?当世名笔李梦阳(1473—1530)就是最好的例子;他因为所作的《阳春书院记》在宁王府邸遭查获而被当成叛党收押,后来是杨廷和(1459—1529)和林俊(1452—1527)这两位当时最高位的官员为他求情,才只被削去官职、贬为庶人。[85]

虽没有直接证据显示文徵明与李梦阳的关系,但由庇助网络看来,两人很可能是通过共同的庇主李东阳而有所关联。李东阳是李梦阳诗学方面的导师(虽然名字相近,但两人并无亲戚关系),同时也曾为文徵明的母亲撰写祭文,且必定认识文徵明的父亲文林。此外,还有一些与文徵明关系更密切的友人曾为宁王的幕宾;其中最著名的是他少时便熟识的,那就是机灵的唐寅,同样也是个被神化了的人物。葛兰佩在以唐寅为题的专著中，认为上述文嘉引其父文徵明所言的"吴人颇有往者"，指的就是唐寅。[86] 她以为，描述唐寅如何借酒装疯以便疏远宁王的故事，可能有大部分取材自其他传奇故事中的角色。若然，则陆完（1458—1526）才是真正留下较细腻的与宁王交往记录的成功（宦途方面）苏州精英。陆完跟文徵明一样出身于苏州长洲县，《明史》将他描述为一个"佞相"，[87] 他在宦途上的第一步是靠奉承宦官而来，并在担任江西按察使时，收下许多宁王的礼物。在恢复宁王护卫这件事上，他还了宁王的人情（宁王原本因另一件逾矩的行为而被撤了护卫）。陆完虽然没有积极参与叛乱，但还是因受叛乱牵连而被论斩，幸因正德皇帝驾崩而获得减刑。他也因此事被抄家，其年过九十的母亲在狱中含辱死去。当陆完去世时，苏州的精英成员或许曾戒慎恐惧地避免在陆完结束这悲惨的一生时，为他撰文作记。不过，无论如何，他绝非一个突然蹿起的人，也不是被边缘化的外围分子。他的出身与文徵明并无二致。[88] 我们只能猜想，眼睁睁看着与自己身份相类之人倒台，必定给当时苏州文士们带来无与伦比的震撼。然这无疑也提醒了所有在送礼与人情机制中的玩家们：这就是风险所在。像"拙政园"（除园林外，还包括诗与画）一例所强调的全然自主、不受人情义务之羁绊、隐逸山林等遥不可及的理想，必定在此类事情之后大行其道。但对于像文徵明这样的人而言，要自外其中、不冒风险，根本不可能是个选项。如何与沈周、王鏊这类人士交游并维系"友谊"，而不与宁王一类的人打交道导致家毁人亡，对他才是最重要的课题。当文徵明意图部署其人际关系、沾其"友"之光以晋身"官场"时，这类问题则显得更为迫切。

3 "友"、同侪、同辈

对于文徵明及其同代人而言，除了前一章所论长辈与晚辈间的垂直关系外，人际网络还可通过广义的同侪或同年而建立。文徵明谢世后的明代晚期，"友"这层关系格外受到精英文人的重视，不但使耶稣会教士利玛窦（1552—1610）得以借此打入文人的社群，亦让同性间的社交往来有可能在不知不觉间发展成同志关系，因而引起现代学者们的关注与论辩。周绍明（Joseph McDermott）认为，朋友关系在下长江三角洲一带特别要紧。这个区域以苏州为中心，其家族结构不若安徽、江西或福建等地来得庞大缜密；此缺彼长，少了大家族的后援，朋友关系便显得更为重要，特别是所谓的"世交之谊"（如前一章所举之例）。男性成员生来即在这样的环境下成长，如周绍明所见："这类交谊普受士绅之流所认可，且构成'社交网络'的基石。然我们直到今日才刚要开始了解这网络。"[1]"友"的确是16世纪家训中常见的题材，其内容总是谆谆告诫：即使朋友不多，也要好过交到损友；而朋友关系所内蕴的阶级高低，也在"兄友弟恭"这类形容中体现。[2] 历史学者对于明代早期的朋友议题处理不多，反倒是艺术史学者对此进行过一些耕耘。马克·威尔逊（Marc Wilson）和黄君实（Kwan S.Wong）在其已逾二十五年的开创性著作中，便以"文徵明的友人"作为解释框架，研究其中的艺术家与赞助者（"文徵明的交游圈"）。在那段弥漫着形式主义研究风潮的时期，他们为了捍卫自己的选择，曾谓其"重现艺术家及其社会环境"的研究取向，势必与当前"极度概念化的艺术史"有所扞格。[3] 时移世异，由于艺术史学科本身的改变，现已无须再作这番捍卫之词，然我们仍有必要从另一个角度重新审视"文徵明友人"的概念，不再理所当然地认为文徵明在其人生中的任何时点，都是其交游圈的中心，且是唯一的中心。特别是若将"文徵明友人"的概念用于其年少时，便是假设他日后甚至是身后之名在其年轻时便已经确立了。此外，这种概念也可能忽略了文徵明作为"徐祯卿的朋友"或"钱同爱的朋友"等面向。过去常被提出谈论的"文徵明友人"，多是本身已享有文名，或者更多是那些也能创作书画的当代人物。这样的倾向却忽视了许多文徵明文集中也提到的朋友；他们与文徵明维持长久且复杂的互惠关系，但今日却不以画家、诗人或书家的身份为我们所知。如果检视文徵明在1523年赴北京之前被他视为"友"的清单，可以发现除了明代文化圈的闻人外，里头也掺杂着一些今日我们不太认识的人物。若以为前者较后者来得重要，则有可能是个错误的认定，即如之前《先友诗》中所见。再者，若想严格地区分"真正"的朋友与周绍明所勾勒的社会网络之交，也很可能会出现问题。因为，正是"友"在定义上的宽松与弹性，使之无论在同辈或是不同世代间产生无比的重要性。由于时空的距离，今日要想找到文徵明所谓"仆三十年前笔研友"的精确含义，委实有其困难；此语见于《毅庵铭》，用以指称毅庵堂主人朱秉忠。[4] 如果真有分别的话，文徵明在《送周君振之宰高安叙》中，又该如何将遭到贬谪的周振之与其他也一道同游学官的"百数十人"做区别呢？[5] 另一位完全没留下记录的沈明之，也被文徵明称为"余友"。此人是王清夫家聘请的塾师，文徵明曾经为王清夫的两个儿子作"字辞"，解释其名。然"吾友"这个称呼也可应用在与文徵明长期存在着复杂庇助关系的苏州名门华夏（约生于1498年）与袁褒（1502—1547）上；他们与文徵明的关系将在稍后的第6章详述。[6]《甫田集》所录画跋中，收藏画作的高官多有被称为"吾友"之例；这个称呼虽也在丧葬诗文中用于一些不知名的人物，然这些文章最后却未收入文集中。[7] 若要以西方"真正的朋友"的概念看待其间消逝已久的微妙差别，未免显得武断；但此亦凸显出这个词语之所以为人所用的弹性空间。如果家族对于个人所能提供的支持真的较为薄弱（文徵明之例即是如此，因其父早逝），人们就更有必要拓展交游圈，以扩大互惠的资源，并借此进入庇助的网络。在年轻时结交大量的朋友，以便增加结识正确人士的可能性，看来是个相当合理的策略。

其中一位被文徵明称为"余友"的都穆（1459—1525），则是一位介乎师友之间的人物。他较文徵明年长十一岁（也就是说还不到父执辈的程度),虽然文献中很少被当成文徵明诗文方面的"正式"老师(这个位置通常保留给吴宽),但文徵明在其为都穆论诗之作所写的序文(未纪年)中,却以这样的关系描述他:"余十六七时(约莫15世纪80年代),喜为诗,余友都君玄敬实授之法。"[8] 文徵明在序中明白表示,此文并非一般的应酬之作,而是为报答年轻时曾获得的指导,且都穆当时已经谢世。文徵明传世的早年诗作,有些即为都穆所作,包括1493年的一首《早起次都玄敬韵》,与1494年离开苏州旅行的一首《怀玄敬》。[9] 都穆的宦途相对而言较为顺遂,或许因此两人之后并不常碰面,故文徵明在1516年的一首诗题中写道:"余与玄敬不胥会者十年。"[10] 都穆作为朋友、庇主的方式之一,便是广为推介文徵明;而李瀛(1455—1519)便是其中之一,此人生平亦仅可从文徵明1521年为其撰写的墓志铭中得见。[11] 文徵明于文中说明自己如何于1495年赴南京应考时结识李瀛,以及都穆将他介绍给李瀛的经过。文李两人"一言定交",李瀛次年过访苏州时,即向文徵明出示自己所书著作,"自是岁必一至,或再至,虽相去数百里,未尝终数月不见也"。文徵明一首1495年的诗几乎可以确定是他们初次会面时所作,诗中有在南京市集中"偶逢李白"之语。[12] 李瀛也是文徵明1515年一件画作的受赠者,此画之题诗犹存,谓览之可"忆得旧时游"[13]。当文徵明在1521年撰写李瀛的墓志铭时,一并将他写入当时最重要的文人圈中,与杨循吉、都穆、沈周等人"尤厚"。此处,纪念个人亦即纪念其所属群体,因为个人便是通过这个场域而受到瞩目。

如果都穆、李瀛等年岁较长者(也因此较接近前一章所叙述之人)都可算是文徵明之"友",文徵明自也可以置于与其年纪相仿的同侪团体中被检视。其中一位便是文徵明少时便已结识,并与之齐名的风流才子唐寅。唐寅身后的放荡之名,及浪漫英勇的骗徒形象,让他至今仍在中国大众文化(包括电影)中占有一席之地,这种境遇是文徵明所无法相比的,同时也让我们更难清楚分辨关于唐寅生平真实与虚构的部分。[14] 不过,唐寅显然是来自一个不曾享有功名官位的家庭,而且他在相当年轻时就与文徵明一样,从游于同一群有名望的人士。因此,唐寅会成为文徵明早期诗作的受赠者之一,并不令人意外。《答唐子畏梦余见寄之作》是应和唐寅的诗作,成于1491年,当时两人年方二十二,也许是文徵明从南京寄发的,当时他可能正跟随父亲在太仆任上。

故人别后千回梦，想见诗中语笑哗。自是多情能记忆，春来何止到君家？[15]

1491年或之前让文徵明以诗为赠的人士还有三位，却都各只一首；而文徵明与唐寅于两人二十乃至三十多岁时，则是经常性地以诗文相酬，内容记录了相互的拜访、出游及饮宴与撰写诗文等诸多场合。[16] 1498年时，唐寅为即将赴温州担任知府的文林撰写贺词，同时也出席了送别宴会，这两件事都让唐寅像是受到这位宦途隐然高升之人的潜在支持。[17] 葛兰佩曾经整理了这两人之间的交往，并列出造成唐寅今日传奇色彩的事件序列。[18] 所有的事件都与1499年发生的科场舞弊案有关，此案让唐寅扶摇直上的仕途遽然终止，晋身官场的希望亦因而受挫。这个事件在苏州的精英圈中激起一片责难之声，但文徵明似乎是站在唐寅这一方的。为了替唐寅辩护，文徵明曾写过一封今已不存的信给都穆（文徵明称都穆为"友"，但历史上则将他看作这个事件的反派角色——在这个事件发生后，都穆和唐寅想必没有交谈过）。唐寅此后的职业艺术家身份，应该没有让他与文徵明间的往来中断或者是变得更困难，不过在文徵明的文集中，清楚显示了两人间往还的诗文与时俱减。很可能即如葛兰佩所推论，文徵明并不赞同唐寅1514年接受后来叛乱的宁王之邀一事；不过即使如此，这也没有让他们之间的关系告终。在1514年的冲突后，文徵明与唐寅依然有所往来；文徵明1517年仍有诗题于借自唐寅的《宋高宗石经残本》上。在依例旁征博引地考论这件作品后，文徵明写道：

此本虽残缺，要不易得；况纸墨佳好，犹是当时拓本，又可多得哉？唐君伯虎宝藏此帖，余借留斋中累月，因疏其本末，定为思陵书无疑。[19]

这样的往还乃是当时友朋间相当普遍的互惠活动，唐寅长期出借这件名迹，文徵明则以自己的名声为报，认定这件作品为真并指出其重要性。此举不仅提升了这件作品的经济价值（虽然这或许不是文徵明的重点），也增加了这件重要作品之收藏者的文化资本。

不过，要窥探明中叶苏州地区友情交谊的真正轮廓，或许得从由长辈所领导的集体活动来看,而非上述的双边互惠关系。有一则 19 世纪的资料,其真确性虽存疑,却声称唐寅曾于 1486 年作周氏妇人像,而参与此事的还有李应祯、吴宽、沈周(传授文徵明书法、文学及绘画的老师)、吴一鹏(1460—1542)以及文徵明自己。[20] 此作现已不存,但另一宗更有可能发生的合作计划,则是在 1495 年为某位张西园先生六十大寿所作的图与诗——图是沈周所绘,而赋诗者包括唐寅、文徵明、张灵、邢参、朱凯及吴奕。[21] 通过这些合作活动,明代精英团体的年轻成员在庇主及师长的带领庇护下登上台面,同时也借此发展出彼此间的交谊,并多以诗文酬作的方式表现。从游于同一位长者的,都被定义为"友"。在上述 1495 年事件中,除了唐寅与文徵明,另有四位参与者,他们也都在往后几年中收到文徵明的诗作,与他有所往来,或是在 1500—1510 年所编纂的人物传记合集中,与他有所关联。张灵颇负画名(他可能跟唐寅一样是个职业画家),而根据较晚的资料可知,文徵明至少曾在张灵的两件画上题诗,一幅作于 1501 年,另一幅未纪年的画作则以"庄周梦蝶"为题。[22] 邢参出身于书香世家,家族也有医学方面的背景,其财富足以使之收藏不少重要的经典作品。1495 年的合作活动后近二十年,文徵明还为邢参所收藏的拓本品题,并请他出借一件元代大师王蒙的画作。[23] 两人在这些年间亦互有诗文酬作,并共同出席一些宴会场合。[24] 朱凯(1512 年卒)则曾于 1508 年与文徵明同游天平山,此事记于文徵明的一幅画中【图16】。[25] 吴奕(1472—1519)乃吴宽之侄,文徵明 1505 年曾有诗赞其精于品茗。[26] 1516 年时,吴奕则请求文徵明为一件文沈合作册另题新诗(见【图4、9】);此册原是为吴宽所作,成于 1504 年以前。然这些记录显示的更多是承自于吴宽的关系,而非两人间的同辈交情。[27]

    1495 年的祝寿活动是祝贺类型的典型例子,这种活动多由耆老统筹(如这个例子中的沈周),再由他个人网络下的年轻成员跟着参与。五年后发生了另一个比较特别的,几乎可以说是滑稽的集体活动。其中没有年长的主事者,而且以近乎狂欢的方式颠覆了这种活动的传统。文徵明本身并未参与其中,因为 1500 年时他正在哀悼刚去世的父亲,并合宜地回避了所有公开的社交活动。但根据留下来的诗、画及其他祝贺作品来看,参与者大半都与他有关。此事始于徐祯卿所作的劝募文,要筹款为较年长的朱存理(1444—1513)购买驴子。正如流传至今的画卷所见,此画附有与文徵明同辈的十位苏州精英分子的连署,各自许诺了不同金额以资购买这头牲畜,画的本身则描绘朱存理检视着心不甘情不愿地被马夫牵过来的礼物【图17】。[28] 这类"劝募文"在明代已是一种既成的文体,多为某种慈善目的而作,如重建学校、佛寺,或修路、造桥、兴筑水利设施等。文徵明因应某些需求时也会作这类劝募文。而我们现在所举的这个例子,看来像是谐谑性地模仿这类文例,如为某个有名有姓的个人来劝募,列出每个捐赠者的捐助数目,并以礼单的形式(如现代乡间婚丧场合所见)像是相簿一样地将这些恩惠保留存证。这份礼单【图18】将"金钱"转为"礼物",并如同圣诞礼物的彩色包装一般,以社会人情将这项馈赠"包装"起来。[29] 虽然唐寅声称其所捐的《蕉刻岁时集》价值一两五钱,但礼单里实际上最高的捐款金额是银"六钱"。如此露骨地交代金钱数目,极不寻常,暗示着整件事可能只是精心安排的戏谑剧码。无论是发起者徐祯卿,或是受赠者朱存理,都与文徵明有所往还。如果不是因为哀悼父丧而与外界隔绝,文徵明很可能也会参与其中。前面的章节已经介绍过徐祯卿,他曾为文徵明之父文林撰写祭文。他是年轻时便已受到肯定的明代中期重要诗人,曾出席文林1498年的饯别宴,文徵明早于1499年便有诗相赠。[30] 文徵明有跋文提到两人于1500年时曾一同观赏艺术品,1504年也曾同游苏州城外的虎丘。[31] 文徵明为其近体诗集作序(一开始就称呼他为"吾友"),[32] 并为他的早逝撰写祭文,除表示其悼亡之恸,亦坚信徐氏子孙将会传扬其声名。[33]

获赠驴子的朱存理虽然在当时及现在都不甚有名,却与文徵明及文氏家族存在着很深的关系。他同样也参加了文林1498年的饯别宴,而文徵明亦曾记录观看过他收藏的一些书法作品,甚至还曾以自己的收藏交换朱存理的藏品。[34] 朱存理有能力获致这些价值不菲的藏品,让我们不禁怀疑他是否确实穷困到需要一群年轻朋友合资为他购买驴子。不过至少在文徵明于1513年应朱存理之子所求而写的墓志铭中,对此有些交代。[35] 文中将他与似乎不具关系的朱凯(见前文)相比,因为两人皆无官职亦不从商。朱存理据说是宋代苏州名士朱长文(1039—1098)的后裔,朱长文所建的乐圃,是苏州最有名的历史园林之一,后于15世纪时由杜琼(1396—1474)重建(杜琼是沈周的绘画老师,而文徵明又是沈周的学生)。[36] 如同其他墓志铭,文徵明这篇墓志铭列举了亡者的朋友与其社会关系,当然也提到与他自己的关系:"性甫不余少,而以为友。"这段话提供了这种跨世代友谊的一个要点,也就是这种关系需由年长者开启。文徵明接着将主人翁塑造为一位勤

[图16] 文徵明
《天平记游图》
1508 年
轴 纸本 水墨
巴黎 吉美国立亚洲艺术博物馆
(Musée National des Arts Asiatiques-Guimet, Paris.)

[图 17] 徐祯卿等（书）、仇英（画）《募驴图》第三段局部 1500 年
卷 纸本 水墨（书）26.5×104 厘米（画）26.5×70.1 厘米 华盛顿赛克勒美术馆
(Arthur M. Sackler Gallery, Smithsonian Institution, Washington, D.C.: Gift of Arthur M. Sackler, S1987.213.)

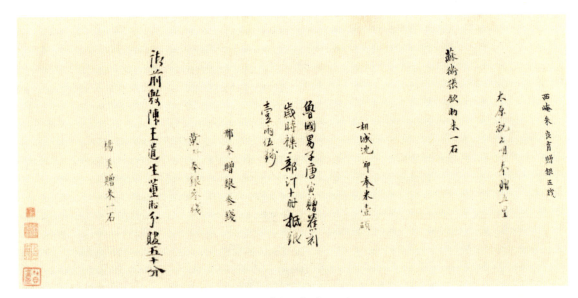

[图 18] "认捐连署名单"徐祯卿等（书）、仇英（画）《募驴图》第五段 1500 年
卷 纸本 水墨（书）26.5×104 厘米（画）26.5×70.1 厘米 华盛顿赛克勒美术馆
(Arthur M. Sackler Gallery, Smithsonian Institution, Washington, D.C.: Gift of Arthur M. Sackler, S1987.213.)

58 | 雅债——文徵明的社交性艺术

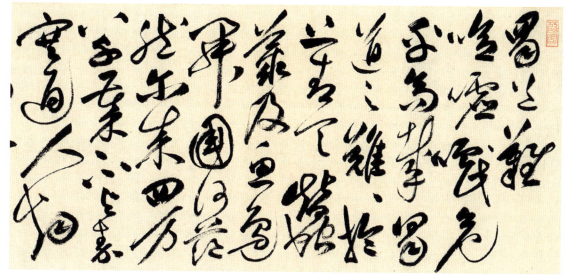

[图19] 祝允明《蜀道难》(局部) 无纪年 卷 纸本 墨笔 29.4×510.6 厘米
普林斯顿大学美术馆 (Princeton University Art Museum)

勉的学者及狂热的藏书家,然其藏书在晚年因贫困而散尽,可能他真的需要人帮他买驴子吧。

再来谈那十位赞助购驴的人士,他们之中有很大比例(包含徐祯卿本人在内有五位)都与文徵明有过或长或短的交游,而且他们之中至少有一位可能是文徵明的"至交",那就是钱同爱(1475—1549)。钱同爱是捐款名单中的首位签署者,但基于其重要性,我们留待最后再做讨论。前已述及的唐寅与邢参分别是第六与第七位。而第二位具名者朱良育在一份早期资料中被描述为与文徵明特别亲近,待会儿将有讨论,除此之外,我们对他所知甚微。至于其余五位——张钦、沈邠、叶玠、董淞与杨美——现在看来不过就是一些名字,但他们出现在礼单上,而且往往排在现今更有名的人之前,这种情况应能提醒我们:名人之友不见得皆为名人。但这显而易见的道理却往往埋没在时间的洪流中,因历史记录总爱彰显某些群体,例如由徐祯卿、唐寅、文徵明和祝允明所组成的"吴中四才子"。[37] 其中的祝允明是礼单上第三位签署者,便是日后享大名的那一型,他是明代中期最受推崇的书法家【图19】。[38] 祝允明是著名作家徐有贞(1407—1472)的外孙,也是文徵明书法业师李应祯的女婿;李应祯同时也是文徵明1512年诗组中特别提到的"先友"之一。几年后文徵明描述了祝允明的作品如何体现与继承徐有贞和李应祯的风格，[39] 他也为许多祝允明现存的作品撰写题跋。[40] 现存题献给祝允明的诗作为数众多，还有一首约当1523年文徵明起程前往北京时、祝允明回赠的酬唱诗作传世。[41]

当后世学者找到文徵明和祝允明两人往来的蛛丝马迹时想必并不意外，因为这两人现在都被视为当时的大才子。但是名单上列名第一位的钱同爱与文徵明的关系则较不为人所知，因为钱同爱并没有明显的艺术长才，所以在艺术史上较不受注意。但这并不代表他称不上是"文徵明之友"，特别是他的长寿，使他成为几乎是唯一一位从少至老一路伴随文徵明的老友。他最早可见于文徵明1498年的两首诗：《秋夜不寐有怀钱二孔周》与《待孔周不至》。[42] 1508年文徵明赋诗感谢钱孔周送蟹，1509年则随信附上另一首《简钱孔周调风入松》诗。[43] 现有一未纪年的尺牍记录两人间再家常也不过的书信往返；信中文徵明感谢钱同爱前日的盛宴款待，并亲昵地称呼他"吾孔周（钱同爱，字孔周）"[44]。钱同爱从文徵明那儿不仅获赠诗作，亦得到画作：1511年的《孔周经时不见日想高胜居然在怀因写碧梧高士图并小诗寄意》诗提到《碧梧高士图》这幅画，让我们对文徵明作品中经常出现的"高隐"主题之产生脉络有所了解【图20】。[45] 钱同爱也是参与1508年天平山之游的一分子，而文徵明记录此行之画现仍存世（见【图16】）。文徵明的《东林避暑图》【图21】正是于1512年左右作于钱同爱园中。[46] 约当1520年，钱同爱的女儿嫁给文徵明的长子文彭（1489—1573）时，文、钱两家进行了最意味深长的交换，也缔结了最持久的契约，友情与亲情这两个范畴借由两家的联姻而熔于一炉。1527年文徵明从北京返乡时，钱同爱仍然在世。他们良好的社交关系一直持续到16世纪40年代。在此期间，两人于1531年及1544年两次出游，文徵明并于1541年赠送钱同爱另一幅画，1548年（钱同爱去世前一年）两人还一同欣赏南宋画家赵伯驹的《春山楼台图卷》。[47] 钱同爱辞世时，文徵明自是撰写墓志铭的当然人选，两人毕竟是相交五十年的老友。[48] 这篇1550年写成的铭文中，文徵明自其共度的年少时光开始追忆，故提供我们观察他少年时期人际网络的有趣角度。铭文以"吾友钱君孔周"起头，提到他早年的友人如唐寅和徐祯卿，而文徵明则因入长洲县学而与他们同群为伍。"时日不见，辄奔走相觅，见辄文酒谵笑，评骘古今，或书所为文，相讨质以为乐。"铭文中描述钱同爱的好学、丰厚的家产、广阔的庭园，在园中举行的宴会以及宴会中所写所作书画诗文。文中也提及钱同爱丰富的藏书，各种门

[图20] 文徵明
《松阴高隐》
无纪年
轴 绢本 设色
162.1×67.2 厘米
台北故宫博物院

[图21] 文徵明《东林避暑图》(局部) 约1512年 卷 纸本 水墨 32×107.5厘米 纽约 大都会美术馆 (Metropolitan Museum of Art, New York.)

类都有,还有小说在内。钱同爱晚年因于税敛与徭役,家产日衰。但即使晚年因病倚杖而行,他仍时常参加"雅集"。文徵明悲叹道:"呜呼!君真雄俊不羁之士,而曾不得一试以死,岂不痛哉!"在上述的个人评述后,文徵明才对钱同爱的祖先与后辈作例行性的交代。他提到钱同爱出身于著名的太医世家,也提到钱同爱的子女,其中一个女儿嫁给了"余长子县学生彭"。

文徵明自谓的"四人组":唐寅、徐祯卿、钱同爱和他自己,是在日后更广为人知的"吴中四才子"(唐寅、徐祯卿、文徵明和祝允明)之外的另一种群体组合。这显示了这些组合在当时很有可能是流动的,不管后来文学或艺术史的分类有多么精确。这也使我们注意到明代中期苏州精英习惯以这些群体来界定自己的部分身份,借此亦可以观察这些群体如何各自建构出这些身份。正因为隐士身份具有强大的文化力量,人们在实质面上必须趁早参与这些团体以便成为某号人物。虽然文徵明

（当时在哀悼父丧）没有参与"募驴"的活动，但他是许多类似群体的成员，这些群体通过16世纪初各式各样的文化活动不断构成并一再重组。当时文徵明正值四十多岁，仍希望自己可以在科举制度中成功并获得官职。因此他也加入1506年苏州府志《姑苏志》的编辑团队。《姑苏志》是以当时过世不久的吴宽所编纂的初稿为本，并由王鏊监督编辑而成，这两位皆为苏州著名的官员，也是许多新生代的庇主。这个编辑团队除了前面提到的文徵明、祝允明、朱存理和邢参外，还包含另一位长期亲近文徵明的蔡羽（约1470前—1541）。《姑苏志》的编辑名单谨慎地依照官阶排列。因此，列为长洲县学生的文徵明被排在第七位，列名于进士祝允明和苏州府学生蔡羽之后，但又排在长洲县儒士朱存理和邢参之前。[49]

《姑苏志》的编纂使文徵明和蔡羽两人的名字首度相连，但此后他们有相当长久的往来，这至少可部分归因于长寿这个简单的实际状况（如同钱同爱的例子）。著录中一幅1504年的画作证明文徵明、蔡羽、唐寅和徐祯卿曾在春天共游虎丘,[50]而在1500—1510年他们也经常互以诗文酬作。他们的关系似乎在1510—1520年更为巩固,此时期亦有幅流传至今的《溪山深雪图》轴(1517年)【图22】可以见证他们的友谊,图上简短的题云:"徵明为九逵先生写溪山深雪图。"[51](此题之简短可与大英博物馆的文徵明《仿李营丘寒林图》作对比。)蔡羽促成文徵明为香山潘氏族谱题识之事,使我们了解在当时朋友间某些中介运作的可能方式。题识内容显示文徵明本人与潘家并不相熟,但他写道:"余雅闻(潘)崇礼之贤,而吾友蔡九逵又数为道之。"[52]正是蔡羽的居中牵线才促成了这篇题识的出现,而在题跋中明白点出这层中介关系,则有多重的意义。它一则使文徵明免去纯粹为了赚钱才为无任何关联的潘家撰写题跋的说法(虽他必定能因这样一篇题跋而获得报酬,却是基于礼法而收受的)。再则将潘家与颇负文名的蔡羽相联系。三则公开强化文徵明和蔡羽的关系,证实了"朋友"这种身份不只是个人间的私事,而是种可见的、公开的(至少在精英圈中)、社交上所认可的关系。

1523年与文徵明同行前往北京的正是蔡羽(下一章会仔细检视这段人生插曲),他们之间的关系在两人回到南方后仍维持不断。文徵明给蔡羽的信函至今尚存,其中提到彼此互借画作与书籍,[53]而相互酬赠诗作的情况似乎也未曾稍减。蔡羽较文徵明先辞世,而文徵明则是其墓志铭(1541)的作者,文中强调蔡羽的非凡文采,将之纳入苏州伟大文化传统之中,谓"吾吴文章之盛,自昔为东南称首"。[54]他将蔡羽摆在一脉相承的谱系中,该谱系起自高中科举并"持海内文柄"的吴宽和王鏊,继而为都穆、杨循吉、祝允明,最后传至蔡羽。在例行的家世叙述后,我们得知蔡羽年少失父,而由他的母亲亲自教授;他通读家中藏书,所作诗文奇丽,却仍不以此满足。他钻研《易经》,但科举屡试不第,到老才获选为太学生,在南京翰林院被安插了一个小职位。任职三年后返归故里,并于家中去世。

文徵明希望蔡羽能以诗人的形象为人所追忆;这种选择对当时人而言并不会觉得讶异,因为赋诗是精英不可或缺的必备条件,绘画却只是额外的能力,甚至可能隐然损及其精英身份。最受明代精英偏好的诗作形式,是那些能公开维系其所属群体的合作形式。为张西园庆生或为朱存理募款购驴的名单俨然成群,而合作编辑《姑苏志》的文人自又是一群,群体里的成员或有重复,故集体的诗文创作便形成一

[图22] 文徵明
《溪山深雪图》
1517 年
轴 绢本 设色
94.7×36.3 厘米
台北故宫博物院

种社会空间,彼此的关系则可于其间确认。韵文所具有的形式特征,以及"和"的独特做法,都有助于这类集体创作的发展,并将互惠的概念编入这最负盛名之文化活动的网络中。依他人诗作的韵脚和诗,再由原作者或第三者接续赋诗以对,则可能启动连锁的赋诗行动,原本理论上只涉及那次创作的作者,却可能吸引愈来愈多的人参与。[55] 有三十九位文士(包括文徵明自己和许多本章提过的文人)参与应和元代书画家及诗人倪瓒所书的《江南春》一诗【图23】。该活动于1539年由袁表发起,随后并刻印出版。袁表本身来自一个与文徵明关系密切的家族,相关细节将于第6章讨论。[56] 这是个极端的例子,而付印之举更将群体的公众认可程度提升到更高的公众能见度。但该活动特殊之处其实只在众多的参与人数而已。

参与《募驴图》的徐祯卿,则是个更正式或至少更公开、永久的群体之核心,该群体由1500—1510年的苏州新兴精英所组成。徐祯卿将同代人的传记汇集出版,使这一系列对个别人物的描写,成了所组成群体的写照。此作并无纪年,但应成于他一生的最后十年间(他于1511年英年早逝)。这本《新倩籍》所收录的文人传记依序如下:唐寅、文徵明、邢参、张灵和钱同爱,这几位均已在本章中介绍过。[57] 傅吾康(Wolfgang Franke)在《明代史籍考》中,将该文描述成"五位与作者同时代的名人传记",但是我们必须质疑:这五位在文章写作的当时究竟有多"著名"(相对于他们后来的名声),我们如何区辨他们在乡里、东南地区及全国等层次不同的知名度,以及如何区别这类文章的功用是在反映既存名声,还是针对目标读者为这几位传主建构名声等问题。当然徐祯卿文中描写的"文壁"(他当时仍使用这个名字),并不是现代参考书中描述的"文徵明",其间差异不只是名字不同,更重要的是徐祯卿根本没有提到文徵明的绘画与书法。此外,1500年为朱君购驴(这个团体也是由徐祯卿组织起来的)的捐款者之一朱良育,在徐祯卿文中被描述为文徵明特别的朋友,然而除此之外一无可知,在现存文徵明文集中亦无有反映彼此交情的诗文。如果某人被当代人士描述为与文徵明很亲近,却未留下任何文字记录,这应能提醒我们历史文献实际上有多不完美。这也应能提醒我们:今天我们所认定的文徵明"公认"朋友,以及那些与文徵明可能有所往来、却因身后名声不显以致其与文徵明的关系不为人所知的那类朋友,这两者间可能存在着一种紧张关系。

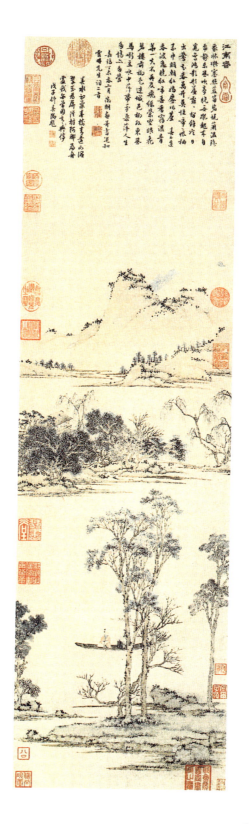

[图23] 文徵明
《江南春》
1547年
轴 纸本 设色
106×30厘米
台北故宫博物院

3 "友":同侪、同辈 | 67

从《新倩籍》对文徵明的简短描述，我们可见到后来变成一般标准印象的文徵明的性格特征；更可贵的是，这是文徵明名声还不像后来那么显赫时，出自其朋友、亦是当代人士的观察。通过该文，我们第一次从书上得知文徵明对古董的热爱、他的高道德标准，以及其学术论辩的技巧。我们了解他避免触及所有粗鄙之事，尤其是娼妓。他与朱良育互赠诗文，让作者徐祯卿对他的狷介与睿智深感佩服，因此"赋诗以广之"。我们无须怀疑徐祯卿加诸朋友的任何赞美，但同样地，我们也不必较当代人士更神经质地看待这类"宣传"前途远大之人的必要性，因这可能让有能力助其一展抱负的人士注意其才华，也可能让当时志在仕途的文徵明跻身宦流。朋友的功能之一就是彼此宣传，或在可能的宣传场合中扮演经纪人的角色。《新倩籍》或许是在1505年徐祯卿高中进士后写成，这让他能站在较佳的位置引荐他的朋友，但他不可能知道未来在什么样的场合中，他自己可能也会需要此一朋友网络的支持。借由宣传朋友网络的存在，个人也许可以在永远不会结束的人脉经营中，借由增加自己与其他网络的交错，来增强自己的影响力。若纯粹以互惠来看待这件事将过于简化，因为这不只是双边关系，也是多边与多面向关系；这是复杂而兼具交叉与折叠网络的地形图，而不是在同一个平面由几个相互关联的点构成的简单平面几何。这些网络，像是现代中文里的"关系网"。它们不是简单的闭锁性群体，如成员的组成明白而稳定，像"吴中四才子"这一词所指涉的那样。相反地，这些人际网络总是一再往复地确认与协商。

《新倩籍》不是当时唯一记载文徵明传记的汇编。文徵明也出现于《吴郡二科志》中（又一次以文壁之名出现，因此可推测写作时间早于1514年）。这篇文章由某个不可考的阎秀卿所写成。[58] 收罗在该书中的人物传记较前者为多，并循正史中断代史的体例分门别类。"文苑"部分包含了五个名字：杨循吉、祝允明、文壁、唐寅和徐祯卿，因此与《新倩籍》中对文徵明的归类有些许差异。书中谈论文徵明在书法上的造诣，并明白道出文徵明与沈周的关系。书中征引某些文徵明的诗作，并首次提到他拒绝大额献金的逸事（文中指出是一千两，这可是一笔巨款），这笔款项是由温州望族于文徵明之父文林在温州任所去世时所捐。在明代中国要增强名声，正是靠这种传记汇编的方式，以及参与名人策划的活动来达成。

如同我之前所强调，并非所有文徵明的朋友都是中国文化史上显赫的人物（像唐寅、都穆、祝允明和徐祯卿等）。文徵明以同等的情感描写那些没有显著的名声也未被收录在传记汇编中的童年玩伴。例如"亡友阎起山"就出现在他现存的第二篇（依年份来算）墓志铭中。1507年二十四岁的阎起山英年早逝，他最后的愿望是"其友"文徵明可以为他撰写墓志铭。他病情严重到无法执笔，因此通过父亲转达此一请求。阎家是文徵明的邻居，其社会地位似乎较低（文中并未提到阎家有任何功名），阎起山拜访文徵明时"或考论古人或商近事"，并偶尔向文徵明借书。他将所有积蓄都花在购书上，家贫断炊时，他宁可典当衣物，也不愿舍弃珍藏的书籍。即使文徵明此时年纪尚轻，却扮演了朋友兼赞助者的角色，就像其他人对文徵明的赞助一样，文徵明也是道德与物质资源的施与者，他对阎起山的赞助是现知首例。但在其他情况下，其他人则反过来希望赞助文徵明。

文徵明年轻时，还有一位家境较为宽裕、但今日我们所知甚微的朋友——钱贵（1472—1530）。文徵明如此悲叹其亡友：

> 呜呼！余与君生同邑里，少则同游学官，晚仕同朝，相继归老于家。延缘追逐，四十年于此矣。君雅喜交游，所与皆当世伟人。而相从之久，相知之深，固莫余若也。余不铭君，将属之谁哉！[59]

这段文字彰显了"同游学官"的重要性，因为这是青年男性精英形成同侪团体的主要渠道。这"延缘追逐，四十年于此矣"的特别关系正是因此形成，可以1497年的《过冶长泾有怀钱元抑》诗[60]以及文徵明在1513年送钱贵赴京应试时所作的诗画为证。[61]他们的关系亲近到钱贵可以取笑文徵明不事"道学"，而专务肤浅的文艺："每以'文艺丧志'讽余，而勖余以道。余笑曰：'人有能有不能，各从其志可也。'"

文徵明年少时的文艺青年形象，在他写给另一位求学时代老友顾兰的文章里更加明显。而顾兰在历史文献中几乎毫无能见度。我们对顾兰的所有认识全都来自文徵明于其晚年为他所写的传记（可能作祝寿之用？），在文中文徵明忆道：

> 徵明虽同为邑学生，而雅事博综，不专治经义，喜为古文辞，习绘事，众咸非笑之，谓非所宜为。而春潜不为异，日相追逐，唱酬为乐。[62]

顾兰于1498年高中举人，但1499—1517年七度在更高的进士考试中失利，最后只成为两个贫穷小县的知县。他退休后全心投入园艺，"故喜树艺，识物土之宜，花竹果蔬，各适其性"，并喜在花树间宴客。文徵明现存有三封小简是写给名不载于史册的顾兰，彼此亲昵的友谊在信中表露无遗。文徵明相当不寻常地在这些信中署以"友生"，信中内容包括讨论如何安排两人共同友人的一块墓地，并以诗"奉谢"顾兰邀其至园中赏花用餐。[63]

不论他们可能认为绘画是多么肤浅的追求，钱贵和顾兰两人无疑都是文徵明画作的受赠者，但前述许多文徵明更著名的友人却不尽然如此。另一位确实收过文徵明画作的朋友是黄云，两人基本上在文徵明五十出头前往北京前就已定交。黄云可能比文徵明年长，因为在现存文徵明（于1497年）题献给他的最早诗作中，他被称为"先生"；而这首诗的冗长标题中说明这是用以"奉谢"黄云赠诗之作。[64] 黄云出身自文徵明妻子的娘家昆山，因此昆山很可能自15世纪90年代早期文徵明结婚开始，便是文徵明社交生活中的重要据点。1511年另一个更冗长的诗题证实，文徵明早在1496年就曾为黄云作画，但十余年后才为该画赋诗：

> 余为黄应龙先生作小画，久而未诗。黄既自题其端，复征拙作漫赋数语。画作于弘治丙辰（1496），距今正德辛未（1511）十有六年矣。[65]

这个题跋不只显示文徵明和黄云的关系持久，也是画卷具有维持人际关系之"能动性"（agency）的绝佳范例。这幅作品因为原本尚无题跋，所以就某种标准来说是"未完成的"作品，或至少因尚未完成而提供进一步修改的可能，此亦使该画成为两人往来交情持续不断的象征。这与大英博物馆所藏文徵明《仿李营丘寒林图》（见【图7】）上表示关系"完结"的题识明显不同，该画是为了某位在文徵明妻子丧礼时致赠奠仪之人所作。作为"给予，同时也保有"（keeping-while-giving）这吊诡的例子，给黄云的这件作品仍然开放了让原创者做进一步修改介入的可能性，该作品以借代的方式"代表"了创作者，但这并非借由取代（replacing）作者，甚或是再现（representing）作者的方式达成；而是在受赠者的面前，将创作者本身的能动性给物质化（materialising）。借已故的阿尔弗雷德·杰尔反符号学的用语来说，物品并不是一种"符号"

(sign),而是一种"指引"(index),指涉着"能动性"的存在,这能动性只能以相互之间的关联性来理解:没有接受者就不会有行动者,没有受的一方就没有施的一方,没有受赠者就没有撰写题跋者。[66]

文徵明许多诗题都与回赠有关,有时是在多年后才又重题之前为朋友所作的画。例如1505年,他才在前一年为顾兰所作的画上题识。[67]前述那幅1496年赠黄云的画作现已不存,但这并非文徵明为他所绘制的唯一作品。现存于私人收藏的《云山图》卷【图24】也是题献给黄云的画作。文徵明在题跋中自贬其诗作书法,并尊黄云为"博士"。[68]黄云执掌的瑞州府学训导虽然是低阶的教育官职,但因担任官职,故仍受到一定的尊重,然文徵明在黄云所藏的倪瓒书迹上题跋,则明白地称他为"吾友"。[69]在此我们得再次面对"朋友"概念的流动本质,它被融入所谓的庇主与附庸的关系中,但在明代则可被纳入更广阔的"友"的范畴。在另一个例子里,某位成功的苏州官吏有个骄纵阔气的儿子陈钥(1463—1516),虽无证据显示文徵明与陈钥有私交,但是文徵明仍然在

[图24] 文徵明《云山图》(局部) 1508年 卷 洒金笺 浅设色 30×843厘米 私人收藏

3 "友"、同侪、同辈

图 25 佚名
《顾璘像》
1546 年以后
轴 绢本 设色
209×106 厘米
南京市博物馆

1507年为他作了两首诗,并于其墓志铭中自称"其友文某",还提及陈钥堂皇的乡居生活。[70]

文徵明所称的"朋友"中,有很高比例都是他年届三十(1500)之前结识的。不论是通过父亲而认识及1512年《先友诗》中所记的长辈,或是长洲县学的同窗及师从沈周和吴宽学习绘画与文学的同门,皆是此类。然1526年文徵明自北京返乡时,这些人已大半凋零。而证据显示,许多文徵明1500年至20年代认识的人,到16世纪30—40年代则在文徵明的社交生活中扮演要角,像是方才所提及的陈钥,和先前谈到的蔡羽。另一个王涣(约1482—1535)也是其中之一,然我们只能通过文徵明为他所写的墓志铭来认识他。他虽只是一个小官吏,文徵明却写道:"余友君三十年,知君尤深。"[71]这类较晚认识的朋友还包括吴爟和顾璘两位。

吴爟是两人中生平较模糊的一位,他较为年长且极少在文徵明诗文中被提及,虽然他也出现在某些文徵明出席的社交场合。[72]文徵明现存有两封小简便是写给他的(两札都署名文壁,因此应作于1514年前),其一是有关社交会面的安排,另一封则记录了精英间互赠礼物的经典类型,内容提及文徵明获赠一个铜盆而"未敢率而奉酬",并在信中肯定吴爟"幸以少价收之"的端木孝思书迹为真。[73]这使双方关系看起来更像庇护关系而非朋友关系(文徵明称吴爟"足下"),但此处的界线仍不清楚(或至少对今日的我们而言并不清楚)。

相较于生平不详的吴爟,顾璘(1476—1545)则是极为突出的人物。年仅二十(1496)即高中进士,宦途顺遂,一路升任南京刑部尚书(正二品)【图25】。他的仕宦生涯成为1546年文徵明所作冗长墓志铭的焦点,文中细数顾璘如何"历仕三朝,阅五十年,历十有九任"[74]。然三十多年前,仍怀抱从政之志的文徵明却也见证了顾璘宦途的波澜,时顾璘从主要都市开封,被贬到偏远的、半蛮荒地区的广西全州担任知州。当顾璘前往广西赴任时,必曾经过其先人的故乡苏州(他家在南京),因文徵明曾写有一篇送行的文章。文中骄傲地称之为"余友顾君华玉",谓"余交其人久",并赞美他的清廉与文学禀赋。此文最后以"余得合诸友,赋古律诗八首为饯,叙其首"作结。[75]由是可知,文徵明扮演了这场赋诗活动的主持者、组织者,让更多年轻人可以与高官有所联系,而这位高官则是他结识已久的朋友(即使是略遭贬谪的知州,也是重要人物,且此人随后可能又获升迁)。文徵明在此处为顾璘那帮未点出名号的"友人"所做的，正是其他人曾经为他所做的。这大概算是我们现知他类似作为的最初几次之一吧（他当时已四十多岁），而这绝非最后一次。文徵明与顾璘的关系维持到后者去世为止。1522年文徵明在一幅梅竹图上题跋，以应和顾璘的诗韵，而一封文徵明寄给顾璘的信中则谈及文学之事，以及顾璘借或送给他的书籍。[76] 1523年文徵明从北京寄给家人的信中，提到有关顾璘升职，以及两人刚于京师短暂碰面的消息。[77] 直到1538年顾璘还有诗赠与文徵明，[78] 显示他们的关系持续到文徵明的"隐逸"岁月；当顾璘去世时，文徵明在悼文中提到他过去经常造访苏州，"寻乡里旧游，期余尽游诸山"。顾璘的声名及其活动，遂成为地方性名望及地方性的友谊如何与全国性的名人交会的绝佳范例。据文徵明所言，顾璘是当时人称"金陵三俊"的诗人之一。将相关之人加以配对组合，对明代文学批评来说应该算是相当有用。"三俊"的另两位分别是陈沂（1469—1538）和王韦，前者还是文徵明在北京时期的亲近同事。到北京去，对文徵明来说想必意味着长期的挫折与失败似乎可以告终了，而通过推荐、庇助关系与友谊交情等正当渠道，要想获得官职，也似乎是可实现的目标。进入"官场"，文徵明必须接受一套新的义务关系，在这个崭新的场域中，他这五十年来所累积的社交资本，也许证明了是难以运用的、价值起落不定的，甚或是危及自身的。为此，文徵明必须结交新的朋友。

第Ⅱ部分

4 官　场

当代论者总将文徵明赴任北京的那三年（1523—1526）视为其生平与艺术的转捩点。在常见的叙述模式里，我们见到上京前的文徵明热衷功名，意欲维扬家声、同其侪辈；而到京之后，却为"权力政治的残酷现实所迫，又不愿与之妥协"[1]。个人的抑郁注定无有伟大作品的产生（谁让艺术总被认为"与艺术家本身有密切关联"），这三年自成了艺术生命里的空白。[2] 故离京之后，文徵明便自绝于俗世的人情纷扰，投身文艺追求，特别是堪称其真正志业的"画"艺。

不只当代学者这么认为，这"赴京前""离京后"的架构至少可回溯到明代张丑（1577—1643？），[3] 及其他以画家角度看待文徵明的明清文献。唯有台湾学者石守谦将这段北京经验置于文徵明整体画作的脉络里，进行缜密的研究，有力地提出其并非单纯的人生断隔，而是文徵明个人画风发展及1527年后新视觉形象产生的关键，且反映着因幻灭与疏离而转变的社会心理。在他的解释下，这段时期的作品（相对而言数量较少）不再被视为例行习作，反而是影响百年苏州画坛的重要转折。[4]

无论如何，以上所有解释都基于同一个前提：欲讨论文徵明的仕途，便有必要解释这些画作，特别是1527年后三十年间所作的画。在这样的讨论里，我们很难不考虑到之后发生的事，很难不意识到正是因为幻灭才可能引发避世之心与自我潜沉。然这些都是后见之明，仿佛其仕途经验在一开始时便注定了**不可能**"顺遂"，只是为了造成失意的结局。文徵明当然不是为了在画风上有何突破才走这一遭，故亦不能据此而评判其仕途的成败。换另一种角度看待北京三年，当他是个明王朝里请领薪俸的官员，可使我们注意到文徵明终其一生与"官"往来的各种方式，以及他身处官场时各种不同的应对之宜。文徵明凭借家族传统与人情利害，进入了官场；若我们不视之为"当了官的名画家"，而看他作"懂得作画的明朝官员"，或可更贴切地理解这三年在文徵明及其同代人心目中的样貌。唯有掌握他看来较为寻常的那几个面，才能明了文徵明何以在其所处的社会阶层里显得与众不同。

带人通往仕宦阶层的第一条路是科举制度。[5]这是主要的正途，只有不到两万人能脱颖而出，在帝国各省及北京、南京两首都任官。[6]到了文徵明的时代，科举制度已经取代明初实行的"荐举"，成为选聘德行文采兼具之人任官、亦可保留资深官员为朝廷拔擢人才的制度。科考的准备落实于各地县学、府学，学里分级别，有教师和学生数名（理论上一县有二十个学生，一府则有四十个学生），就此再选出少数优秀者成为"贡生"，进入位于首都的太学。

文徵明正好生在荫官制受限的时代；1467年（他出生前三年以前），七品以上官员的子孙仍可直接进入太学或分派任官。此制一废后，文徵明顿时成为第一批必须投身科考否则便得耗资捐官的仕宦后代，[7]故他必得修习举业。他涵泳家学（这方面女性一般多扮演重要角色），继而从学如吴宽之类的长者，然最重要的则是与各学官亲近往来，即所谓"游学官"，前述许多师友关系多由此而生。若在校表现杰出，便可晋身秀才，获得提督学道认可后，则有资格参加三年一次的乡试，中试者称为举人。就文徵明的例子而言，他的乡试考场应在应天府（南京）。乡试虽只是一连串晋身之阶的第一层，中举后却有不少实质好处，如服饰有别、税赋减免，亦有可能直接进入官僚体系。[8]此外，还可参加于乡试后一年所举行的会试，如有幸金榜题名，即成进士，站在平步青云的起点。

这些是当时法规下常见的模式；然自文徵明不厌其烦地在文章里记述自己与同代人官职的高度兴趣看来，我们似乎可从他的例子做微观的研究，一窥科举制度于实践层面对个人生命的影响与冲击。在这方面，文徵明成功的兆头似乎不差，因其"家学"深厚。他的祖父文洪是家族中首位取得功名者，于三十九岁时成为举人（1465年，正好是文徵明出生前五年）。父亲文林也于三年后（1468）中举，年仅廿三，并在四年后（1472）取得进士头衔。叔父文森则是1486年的举人（年廿四），次年（1487）即成为进士。[9]在这样的背景下，期待文徵明或其兄文奎[也经常"游学官"，但好似未曾赴试（这又是个谜）]举业有成是相当合理的。[10] 是以"起家进士",因仕而"贵"的字眼才会不断地在文徵明为他人所写的像赞与行状中出现。[11]

官立学校的课程统一,自1415年颁定三部大全,官方认可的儒家典籍及注疏即成为士子必修,并于应试时发挥这些经典与注疏的要义。[12] 然而,文徵明廿五岁(1495)第一次应考时,试卷的写作方式正好在不久前经历了本质上的变化。1487年后,所有的试场文章都必须依照特定的行文模式发展议论,这复杂的作文风格即所谓的"时文",也就是俗称的"八股文",因其必须包含八个讲究起承转合、排偶用典的制式段落而得名。[13] 八股文就像许多明代的文化现象,如宦官、诸藩一般,在历史上恶名昭彰,成为过度形式化、束缚性高、阻碍创造与独立思考能力的祸首。自18世纪以降至20世纪初,中国内外咸以此为明代文化最沉滞、最造作的代表。直到近日才有人就"时文"来探究"时文"本身,试着去理解当时人之所以热衷于此的缘由。浦安迪(Andrew Plaks)在分析王鏊(文徵明最主要的庇主)所作、当时最成功的时文后,发现:

> 至少某些八股文显示其有利于深入的分析与诠释。特别是当我们接受以起兴、正反等方式解释传统中国文化时,八股文甚至比唐代的律诗、宋代的山水画更能发挥这样的思考模式。[14]

若我们不再浪漫地将文徵明视为拒绝牺牲自我以成就窒人举业的艺术家,他的屡试不第确实有点难以理解。然而,他是当时著名的诗人,在葛兰佩的研究里,他亦是个不断发掘并解决绘画上各种形式难题的艺术家,这都使人难以接受任何以不符当时状况的"自主精神"(free spirit)来解释文徵明考场上的挫折。以下的讨论里,我们将见到,许多当时看似神奇的说法,实皆出现于他死后别人所做的赞颂文章;这些都无法反映实际的状况。不过,尽管资料鲜少,仍值得我们将眼光放在当时最普及的解释上。

在前章已论及的《上守谿(王鏊)先生书》(1509)里,文徵明自剖其举业无成之因,[15] 得出相当直白的结论,将一切都归诸于"命"。文里反复出现"古文"与"程文"的对比,支持了石守谦的论点,将文徵明考场上的失意,归因其拒绝屈从时文。然"古文"与"程文"的问题可能更为复杂。若文徵明当真憎恨时文,为何会上书当时制艺文章的宗师王鏊，以求其恩庇？文中言其少时缺乏时文训练，其用意是否在博取同情？而文徵明与其同代人在试场上的高败北率，是否缘于幼时未及早掌握新式的文章风格？归诸天命的解释实不可轻忽，因为同样的看法也见于文徵明《付彭嘉（文彭、文嘉）二儿家书》中，信里慰勉二子："若中否自有定数，不必介意。"[16]

然我们无须对此多做解释，因为落榜在当时稀松平常，并未造成任何社会反弹。[17] 文徵明的叔父文森虽然一试中举，旋成进士（其友顾璘亦然），然屡试不第绝非特殊现象，反而被视为常理。蒙童们（可能还包括一些世家幼女）朗朗上口的《三字经》，即有北宋梁灏至八十二岁才中试的故事。[18] 正如苏格兰王罗伯特·布鲁斯（King Robert the Bruce，1274—1329）领导苏格兰独立运动时，为蜘蛛结网锲而不舍的精神所动，屡败屡战，终底于成的故事，鼓舞着一代代苏格兰儿童"再试一次"，梁灏立下的楷模亦足使青年文士坚忍其心，准备面对仕途可能历经的漫长考验。

在赞文或行状里，落榜也不算是见不得人的禁忌，文徵明甚至不止一次将自己十次落第的记录放入文中，并细述其间隔时间与相对次序。反倒是考得好的人没获得什么重视：一试中第好似不值得大书特书。在文徵明的文集里，像张弘用（1487—1516）的例子很是罕见；他的试场文章可是好到让督学"手其试卷不释"。[19] 然失败的例子却屡见不鲜。落榜次数最多的是文徵明的朋友蔡羽，于1492—1531年，历经十四次乡试失败，"阅四十年，而先生则既老矣"。[20] 另一个朋友陆世明，少与文徵明同游学官，在1495—1519年，"凡九试始得举于乡"，后又于1520—1526年，经三试方成进士。[21] 乡试过了，还有会试，人们有可能越不过第二道关卡。在文徵明所作的志文中，便有位卢煦，九试礼部，才得于1518年成为进士。[22] 文徵明的学生王宠和他一样受荐举而入太学，于1510—1531年，八试殿试皆不第。[23] 文徵明父亲的友人吕㦒，后虽为朝廷命官，其行状里亦不讳言曾两试礼部不中。[24] 其他文徵明自己不太认识亡者、却受托而为（可能有润资）的墓志里，亦常出现此类记述，可见当事人家属亦不认为屡试不第有必要隐讳不言。[25]

除了写给王鏊的信之外，还有些蛛丝马迹可显露文徵明对科举制度的态度。例如1531年为贫士杜璠（1481—1531）所作的《杜允胜墓志铭》，述及杜生赴试应天（第六次应考），却因病笃不克完卷，归卒于家，享年五十。文徵明在墓志铭中便感叹："其学粹而深，……非如一时举子，工为程试之文而已。"[26] 此外，文徵明在第二次乡试不第后，引述友人袁袠所云："吾所志何如，故为场屋所困耶？"[27] 亦可明白科考一事，几乎占据了当时考生的所有思绪，许多人甚至考了不止一次。然由于一同赴试，某种社会关系遂因此建立，某些义务也连带而生，《太学钱子中挽词》便是一例。即使钱、文两人未尝谋面，然因文徵明在第十次赴试应天时与之同时应考，故仍为之作挽。[28] 不难想象，明代各级学校里的对话中，总是充斥着试场成败的传说。

所有学官里，文徵明早、中期最需要亲近以获晋升者，无非历任提学御史。他们有权将学生自学校除名（如此一来学生将丧失应试资格），也能直接将学生拔擢入太学，跳过乡试一关。文徵明文集里会出现如《送提学副使莆田陈公（陈琳）叙》（1512）之类的文章，实不令人意外。[29] 陈琳（1496年进士）曾于弘治年间（1488—1505）视学南畿，文徵明遂得从学。此番陈琳以嘉兴守的身份受诏赴任山东，途经苏州，文徵明便作叙以赠。文中称之"振德警愚"，似过于奉承，可能只是同情陈琳因阉党（以刘瑾为首）构陷而贬官的慰藉之词。然文末"某以诸生，辱公国士之知，十年于此，潦倒无成"云云，足见知遇于这类官员的重要性，在《钱孔周（钱同爱）墓志铭》里，文徵明也提到钱生因特立独行，引人非笑，独陈琳赏识之，谓："吾见其文有古意，知其非经生常士也。"文徵明亲闻此语，甚为其友而喜；然自陈琳去职，其他主司无能识之，故钱生并未受荐入太学，只得自行赴试应天，历六试仍无得中举。[30]

另一篇作于1514年的《送提学黄公叙》，起首便云国家取士之正道："国家取士之制，学校特重。自学校升之有司，苟谐其试，则谓之举人。自有司升之礼部，苟谐其试，则谓之进士。凡世之大官臕士，悉阶进士以升。"然督学宪臣（即提学）则是士风的化育者，因其地近，故于士也亲，化之亦易。文徵明赞黄提学为陈琳高徒，嗣其位而承其志，故今去职，学生皆感不舍。[31] 黄提学之后虽视学广西，他与文徵明间的师生之谊想来长存，故在黄提学过世后，其家人仍得以向文徵明索祭文；此文未系年，然因文徵明在文中仍自称"诸生"，故应在1523年之前。[32]

其他见于文徵明文集里的学官，还有《褒节堂记》里的长洲文学。他是出身河南的进士，其母余氏因守节而受旌表，故作褒节之堂，文徵明 1515 年受命为之作记。文徵明显然比这位长洲文学年长,然在文中仍自称门生。[33] "门生"一词清楚表明师生的上下关系,且适用于所有县学学生,用以在老师面前称呼自己。文徵明此时虽已步入中年,然在面对老师时,居下的地位仍是毋庸置疑。

文徵明在仕途开展之前,亦得与地方官员有所往来。作为诸生,他是地方政府治下学养最为深湛的文化资源,可委之从事如纂修府志一类之职;其事可见《陆隐翁赞》。[34] 他的直属长官是长洲县令,掌理苏州城的西半部,文氏家族所在之地。文徵明一生共经历三十一任长洲县令,大致上每任在职二至五年(其中一人在任不满一年,还有一人在位十一年)。[35] 对大多数人而言,这都是他们进士登科后的第一份官职,其中有资料可考的,也都升任了较高的官职。如 1488—1492 年的长洲县令邢纓(1453—1510),为 1487 年进士,与文徵明的叔父文森同年登科,文氏家族遂与他有点渊源。他到任时三十五岁,文徵明则年方十八。虽只是九品官阶里的七品县令,在地方上却很重要,即使不是主要的朝廷命官,这个职位也足以作为晋身之阶,尤其利于升任知府一职。全国有一百五十九府,知府官阶正四品,适为中阶(通常指四至七品)与高阶(一至四品)官员的衔接点。[36] 治府有成,便注定可走向举足轻重的官职。文徵明在世期间,苏州共有二十九任知府,多数只在任二至四年。[37] 知府比县令重要,其记录自然更为翔实;我们可根据他们的生卒年资料,约略推算文徵明到何时会赫然发现知府甚至比自己还年轻。想来他当时心里一定很不好受;如果一切计划都能如期实现,则文徵明会在三十多岁登进士第,而于四十多岁时担任知府。然而,当林庭昂(1472—1541)在 1508 年来到苏州时,这个三十六岁的新任知府,比当时三十八岁的文徵明还年轻两岁。从这时候开始,历任知府的公众地位虽较文徵明高不知凡几,但年龄总是小于文徵明;到文徵明辞世时,他们之间的年龄差距甚至有四十年之多。而地位上的差距可自语言窥之;若县令被称为"父母官",那么,更高阶的知府岂不成了"祖父母官"?这正是文徵明在《致郡县长官》里所用的词语。此文虽未纪年,然文徵明在信中仍自称诸生,故应作于 1523 年之前。[38] 而文徵明或在文章里提到郡县长官,必冠以"侯"之尊号,如《赠长洲尹高侯叙》;因高第(1496 年进士)于 1516—1521 年在任,可知此文必成于这段时期。[39] 我们将会看到,终其一生,文徵明对这些地方朝官的卑逊之仪及社会义务,皆无有削减。

当文徵明论及同代人的宦途时，"荐"常是挽救具有真才实学、却科考无成之人的重要办法，使之得以进入官僚体系；彭昉（1470—1528）便是一例。他是文徵明学生彭年（1505—1566，也是著名画家，其女嫁与文徵明之孙文驸为妻）的父亲，文徵明在其墓志里便提到他"数试不偶"，直到四十岁才领乡荐，可能成为贡生或监生。而直到登第，人们才"始望之，谓庶几有以达其志也"[40]。另有王涣，因习《尚书》有成，而于1519年受乡荐，虽未登进士第，却也以太学生的身份释褐（编注：脱去布衣、换上官服，是新进士在太学必行之礼），后得任东川军民府通判，虽然该地"去京师万里，夷僚杂居"[41]。故早在文徵明1523年受荐上京之前，便有许多人循此模式进入官场。那年秋天，文徵明第十次应乡试，又不中。根据石守谦的研究，促成文徵明上京的关键人士是林俊，1512年告老还乡，文徵明的父亲及岳父皆与他互有往来。[42] 林俊之弟林僖，亦曾为长洲教谕，故称得上是文徵明的老师；1508年晋升寿州知州时，文徵明亦作画以赠。[43] 而如《题西川归棹图奉寄见素林公》(1512)、《寿大中丞见素林公叙》（约作于1512—1522年）等酬赠的诗画，无疑加深了文徵明与林家的关系。[44] 在"叙"里，文徵明除了对这位潜在提拔者表示推崇，并表达望之复问朝事以安天下的期待外，复言及其父文林、岳父吴愈与之的渊源，最后还提醒他："公之弟寿州守，曩教长洲，某以诸生获出门下。"

文徵明寻求林俊庇助的时刻，恰好也是朝廷新旧帝王陵替的时期。随着武宗于正德十六年四月廿日（1521年5月25日）的驾崩，与世宗【图26】嘉靖朝（1522—1566）的到来，苏州的秀异之士似乎终于可以摆脱无所作为的年代。然而，接下来他们所面对的，却是宦官权倾一朝，不断打压正直文士如林俊等人的局面。宦官刘瑾的擅权（最后以凌迟示众收场），更成为文徵明所处文化圈里共同的文化创伤；这都可从文徵明所作的行状里窥知。[45] 文徵明至少提过十二起传主与刘瑾为敌的情事，且视此为风光伟业。曾经帮助文徵明及钱同爱的提学副使陈琳，便是其中一例。[46] 文徵明父亲的友人吕㦂，甚至于还乡后犹不得安宁，仍遭刘瑾的爪牙调查，直到刘瑾垮台后才全身而退。[47]

林俊也有不屈从宦官的记录。1485年曾忤宦官梁方而入狱，几死。[48] 现新帝立，亟思作为，遂将旧臣召回朝廷效力，林俊正是其中一员。1521年以工部尚书起用（旋迁刑部），离家赴京，于1522年道经苏州。[49] 此时应天巡抚李充嗣（1462—1528）似亦因督河在吴。不论如何，根据石守谦

[图 26] 佚名
《明世宗（1522—1566 年在位）坐像》
轴 绢本 设色
台北故宫博物院

的研究，林俊即在 1522 年为文徵明写了一封推荐函。[50] 信里，林俊先言及文徵明如何急奔父丧，如何婉拒温州百姓集资的"几千许"奠仪（这是文徵明在世时，最早且唯一提到此事件的文献）。接着又述宁王数度召文徵明，文皆不赴，实"气节有如此者"。他复推崇文徵明的学养及"笔法"（即书法，这点最为重要）世所罕有，声名天下皆知，苏州人亦视之为星凤。他说"意当以潘南屏例荐之，昨会守谿翁（王鏊），谓尚过南屏"，后以"吾人道不当遗此贤者也"作结。[51] 文徵明答谢李充嗣知遇之恩的长信《谢李宫保》（被当作公开文献保存在《甫田集》里），起首满是历史典故，亟陈于科举"正途"外，"荐士"之途实不可废。而他十试有司，每

84　｜　雅债——文徵明的社交性艺术

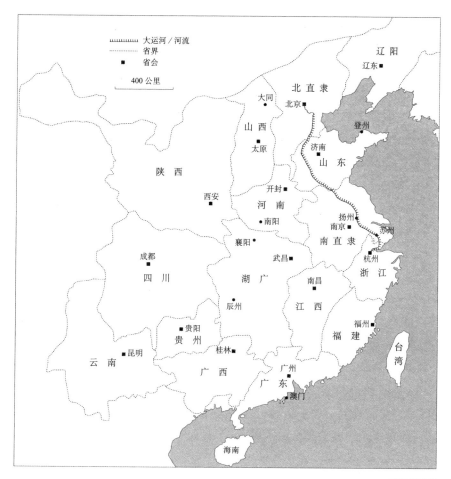

明代中国东部

试辄斥,朋友、亲戚甚至连自己,也开始怀疑其能力。他自谦陋劣,原不足取,却以典故暗誉林俊,感其引荐之恩。[52]这是关于明代引荐机制的材料,相对而言较少见展示着某种不断重复、在新王登基初始时特别常见的人际关系;当某人晋任(或重任)高官时,多半希望带一些信得过、有能力的人马赴京。新官上任,林俊需要像文徵明般的人才追随,也需要其他在当时可能更有名望的文学之士相佐,是以他力救卷入宁王之乱的李梦阳(而文徵明却远远地避着宁王)。[53]

　　文徵明写给文彭与文嘉的九通信札【图27】,作于进京途中及初抵北京之时,借此我们可以更了解这引荐机制的运作情况。艾瑞慈(Richard Edwards)已将它们翻译成英文。最早的一封写于嘉靖二年三月五日(1523年3月31日),最后一封则成于同年六月十九日(1523年7月31

4 官场 | 85

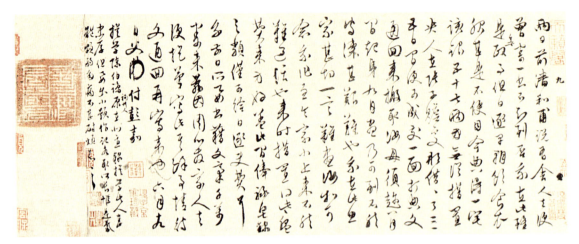

[图27] 文徵明《付彭嘉二儿家书》(局部) 1523 年 卷 纸本 墨笔 23.5×496 厘米 私人收藏

日)。[54] 内容有关旅程的细节，不外乎是一般旅游信札的通例，详述何时于何处歇脚、见了何人云云，还有许多信言及如何安排晤面机会与调度渡河时机。类似这样的旅程想必极需要朋友的帮忙，信里文徵明不厌其烦地缕述他和蔡羽一同北上时在交通与住宿上所获得的协助。如第一通信里，我们见到文徵明住在朱应登（1477—1526）家，并由他帮忙安排船只，其任县令的父亲亦邀文徵明宿泊家中。文徵明曾于 1509 年朱应登离乡任官时作画为之送别【图28】，由此可知他们彼此间长期的互助之义，即使我们现已无法考究细节。[55] 第二信中，则见某位管洪李主事帮忙照应行程；而于第三信里，文徵明叙述他如何想办法动员更高层的人脉，因为他的船被挡在某一宦官的船后。当他向管理闸口的官员提出请求，某个更高层的官员看了他的名字（"因见我名"），便差一个手下告诉他怎么绕道。这说明了文徵明这些年来所建立的文名、画名，早已不囿于土生土长的苏州城，而传播到苏州以外，虽然我们仍不清楚他的名声究竟如何传扬。然毋庸置疑的是，文徵明的社会地位让他有资格与相当程度的高官攀上关系，或许是在大运河（当时帝国的命脉）南来北往时见过这些人。他在途中"适见"方豪（1508 年进士），因之正好南下赴任湖广副使，这个官职可比文徵明高上不知凡几。然方豪起家昆山知县，距苏州不远，文徵明的岳父又是当地闻人，因此对两人而言，要定交并不难；他们可能已经认识十几年了，且这社交资源并未过期，反而历久弥新。

这些信札的两大主题不外乎行路几许与会见何人。三月廿八日晚上，文徵明和五个官员在一起，然我们只知道官位最高者柴奇（1470—

[图28] 文徵明
《剑浦春云图》
1509年 卷 纸本 设色
30×88厘米
天津市艺术博物馆

1542),昆山人,后升任应天知府。地缘关系再度说明了欲建立或重建社会关系的可能性。而因与柴奇和其他官员同行,文徵明接下来的旅程遂更为轻松顺畅,于四月十九日抵达北京,在其甥王同祖家落脚。

我们必须记得,李充嗣并非荐举文徵明为官,而是荐入太学,使他有机会在没通过举人一关的情况下,有资格参加进士考试。然在文徵明1522年受荐举至北京时,太学的声望渐衰,半因1450年后,愈来愈多"学生"头衔是捐资所得之故。不过入太学仍不失为当官的要途;因为自1500年至1510年起,学生们便按部就班地被分派到行政体系中担任

4 官场

杂职，之后亦有机会担任正式要职，故算是次要（较不被看重）的"正途"。是以学校看来"更像是个证照中心，而非教育机构"[56]。文徵明即循此例；他并非以"贡生"的资格荐入北京太学，而是作为省级官员及地方学政皆认可拔举的年高有才之士，且仍须通过太学入学考试。这些信里也明载了文徵明于四月应考前的焦虑。

然在应考前，文徵明便获授杂职，大概是那一万个"保持政府各层级运作正常之专才掾吏"的其中一个吧。[57]然不寻常之处、亦可归因于林俊提拔之功的，在于文徵明被分配到翰林院（然是相对而言较低的层级），成了翰林待诏。[58]翰林院是明代政府组织里的精英团体，掌管起草诏令、编修国史等职，通常被认为是晋升高官的跳板；最杰出的试子通常在此起家。文徵明的头衔是"待诏"，从名称上看来，虽不入九品之流，然似有可图。不过，"待诏"究竟是何义？其引申意涵又为何？看看文徵明如何用这个头衔称呼自己，或用同样的头衔称呼什么人，也许可以帮助我们了解这些问题。在一则仅见于19世纪著录、纪年1522年的画跋里，他以"待诏"称呼南宋画家夏圭，夏圭亦确享有此官衔。[59]然文徵明有可能将自己的官职类比作夏圭吗？可能更切题且更可信的材料，是1518年自题于《深翠轩图》【图29】上的题跋，此画乃为补《深翠轩诗文书卷》而作，原诗卷卷首的篆书由滕用衡（1337—1409）所题。文徵明提到滕用衡时，称之为"待诏"[60]。滕用衡也是苏州（吴县）人，因其书法用笔遒劲，于七十岁时被召入宫廷。[61]他很可能是文徵明用来自我比况的人物；我们很难相信文徵明心中从未生起这样的类比，尤其是在他写了题跋之后五年，也被授予了类似的官职。他显然在往后的日子里也用这头衔称呼自己。[62]然这官衔在实际地位上也有其模糊性。保罗·卡茨（Paul Katz）在写14世纪的山西永乐宫壁画时，便注意到"待诏"一词，在当地或其他类似的场所里，多指寺庙壁画的画匠，因此主张此词"普遍被用来称呼工匠或者是做买卖的，如剃头、医生、占人、画壁等"[63]。故15世纪时职业宫廷艺师的标准称号，便是将"待诏"一词冠在某个宫殿名之前；不少人就以这样的称号出现在中国艺术史的文献里。[64]

然而，此衔的模糊性是否适用于文徵明？我们将在第8章见到，从日后的某些逸事看来，并非每个人都认为将他放在翰林院是恰当的，且"待诏"所隐含的职业性亦可能关系着朝廷如何看待文徵明。召入朝廷为官，书法和绘画都是考量之一。（记得林俊的推荐信里曾推崇文徵明

[图29] 文徵明《深翠轩图》1518年 卷 纸本 设色 23.8×78.2厘米 故宫博物院

的"笔法"吗？）作推荐信的林俊显然已准备好要重用其书艺，早令文徵明抄写他自己的文章，见1523年国子生华时祯的墓志铭。[65]事实上，直到15世纪中叶，书法仍是荐举时的重要评量，如文徵明为已退休县令汝养和所作的《宦成征献录序》提到的汝讷（1433—1493，汝养和父亲）。[66]时间更近的先例，可见于文徵明"官方"文集《甫田集》里最早的跋文，就题在夏昺的画上。夏昺是夏昶之兄，两人皆是文徵明之妻的舅父，同因善书而入朝为官。书法当然不算是特殊技能，却是内在涵养的外在体现，故以书法为准绳拔擢或任用人才早已行之有年。既知文徵明家族中有人因此步上仕途，文徵明及其侪辈自难免认为"待诏"一职，正像夏氏兄弟一样，与其书法成就有绝对的关系。

文徵明初入北京时的信件主题，多围绕在应对酬酢；也只有在这时期的信里，文徵明才如此明白表露当时社会情况下必得要承担的人情压力。文徵明获得聘任前，已于第四信中提到因接待两位经由主要庇主林俊介绍而来的访客，而"不得已一往报谒"之事。同信里亦言及受乔宇（1457—1524）之邀至其家中晚餐而请林俊代为拒绝一事。乔宇时任吏部尚书，与林俊立场相同，且是同党中官位最大者（请林俊代为婉拒，实显示他对林俊的效忠之情）。文徵明在信中云："在此只是人事太多，不能供给"，艾瑞慈将之译为"这里社交活动太多，让人几乎无法应付"。然我们也可以解释成："收到的礼物太多，让人几乎无法一一回赠。"这段话的关键词是"人事"，除了解释为人际往来之外，还可作礼物解。[67]在京城，借由赠礼回礼来建立社会关系的必要性，实无须在信中对其子赘述,因为大家心知肚明;这也可说明这些平实的家书里为何总是笼罩着资金短缺的埋怨。

第五信(署于四月廿九日)中,文徵明谈到接待数位"特垂顾访"的高官,其中有乔宇、何孟春(1474—1536)和兵部尚书金献民。[68] 文徵明表明自己忠于林俊("司寇公推毂之意甚厚")与巡抚李充嗣的知遇之恩,并自觉受此恩遇甚为惭愧;甚至言及自己因拒绝回访而冒犯某位大学士。实则文徵明已打入高官圈子,即使他口中总说自己不愿意涉入太深,却无法停止建立或强化这样的网络。这些人际关系同时也将他置于整个首都官僚体系里党派间、地域间甚至意识形态间的合纵连横,可惜今日我们对此所知不多。[69] 对文徵明而言,这一切都来得太快了;高官们可不是数周一访,而是数日一探。文徵明写这封信时,距离他刚到北京、赴礼部领职翰林院时才十六天,而两天之后,他又得应考。诚如文徵明在第六信中所言,这样的殊遇实离不开"诸当道推毂之勤"与"祖宗积德",两者密不可分。

不过,这些高官们究竟要向这位名满天下却屡试不第的中年人征询什么意见呢?为什么大家想与他结交?其中一种解释是,文徵明的书法作品知名的程度已不限于家乡苏州,大家总期待能从他手中得到文章或绘画等回礼(如拜访或受邀后的回礼)。然他们也有可能试图将文徵明系缚到双边私人关系外、更大的党派关系中。这与当时新帝登基后的政治角力有关,此事很快便沸腾至大规模危机,造成皇室家族与不同官僚朋党间的紧张。在这样的风暴里,文徵明不可免地必须要选边站。

新帝并非前任帝王之子。原正德皇帝(朱厚照,谥武宗,1506—1521年在位)没有留下任何子嗣,也没有预先立储。继任的朱厚熜(谥世宗),改元嘉靖,在位四十四年(直至1566年),是成化皇帝(1465—1487年在位)的孙子。[70] 武宗驾崩后,当时主掌朝政的大学士杨廷和认定其依序应当即位,即使其嗣位的正统性犹有颇多争议(因其父非正后所出);于是年仅十三岁的他被举为世子登极。朝臣对于年轻的帝王寄予厚望,他的某些作为确实展现了新王的新气象,例如诛前朝悍将、减免租赋并召回老臣林俊、乔宇等。文徵明有首成于此时的诗,便以历史典故赞扬处决江彬(1521年殁)的决定。在万气一新的氛围里,还有人认为文徵明的新职乃上位者励精图治的举措。[71]

然而,文徵明即将开展的宦途,却差点因为失去最重要的庇主而受挫。就在他最需仰赖高位者提拔之际,林俊却骤而失势;文徵明在家书里隐约提到这问题,石守谦对此阶段亦有详细的描述。[72] 事因司法归属的问题而起;两名位高权重的内臣触法,林俊与新帝对究竟得下刑部论处(林俊当时是刑部尚书)或径付太监掌管的司礼监察训而意见相左。世宗最后支持中官,不仅加深了宦官与正统官僚间的敌意,亦导致林俊的乞老致仕。他的任期非常短暂,只有一年又两个月。林俊写给乔宇及何孟春的送别诗里,满是对新朝政的幻灭之情;在新帝即位之初,朝臣们可能都感受到了这等失落。

如果皇帝选择听信宦官之言、而非忠耿如林俊之人,如果君臣间的猜忌已经开始危及整体的政治气氛,其直接原因必与"大礼议"脱不了关系;这个事件在林俊因司法权威归属问题而去职前,便已引发。作为明代唯一非前任帝王所出的继位者,世宗这迥异寻常的情况,无论在天道、礼法或政治的层面上,都对当时认知里皇统(即统治天下)延续之合法性造成极大的争议。简言之,世宗究竟应该视前任的武宗为父,对之施与子对父的祭祀之礼,而放弃对自己生父致祭的人子孝道?或者他该祭飨其生父(排行较后,故也无从继任大统),而不顾王朝继统的延续性呢?这些都是关键时刻里的重要课题;对这些课题的不同看法,分化了朝臣,疏远了君臣,有人因此下狱,甚至为此丧命。其冲击直接影响许多人的仕途,文徵明便是其中之一。无人可以避免在面对"大礼议"时保持中立;就像某些国家会因同盟关系而心不甘、情不愿地卷入战争,当时许多人都发现自己得和好友或庇主做同样的选择,无论自己是否愿意。[73] 文徵明很可能意识到这样的风险,所以和动见观瞻的高官显宦往来时,刻意保持距离。林俊、乔宇及何孟春都曾试图将文徵明与自身的利害关系绑在一起,之后也渐渐被归类为以大学士杨廷和为首的集团;他们反对世宗将皇家祀典转移给自己的生父,也意味着阻止世宗尽人子之孝道。文徵明既然接受这些人的庇助,自然也成了朝中主势集团的一员;即使在林俊因屡谏不果而致仕后,这个集团依然活跃。倒是没有任何资料显示,文徵明和当时激进派(pro-imperial faction)分子如相对而言较年轻、职位较不重要的张璁(后改名张孚敬,1475—1539)、桂萼(1531年殁)等人有任何关联。

此争议最后转移到"继嗣"(即收养)及其合法性上。[74] 当时法律只允许同姓过继以延续香火(如现下所见的皇室例子)。然据安·沃特纳(Ann Waltner)透彻的研究可知,理论上异姓收养虽不合法,实际上却不乏此例,甚至相当普遍,欲回复本姓之事亦时有所闻。文徵明上京前便有机会参与类似事件,一篇迄今未受任何重视的文章让我们有机会评估他对继嗣问题的态度,一窥这场明代文化大战里知识分子两极化的意见。这篇《沈氏复姓记》(1518)乃为同邑长洲人沈天民所作,其人今已不可考,只知两幅文徵明作于16世纪30年代的画,上款亦署与此人。[75] 沈天民的父亲入赘朱家,因朱家无后,故改姓朱。天民今欲复还在吴中"相传数百年"的沈姓,且已获得有司允许。文徵明在文中为嗣姓问题做了一番考证,以为继嗣并不究竟,因为血亲的连结断难以日后建构的族氏取代,即使其过程完全合法。由此看来,文徵明心里或许会同情皇室阵营的说辞,即使自己因人情的绑缚而站在反对的一方。

　　文徵明对"大礼议"的关心都记录在他写给岳父吴愈的信里。吴愈时在昆山家中,因此这些信也告诉我们,地方知识分子如何热衷并知晓朝中如火如荼的政治斗争。文徵明在信里提到消息人士告诉他"徽号已定",指的是1521年10月(公历)礼部尚书毛澄所提出的折中方案,即称世宗生父为"帝"(兴献帝)而非"皇帝"。[76] 然双方冲突加剧,终于在1524年8月14日(公历)爆发了"左顺门事件",超过百位官员跪伏于左顺门外力谏世宗,多人被捕或遭廷杖议处,有十多人因此被杖死。文徵明作于1524年10月4日(公历)的信里,虽未明言几星期前的重大冲突,却列举多位高层官僚的异动,包括何孟春的降职;接着才提及苏州进士今年在考场上的斩获;最后又说"徵明比因跌伤右臂,一病三月,欲乘此告归,又涉嫌不敢上疏,昨已出朝矣"。[77] 他虽未在信中坦言自己对左顺门事件的态度,却在接下来只剩片段的信里,大胆条列杖死的十六位官员(除了翰林学士丰熙之外,大多是官阶较低的代罪羔羊)。[78] 文徵明很幸运地并未列名其中。然所有证据都显示,文徵明与反对皇上意见的要角们站在同一阵线,认为世宗应对正德皇帝执人子之礼,而非其生父。他因林俊的关系而获聘任,也和乔宇及何孟春有所往还;何孟春遭黜,他有诗为赠。除此之外,他也为何孟春参与编纂的《备遗录》作叙,该书录靖难之役死事之诸臣,实堪比拟当时的"大礼议"。[79] 他也认识杨廷和之子杨慎(1488—1559),乃当日左顺门跪谏的主事者之一;文嘉为杨慎所撰的墓志中即言,杨慎在翰林院里相当尊重文徵明,现今至少有一首杨慎写赠文徵明的诗存世。[80] 文徵明与保守派相亲的证据还不止于此;他的朋友钱贵对此祭祀之事"乘间有所论列";[81] 在1542年为显宦周伦（1463—1542）所作传记里，文徵明则引林俊之言称其品德，并举其不依附激进派领袖张璁、桂萼之事为其操守明证。[82] 1541年为薛蕙（1489—1541）作墓碑铭时，文徵明更已清楚表露立场；他甚至在文中征引薛蕙1524年为反对"大礼议"所写的两篇文章《为人后解》与《为人后辨》。[83]

这些人事关系其实都不妨碍文徵明在左顺门事件里缺席；即如石守谦所言，文嘉在《先君行略》已提出"跌伤左臂"一事，可能是为了掩饰其欠缺道德勇气的方便遁辞，或使之显得行止合宜。文徵明若真以此为借口，也是在当时便做出的决定；记得他写给岳父的信中，即已言及病臂。我们现下对此事的解释虽显得老套而现成，却很真实；文徵明日后被当成道德典范来推崇的形象也因此受到挑战，因为他没能和其他人一样站出来，捍卫对他们而言再清楚不过的道德选择。难道文徵明是主和的中间派，就像同在翰林院的著名思想家湛若水（1466—1560）一般？我们或可从一篇约作于1524年6月14日（公历，在左顺门事件前）的《送太常周君奉使兴国告祭诗叙》中窥见其真正的立场。此文为同乡周德瑞所作，因他奉使至河北安陆，往世宗生父的园寝前致祭。文徵明议论了这些年在祭祀问题上的激烈争端，并提出"礼"与"孝"俱不可偏废之论。这或可代表畏怯的多数人（那些"咸赋诗赠行"的"在朝诸君"是否皆为其中一分子？），均欲自两造剧烈的冲突里全身而退。[84] 还另有一笔资料可以佐证这样的解释。文徵明离京还乡后，为杨秉义（华亭人，1483—1529）作《杨麟山奏槁序》；序里感叹道："呜呼！嘉靖丙丁之际（1526/1527），国是未定。"值此纷乱，"忠谠之声，闻于近远"。而杨秉义却能绝口不言国事，实在难能可贵。接着略论"为谏之道"，隐约批评那些为博取私人令名而执言振振之徒。[85] 这些看法，在当时绝非少数。

文徵明在当时气氛诡谲的翰林院纂编《武宗实录》，并于1525年6月2日（公历）告成。石守谦已注意到文徵明在这历史工程里无足轻重的角色，于九十七个编修人员里名列第六十二，其受赏亦不若其他人丰厚（不过银五两，纻丝一表里），几个星期后出炉的晋升名单上也不见文徵明的踪影；他的官位既不升也不转，意味着其仕途毫无前程可言。[86] 若我们不以艺术家这个放大镜来看他，反过来就其宦途的发展来衡量，我们会发现，文徵明实为明代人定义里没有"朋友"的人。1525年，文徵明将接受三年一度的考绩，然因其原属党派早已分崩离析，自己不能亦不愿依附志得意满的张璁党人，他实无法从这考核里得到什么好处。最明智的做法只有辞官，保住在官场打滚时建立的关系，还有那京味浓厚的"翰林院待诏"头衔。然不管文徵明怎么考量，他绝无法自外于纷扰的政治过程。对两边人来说，"大礼议"兹事体大，对所有参与其事的要角而言，都是极重要且根本的立场论辩。我们今日认为文徵明因朝中朋党的排挤而黯然还乡，实忽略了当时政治现实中，实不可能不从属于某个党派（或是，换个和缓点的说法，一群朋友）。文徵明曾与失势一派的中坚分子过从甚密，必定影响其往后的仕途发展。然在文徵明出仕的1523—1526年，有些迹象显示文徵明仍与其他朝臣相互往还，也有些实体的物件将这些朝官以人情联系在一起，使之成为一特定阶层；整个官场的结构便如是地体现在这些物质性的留存上。文徵明的集子，无论是"官方"或非官方版，都充斥着写赠同僚离京或赴外省任新职的诗作，在在展示了他在官场里的人际网络。[87] 现存一件题跋，便是写在聂豹（1487—1563）所收藏的书法作品上；在当时可能还有许多类似的作品。[88]

众所周知，文徵明在京期间相对而言少有画作产生，研究者对此也有诸多解释。一般认为是因为他这几年乏味寡欢所致，但将个人焦虑与艺术上之资产等同而论的浪漫想法，实在有待验证。或许，因为担心多作画会让人将自己视为职业画家而有失身份，才是文徵明的真正考量；文徵明也许真的相信绘画不过是遣兴小技，何以称其官衔（或其志气）。在周道振的《文徵明书画简表》中，1523—1526年只有十一件作品，[89] 且鲜少存世，除了1524年的《燕山春色》【图30】（燕山是北京一景，石守谦认为此幅乃文徵明思乡之作）[90] 和1526年为如鹤先生而作的《乔林煮茗》【图31】。后者的题跋云：

久别耿耿，前承雅意，未有以报，小诗拙画，聊见鄙情。徵明奉寄如鹤先生，丙戌（1526）五月。[91]

我们对如鹤先生一无所知，他可能是苏州的旧识（多久算久别呢？），也可能是北京的应酬之交。文徵明当时肯定和苏州旧交保持联络（虽无定期的书信往返），而自苏州至北京游历之人也会想办法找上门来；1525年在北京为同乡潘和甫所作的《劝农图》【图32】即可为证。跋中记1510年吴中大水，（和甫之父）潘半岩遣其童奴极力抢收，当年临湖农地尽皆淹没，只潘家丰收，文徵明遂为之作《大雨劝农图》，然久而失之。现潘和甫到京师,过访其家,文徵明即补此图与之。[92]这样的画题并非文徵明现存作品的典型,却很适合朝廷命官的身份;我们或可据此想象,当初可能有不少带有训诫意涵的作品产生。

根据文徵明的诗作及书法作品,我们可以重建送礼、收礼与回礼的各种方式,因为这些作品本身即依此礼尚往来之仪而生。至高的送礼者是皇帝。帝王赏赐在礼法上至为重要,而人伦社会的和谐秩序必基于礼法。与文徵明一同任职翰林院、并为之撰写墓志的黄佐(1490—1566),在16世纪60年代所作的《翰林记》里,专辟一章叙述帝王对翰林院成员的各种赏赐。如车驾幸馆、车驾幸私第、赐谶、赐饮馔、赐冠带衣服器用、赐钞币羊酒、赐药饵、赐居第、赐宸翰、赐御制诗文、赐门帖、赐图书、赐书籍翰墨、赐游观、赐观灯、赐观击球射柳、赐观阅骑射、赐较猎獐兔,赐姓名、赐赏功金牌等。[93]赏赐不当是武宗之所以为"坏皇帝"的罪过之一,此过甚至被收入文徵明参与编修的《武宗实录》。16世纪晚期写就的《武宗外纪》(根据《武宗实录》而书),便提到在武宗喧闹的南巡期间,"时巡游所至,捕得鱼鸟,悉分赐左右,凡受一鳞一毛者,各献金帛为谢"[94]。滥用受赐谢恩之惯例,强迫臣下以重礼回敬,此绝非帝王所宜。嘉靖皇帝在这方面显得较为得体。为留与后代子孙为典范,文徵明文集里录有不少记皇上赏赐的诗作,如《实录成赐燕礼部》《腊日赐谶》《端午赐扇》《赐长命彩缕》《实录成蒙恩赐袭衣银币》《再赐银币》等。[95]另亦有诗记录文徵明和陈沂、马汝骥(1493—1543)及文徵明亲戚王同祖(现已为朝官)获许入大内西苑一游之事【图33】。[96]据石守谦的研究,这批诗作和其他记游北京近郊名胜、记其亲见朝中大宴的诗作,皆成了文徵明回苏州后的文化资本。北京时期所作的诗虽只占他一千七百件韵文作品的极少数,却是文徵明作书时,最常取出重录的,且通常以大尺幅出现。这样的书法作品占其存世作品的一大部分,现全世界公私博物馆里至少收藏有六十五件【图34、35】。[97]这都是文徵明曾经侍奉朝廷的视觉明证,正如他返回苏州后在无数种场合里使用"翰林院待诏"的头衔一样。或许,真正重要的是"曾经"当官这一回事,是否当个真正的官,反倒在其次了。

1526年文徵明致仕回到苏州,却未断绝与朝官或太学生们往还,只不过往来的方式不同,转换成当时文化脉络里所认可的隐士模式。隐士并非息交绝游之人,即如文徵明,返乡后仍和地方官员保持良好关系、仍受社会上人际往来的礼数制约、仍保有知识分子对政事的关注。16世纪30—40年代所作的题记便提供许多详细资料，说明文徵明对当时朝中人事及当前政局的高度兴趣，如挂念西南各省纷乱的军政，和江南沿海地区的倭寇侵扰等（实际上，所谓的倭寇，不见得全是日本人，也有中国海盗混杂其中）。

辞官后，文徵明仍与北京的同僚保持联系，吴一鹏便是其一。他也是长洲人氏，最后官升至从一品。文徵明为他作墓志铭里提到他预修《武宗实录》，并任副总裁，想来曾是文徵明的顶头上司。然因得罪张璁、桂萼党人，1526年被贬至南京，同年文徵明亦乞归。因文徵明还乡后仍与之过从，知之"为深"，故受其子请托为之作铭。[98]另外，为涂相《东潭集》所作之"叙"，亦言："嘉靖初，余官京师，识侍御南昌涂君。"至1533年，因涂相分司南京，故常"往来吴门"，以诗篇相问遗，文徵明才开始读其诗。而此诗集之付梓，则由两位经由涂相推荐的士子促成。[99]即使日后交情不深，对待旧同僚亦有相应的礼数，至少不能不回信。约于16世纪50年代，文徵明回给昔日同僚、著名思想家湛若水的书简里，便夸张地说："徵明远违颜色，三十年余矣。林居末杀，病懒因循，未尝一荐竿牍。"[100]另有一简已见于第1章的讨论，是回给张衮，为答谢他为文徵明丧妻所出的奠仪，里头也提到两人实已多年未见。此外，成于1543年的《楼居图》【图36】，亦是为京中同僚、"江东三才子"之一的刘麟（1474—1561）而作（另两位才子顾璘与徐祯卿亦为文徵明旧识）。他们两人几十年的交情，至少有1508年送刘麟赴西安任职的诗叙可以为证。[101]刘麟亦有诗为文徵明祝寿。[102]

文徵明往来的对象还有当时的地方行政官员。即使文徵明（或其子）不认为为这些人所作的文章该收入官方版的文集，我们仍可发现1527年之后，文徵明在不少场合里为这些地方官员作贺词。这些官员的社会地位俱在文徵明之上，且有能力影响他两个儿子和其他亲友的前途。这也解释了为什么会出现《抚桐叶君五十寿颂》（1533）这样的文章；寿者乃长洲县的叶文贞，其子为县文学叶鹤年，为此亲诣文徵明，"乞一言以相其颂祷之词"[103]。1543年，文徵明为去世多年的赵宗鲁（1529年殁）作墓表；此人一生无大过、无建树，却教子有方。其子后登进士，显于当时，惜为人父者未及得见。文徵明遂云其子之成就，实乃昔人所谓"子道之行，父志之成"的明证。文末依例记述亡者的家庭状况，故我们不仅可知他娶李氏，生子二人，还知其次子赵忻为1541年进士，正

[图30] 文徵明
《燕山春色》
1524 年
轴 纸本 设色
147.2×57.1 厘米
台北故宫博物院

[图31] 文徵明
《乔林煮茗》
1526年
轴 纸本 浅设色
84.1×26.4 厘米
台北故宫博物院

[图32] 文徵明《劝农图》1525 年 卷 纸本 水墨 28.9×140.6 厘米 故宫博物院

是当时的长洲知县。[104] 这么看来，整个故事就很清楚。原来是长洲县令赵忻走马上任后，找来治下最有名气的文士为其故去多年的父亲作墓表。父母官的请托，文徵明大概也无法推辞。然互惠是双向的。既选文徵明作墓表，也等于公开告诉大家知县与文徵明缔交了。知县可是有能力帮人打通关节的官位。说知县欠文徵明人情似乎稍嫌粗率，然他们彼此间或多或少的确存有这层关系。就算是已经致仕的官员，也懂得善用之前的官衔请托；如文徵明曾受前任知府陈一德之请，抄写其父所撰的《过庭复语十节》【图37】。诸如此例，其报酬想来无法只以金钱衡量。

至于对地方知县的义务，则可见于志记公共工程的文章，如1536年的《长洲县重修儒学记》。文述嘉靖十五年八月，重修告竣；四日（1536年8月20日）知县贺府率众致祭至圣先师孔子。翌日，"诸博士弟子"俱至文徵明前，请之作记（祈请的理由冗长，大致与长洲县学的建置有关）。文徵明在记中申论："进虽多途，惟学校之出为正"，极称正学之效；末段则以知县贺府的小传作结，点出知县实是玉成此事之枢纽。央文徵明为记，显然是肯定其作为吴中文人领袖的地位，文徵明对此亦难婉拒。[105] 三年后的1539年，吴郡重刊《旧唐书》二百卷，文徵明又为之作叙。因《旧唐书》无梓印本传世，时任南直隶学政的闻人诠（1525年进士，大哲人王守仁的连襟）遂令郡学刊行；然其工未竟，即因丁父忧而去职。不过书成后，闻人诠仍去信嘱文徵明为叙。叙里旁征博洽地记述成书始末，及后世访寻全编的困难；末段亦不能免地言及付梓工程之巨，历三寒暑方成。[106]

任职翰林院后，文徵明的社会地位显然因此提升，故1527年后，我们也可见到文徵明为苏州以外的地方首长撰文。1542年，他作《太仓州重浚七浦塘碑》。[107] 1549年，他又受绍兴知府沈启（1501—1568）之请

4 官场 99

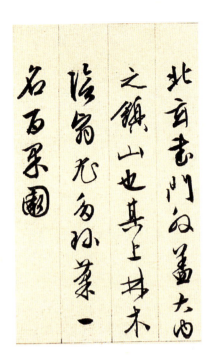

[图33] 文徵明
《西苑诗》(局部)
1526 年以后
册页 纸本 墨笔
24×14 厘米
南京市博物馆

作《重修兰亭记》，志重修书法家王羲之的修禊处一事。这也是目前来自最远方的请托。就像文徵明早些年作的《兰亭图》般【图38】，这个题材正好让他一展其对王羲之书艺及掌故的熟悉，在朝代更迭里，沉吟兰亭历久不衰的声名。很难相信文徵明将写叙当成苦差事，然我们也很难相信文徵明这么做只是为了维系自己的名望。[108]这两篇"叙"都收录于文徵明的"官方"文集中，另一篇作于1552年的《送武进万侯育吾先生考绩之京序》则不然。事因武进万知县任职三年之后，将赴京受考绩；其民不舍，请文徵明为文著其茂迹。文徵明义不容辞，谓："余虽未及识君，而苏常比壤，声迹相闻，循踪良躅，奕奕在耳，不可谓不知君者。"[109]

还有许多无年款、也无法判定受文者究何人的文章，然从文徵明称呼他们的用语看来，这些人都是府尹或知县（然不知是苏州本地抑或是更远地方的官员）。如《致贯泉》一简，言观赵孟𫖯书法（《松雪书》）之感，云："虽非真迹，而行笔秀润，亦当时人所赝，或是俞紫芝之笔也。"自称号观之，贯泉应为知府，故此简乃文徵明受地方官之请而鉴定书法之证。《致研庄》一札，亦为某府官员所作，怅其会面之难，并奉上之前受委而为的书作，自谦为"拙笔"。《致右卿》一简，则感谢他前来致奠亡妻，并邀之同至虎丘一集。而《致练川》则是草草答谢其馈赠之

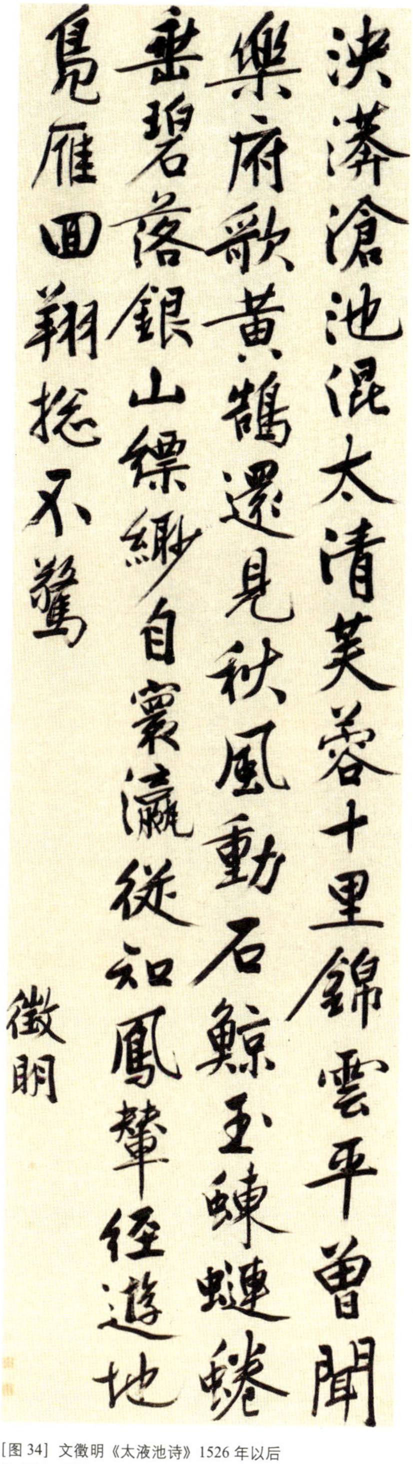

[图34] 文徵明《太液池诗》1526 年以后
轴 纸本 墨笔 344×96.4 厘米
普林斯顿大学美术馆 (Princeton University Art Museum)

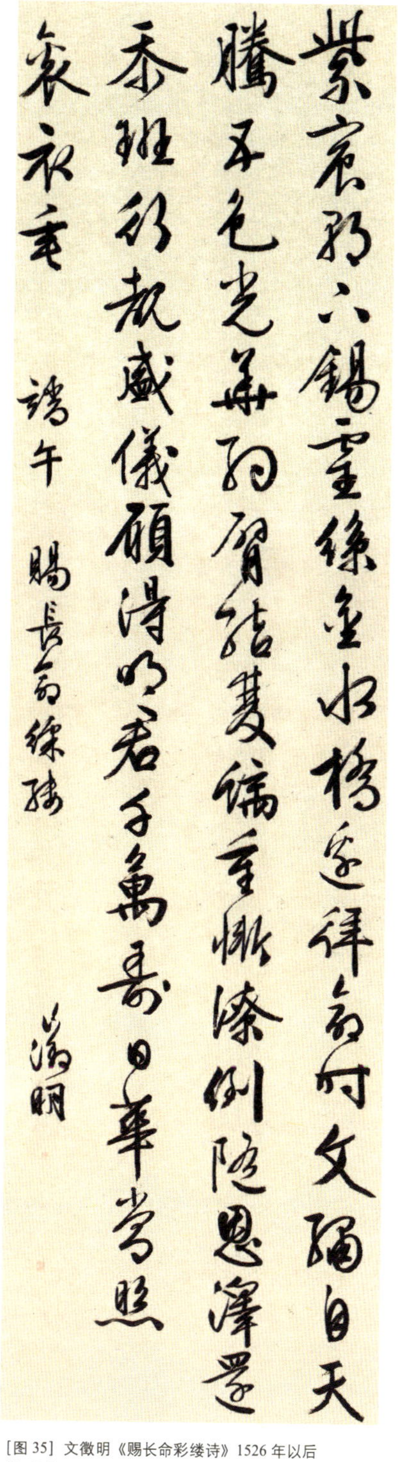

[图35] 文徵明《赐长命彩缕诗》1526 年以后
轴 纸本 墨笔 345×93.5 厘米
克利夫兰美术馆 (Cleveland Museum of Art)

[图36] 文徵明
《楼居图》
1543年
轴 纸本 设色
95.2×45.7 厘米
纽约 大都会美
术馆
(Metropolitan
Museum of Art,
New York.)

102 | 雅债——文徵明的社交性艺术

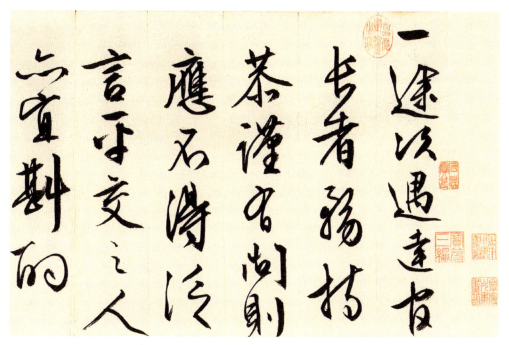

[图37] 文徵明《过庭复语十节》（局部）1541 年 卷 纸本 墨笔 台北故宫博物院

礼的便条。这两人也都是府里官员。[110]《致天谿》的两封信，其一先对其致赠之寿礼申谢，接着说自己将即刻着手所委之《天谿图》，后以"小扇拙笔，就往将意"作为回礼。第二简则仍是谢其赠礼，并嗟叹自己衰疾日甚。从文徵明给天谿的称号看来，他很可能是锦衣卫之一员。[111] 文徵明的复函实有细致的等第分别。《致王明府》就是封极为简短、公式化的谢简。然这个例子不禁让人怀疑，文徵明的书法既名重当时，这些带有文徵明署款的谢简，本身是否即可当成回赠之礼？[112]

从某些与知府或地方高官往来的资料，我们可窥见文徵明作为地方闻人的处境及其用以建立并维持名望的方法；无论何者，皆展现相当的复杂性。第一个例子见于文徵明作与苏州知府王仪（1536—1539 年在任）之信，开头便云：

> 夫声闻过情，君子所耻。有损无益，贤者不为。今大巡郭公，欲为某建立坊表，出于常格，区区浅薄，岂所宜蒙？深有不自安者。[113]

4 官场

[图38] 文徵明《兰亭修禊图》（局部）1542年 卷 洒金笺 设色 24.4×60厘米 故宫博物院

寻自谓陋劣，"潦倒儒生，尘伏里门，又以衰病蹇劣，不能厕迹士大夫之间"。若是被拔擢出群，则府里的士夫将深以为耻，因其"在今诸士夫之中，名位最微，人品最下，行能才智最为凡劣"，岂可贸然居之？他虽不敢以君子自恃，却也不愿靦然无耻，甘为小人。继而引宋代吴地郡守胡文恭欲为蒋堂立坊表，而为蒋堂婉拒之典，将王仪比作几百年前的好郡守，而自己才德皆比不上蒋堂，只欲人们知他是个"知分守己之士"，并乞求收回成命，罢此提议。接着又言今岁歉丰短赋，才是太守当务之急。而自其祖父父叔以来，俱任薄宦，里中父老咸引以为荣。今若为之建表，里人将投入匠役，则岂可为文氏一家之名，而劳顿诸邻之人。最后，文徵明提到，他早已反复思量该如何请罢此事，后因担心营缮工程即将进行，而赶紧提出。因其有病在身，无法亲诣阶前，故由其子代之伏状以请。

我们没必要在这里质疑文徵明的诚意；然此时影响文徵明取舍的，已非葛兰佩所谓出于其"自由思想及个人对艺术执着"[114]，而是以自己家族的名望为终极考量；究竟要听其湮没不闻，还是要赫赫招摇。这封《与郡守肃斋王公书》毕竟是半公开的书信，收录于文徵明死后家人为其编纂的集子；其中自贬自抑之词，或可视为用以高尚其品德、增加其文化资本的手法。毕竟，隐士的力量在于对任何形式的力量皆一无所求。也许于生前树立坊表是很粗糙的纪念方式；因为在此事之后，文家人至少享有五座这样的坊表，于有明一代，主导着苏州城西北角的地景。[115]另一种更细致的方式，可让精英同侪与乡里大众在城市景观里意识到家族的名望,此即立祠,乃国家授权用以祭祀著名历史人物之处。在文徵明早年的文章,有篇作于1499年的诗叙,便是为一位15世纪高官之孙而作,此人正是为了设立祖先祠堂而来到苏州。[116] 几十年后,文徵明自己也参与了文天祥祠堂之立;于明中叶时,在文章中不断拉近自己与这位宋代忠臣、名宦暨烈士文天祥的氏族渊源。柯丽德(Katherine Carlitz)研究1470—1550年(几乎涵盖了文徵明一生)弥漫于整个帝国的建祠风气,发现文天祥是当时江南地区方志里,受祀范围最广、最受推崇的义士。[117] 文徵明之叔、右佥都御史文森便于1511年负责在居处旁修建其祠。1541年,规模更甚的新祠堂告成,祠堂中央的石碑抄录文天祥的千古名诗《正气歌》,出自文徵明之手。[118] 这样的祠堂是国家仪典的一部分,须由知府主持祀典(1541年时的府尹是马扬,于翌年去职),故当时应是府里请文徵明来书写;如此一来,举国共享的价值便紧紧地将青史名人、当世望族与当今知府绑缚在一起。

马扬之后的苏州知府王廷(1532年进士),1542—1543年在任,宦途多舛,几经黜陟,最终被贬为庶人。根据16世纪中叶何良俊的记载,王廷与文徵明为知交,一月中至少要拜访文徵明三四次;至巷口时,辄斥退随从,下轿易服,方入书室;他们的话题总离不开文学与艺术,"常饭"即可伴他们畅谈竟日。何良俊因叹道:"今亦不见有此等事矣。"[119] 现存十封文徵明在王廷任内写给他的书简,清楚展示地方闻人(如文徵明当时七十出头)与具有行政权力之地方首长(如王廷,比文徵明年轻几十岁)的互动关系。每封信都很简短,其中有几封涉及两人共同参与薛蕙("大礼议"中勇敢不屈的英雄之一)的身后事。[120] 王廷负责撰写行状(这通常由弟子或门人执笔),文徵明则负责更正式的墓志铭,即如第一信所示:

> 连日溷扰厨传,兼领教言,未及候谢。方愧念间,而诲函顾已辱临。西原(即薛蕙)疏稿,敬已登领,拙文旦晚写呈也。使还,且此奉覆。徵明顿首再拜祖父母大人南岷先生(即王廷)执事。九月五日。仅空后。

第二信则与礼尚往来的机制有关;王廷不知送了什么来,文徵明便以其书法册回礼:

> 向辱车马临贶，仓卒不能为礼，顾劳称谢，寔深惭悚。承惠墓碑，领赐多感。小字千文四册漫往，或可副人事之乏耳，容易，容易。徵明顿首上覆郡尊相公南岷先生侍史。廿日。

第四信里，有"西原墓碑有拓下者，幸赐一二纸"之语，第五信亦与墓碑有关，意味着文徵明可能已经着手刻铭之事。接下来的信里，又见到文徵明拜读了王廷的诗疏，后又以自己付梓刊行的书册为赠；其一《伯虎集》，乃文徵明青年时知交、吴地才子唐寅的文集。唐寅当时早已故去，王廷甚至无缘识之：

> 明早敬诣使舫附行，不敢后也。天全集先上，伯虎集检出别奉。治民徵明顿首上覆知郡相公父母大人执事。

后一信里，文徵明又谢王廷赠他《旧唐书》，应是前见府学梓行的善本。接着，文徵明扮起引荐者的角色，为昔日帮过他的御史、拙政园主王献臣之后人，求见王廷：

> 王槐雨子锡龙、孙玉芝欲谒谢左右，而求通于仆，敢以渎闻，伏乞兴进。治民徵明顿首白事郡伯相公南岷先生下执事。

这两个年轻人的"字"都由文徵明所赐。现在文徵明为他俩提供帮助，几十年前的王献臣可能也这么帮助过文徵明。文徵明所作的第一篇公开文章，即为王献臣所作，距当时已有五十年之久。明代礼尚往来的机制究竟可以延续多长？我们在这里见到极为稀少、却又朗朗在目的例证。

剩下的信里，文徵明抱怨了他的腹疾（这个例子会不会是两人关系亲近的表征？），提到了薛蕙《西原集》的出版事宜，最后并答谢王廷赠书。这些明代文人往还间的日常小事尽管平凡琐碎，却鲜活地呈现出离京返家后，所谓彻底断绝与官场往来、谢绝一切交际的文徵明，究竟是什么样貌。当家族声望与过去的京官头衔和眼前的文化地位交织在一起，为了维持这些使文徵明卓尔超群的一切，他不得不积极地投入社交版图。而对苏州而言，文徵明不仅是吴中文化的宣扬者，也是成就其荟萃人文的一部分。时人津津乐道的"吴中胜概"，已将苏州文化颂扬至执全国牛耳的地位。而文徵明如何参与吴地名声之建立，则是下一章的主题。

5 "吾吴"与当地人的义务

前面几章各以不同社会关系里的"人"为讨论中心,然文徵明因应不同义务而调整的各种身份认同却不仅止于此。"地方"意识即是个广为接受的框架;通过它,文徵明及其同代、后世之人,便合力建构了今日所理解的他。[1]终其一生,他从未停止颂赞那片造就了他的山光水色和历史人文。苏州地区,他常挂在嘴边所谓的"吾吴"(见下页地图)不只是一片被动、无所作为的土地,更是个活跃的能动者(active agent),在某种微妙的互惠关系里,相辅相成地荣显了自己与他人的令名。吴地的核心由几个州县所组成,是当时贸易与制造业的中心,规模远胜同期欧洲任何相类地区,文徵明即在此间施展其社交艺术。该地更蕴含悠长的文化与历史,举目所见,尽是引以为荣的骄傲。在这强烈地域归属感的框架内,文徵明笔下细腻的心灵地景与其行文的跌宕风姿,从不单调、甚少一致;空间与地点,总依随着不同的脉络情境,与信手拈来各种微观、巨观下的风土地貌,而呈现丰富多样的表达。

我们可以说,"朝/野"之判是文徵明认识整个帝国文化空间的方式之一。[2]在一篇墓志里,他便取"中/外"一词喻朝野之别,并以"浮湛中外垂二十年,再起再废"来总括墓主的宦途。[3]然而,朝廷与北京虽是当时帝国的政治中心,却永远无法取代心目中保留给"家乡"的中心位置,各种思念怀想无不依此而生。文徵明于16世纪20年代抵达北京后,身处这饮食、语言及生活质感俱截然不同之处,[4]乡愁与归思便不断自笔端流淌而出。有件事不妨一提:文徵明在北京落脚的庆寿寺,实与一极富争议性的苏州名人有关。此寺曾是明成祖

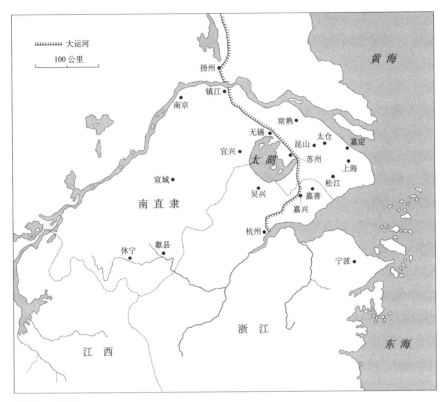

明代长江三角洲地区

之亲信谋士姚广孝（1335—1418）的驻锡之地，将首都自长江下游迁至北京之议即由他所提出（然日后遭嫌，其神主亦于1530年自太庙移出）。当时的庆寿寺除作为僧录司的办公处所外，亦地近翰林院，故若有空房，文徵明没有理由不选择在此居住。然而，客居异地的旅人亦可能因为该寺与故乡的渊源而在此停留，毕竟以同乡旅客为主的"会馆"得要到明朝末年才逐渐发展开来。[5]也许旅居京城的苏州人多选择在此地碰头吧。

不消说，苏州定然常入文徵明羁旅北京时的梦中。作于1525年的《病中怀吴中诸寺》诗组，由七首七言律诗组成，分别以吴地名寺为题；其中多处更单独举出，入诗入画，反复抒写。[6]同年所作的《思归》，则述其"终日思归不得归"的无奈。[7]1526年还家途中，因天寒河僵，滞留于大运河，遂捡择怀乡诗作，别录一册。[8]既归，又作《还家志喜》以庆。[9]乡愁素为极有力的文化喻说（cultural trope）。文徵明在1538年为杨复春所作的墓志铭里，便极哀其客死道途、远离家乡的悲剧。杨生与文徵明一样,中年甫受荐举而入北京国子学,却在赴试礼部的途中,于去京不到百里之地,病逝舟中。[10]（就像文徵明自己的父亲及许多赴各地方行省任职的官员一般。）

然而,怎样才算是"家"?家的边界又在何方?就像"家族"(family)与"友人"(friend)一般,这也是个不断商榷(negotiated)下的字眼。"吾吴""吾苏"等用语散见于文徵明的作品,用以表示地与人的亲密程度。后世论者喜以地系人,特别看重文化人物的地域身份,文徵明在中国画史上遂以"吴派"中坚的样貌出现。[11]以苏州为中心的"吴派",与"浙派"（由来自浙江却活跃于宫廷的画师所组成）两相抗衡的概念,已成几世纪以来书写明代绘画史的讨论架构之一,文徵明在吴派的地位更早已广受认可。最早提出"吴门画派"一词的,或许是集大成之评论家董其昌,时距文徵明辞世已有五十年之久,而被尊为吴派开创者的沈周亦已离世百年。可以肯定的是,画家群体以地理区域自我认同的情况,在16世纪后期达到前所未见的高峰;所谓的"松江派""华亭派""云间派",都和"吴派"一般,俱于此时开始在文献中广泛出现（这些词语的有效性虽仍有待辨析,却皆已在艺术史的版图上占有一席之地）。然而,"吴派"一词的背后仍有许多相关联的词语,惜今日已无能察觉其彼此间的细腻差别。明代时用以指称苏州及其周边环境的词语亦为数不少,我们同样也无法全盘掌握其间差异,只能确定它们绝非可以彼此互换的同义词。[12]该地除了在行政上隶属于长江三角洲南侧的地理区块,更有某种极富想象力与关联性(associative)的地理观念;这是一种不断往复商榷的地方意识,串起了自然山水与当地居民,也联系起过去与现在。文徵明便是通过编纂1509年《姑苏志》的机会及以家乡吴地风华为题的诗画与文章,在一定程度上参与了这"地方意识"的建构。

"吴",原本是春秋时代一诸侯国名,后用以泛指长江下游的区域。故"吴门"乃是苏州城及其腹地的古称。[13]1538年文徵明为无锡人张恺(1453—1538)所作的传里,便只简单地说:"余家吴门,与锡接壤,少则闻有张先生企斋（即张恺）者。"[14]然此地实际上的行政区划在几世纪间历经数变,因此"吴门"并非一个边界明确、可以在现存地图上圈围出来的地区。在明代的用法,"吴门"可以狭义地指称吴县与长洲两县,约莫五十万人口的苏州城区便在其间。然它同时也可以用来指称构成苏州府行政单位的一州七县。[15] 此外，吴门不只是地图上的空间，更是个文化用语，在不同的上下文间任个别的作者与读者们解读（可能也都是操吴语者，虽然我们并不清楚地方认同如何借由口语的方式表达）。还有许多词语可用来表达这个概念上的空间，如"吴城""吴都""吴中""吴郡"等，当然也包括同源的"姑苏"与"苏州"本身。这些用语多可见于文徵明的作品，然个别所隐含的深意今日已无法得知。

"三吴"是文徵明文集中相当常见用来描述这一大片区域的词，意指组成古吴国的吴郡、吴兴与丹阳。[16] 1528 年为隐士王涞（1459—1528）所作的墓志里，文徵明便云："长洲之野，有隐君王处士……家世耕读……三吴缙绅，咸与交游。"且王涞紧邻湖边的宅中收藏有图书万卷，并与沈周、祝允明等名流咏吟其中。[17] 当文徵明的得意门生王宠于 1533 年英年早逝时，他则哀悼其"文学艺能，卓然名家……隐为三吴之望"[18]。文徵明谢世前为一致仕官员钱泮撰墓志铭，其中亦有"鸣呼！自倭夷为三吴患者，数年卤掠烧劫，多所杀伤，兵不得休息，民不得安居"之句。[19] 另一作于 1546 年记太仓州重浚七浦塘的碑文里，"吴"与"三吴"则显然被当成同义词使用。其首即云："吴号泽国，故多水患。"七浦塘曾于 15 世纪 80 年代后期的弘治初年浚通，但于 1546 年，朝廷又下诏兴修"三吴水利"。这项工作落在当时御史欧阳必进（1491—1567）及其他包括当时苏州知府范庆等官员的身上。文徵明细述疏浚的地区，并提供清楚的数据，包括规模大小、浅深等，如用了民夫一万八千四百人，费银七千八百二十三两，耗时九十七日等，都巨细靡遗地记录下来。[20] 似这类由地方长官所委任的文章，不仅联系起行政与文化上的地理区块，也将地方精英（如文徵明）以个别或集体的方式与这个想象中的帝国空间绾结在一起，而文士们亦乐于对此揄扬颂赞。

另一个今日常用以指称长江三角洲南侧的词汇是"江南"，意谓长江以南的区域，然文徵明的文集中却较少使用。文徵明所作、现存年代最早的墓志铭里可见此用法。该铭作于 1503 年，乃为沈周之子沈云鸿所作，内中有"江以南论鉴赏家，盖莫不推之也"之语。[21] 然此用例在其散文中仍属稀见，却常见于他的画作题名，特别是成于 1547 年的《江南春》（见【图 23】），现已公认为是现存"细文"风格里的精品。杰曼·富勒（Germaine Fuller）曾以此作与其他同题作品为主干，讨论"江南春"这一图像题材在明代的发展情况，发现文徵明适为其重要的枢纽。[22] 诚如富勒所述，与"江南春"相关的文学和绘画题材始于顾

[图39] 文徵明《江南春》(局部) 1544年 卷 绢本 水墨 24.3×77厘米 故宫博物院

况（757？—约814）、惠崇（约965—1107）及李唐（约1050—1130后）等人所作、现已佚失的手卷，而后发展成一系列描绘河岸远渚的景致，并蕴含隐逸山林与遗世独立的意味。[23] 这类题材旋被江南地方视为文化遗产，对此，元代画家倪瓒实功不可没。他有诗作以此为题，其诗卷并于1489年之前进入徐世英的收藏，文徵明与徐世英相识，早于1505年即有画作赠之。而沈周或多或少亦与倪瓒有点渊源（沈周的祖父与画家王蒙为友，而王蒙与倪瓒亦相识），且似是从他开始，方流行起唱和倪瓒《江南春》原韵的风尚。至1539年，袁表更将这类唱和原韵的诗作结集出版。袁氏亦是文徵明的友人，在下一章里将对他有更详尽的讨论。因此这个题材无论作为诗或作为画（文徵明至少有五幅画以此为题，见【图39】），皆可作为表达地方认同与苏州认同的渠道，它既为个人性的自我发抒，亦是集体性的文化展现。故而"江南春"乃是掌握文化资本（如倪瓒与沈周这类人物）的金库密码，16世纪的精英阶层可以借此而附丽骥尾，留名其中。然这也不过是将苏州文化声誉推播往更远地区甚至是全国舞台的方式之一。

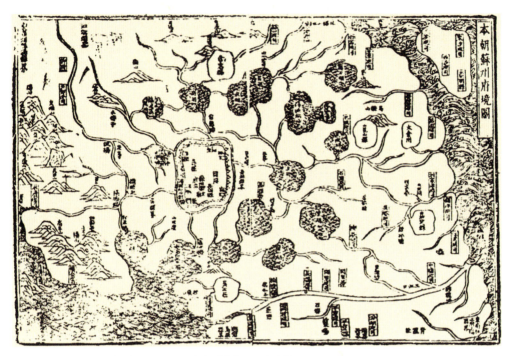

[图40]《苏州府境图》出自王鏊（编）《姑苏志》1506 年 木刻版画

"苏州"并不纯然是个都会城区（urban area）；这点和其他明代的城市相同，它们"显然不是可以整合在一起的个体，且没有任何如欧洲城市般的组织特征，可将其依法律或政治的手段区分开来"[24]。我们或许可以纳闷，像"吾苏"这样的词语是否曾在口语上可用以表示整个苏州城，然"苏州"一词却更常指称较大的一"府"之地。知府虽有权过问其治下的苏州城区【图40】，当时却没有如市政府这样的单位存在。[25] 相反地，苏州城区的管辖权自 17 世纪起，便可以南北向的轴线于近乎中点之地划开，分属于两县：以西归吴县，以东为长洲。由是而知，此乃"县"别，而非"府"治（更不是"城"），方为一地正式登录的名称与身份标识。明代史料里若语及某人所出之地，必亦以"县"为之，今日以那些资料为本的参考书籍，亦沿用此一习惯。例如文徵明在《仿李营丘寒林图》（见【图7】）上，便不惮烦地以"武原（县）李子成"称呼受画者。[文徵明仅在极少数情况下使用比"县"更小的行政单位，虽他曾在吴县陈冕（约1472—1542）的墓志铭中云："余与陈氏比里而居，少则游君伯仲间。"[26] 此处的"里"是明代地方行政上的技术性用词，理论上由一百一十户人家组成。] 文徵明偶亦只书一"苏"字，但这类情况多

雅债——文徵明的社交性艺术

出现于墓志文章，并附带说明某人乃设籍于某县之居民，因为亡者没必要葬在其录籍之地（或者也无须住在该地）。例如，文徵明的叔父文森起初葬于吴县穹窿山，后因墓浸于水，迁葬于长洲花园径，近文徵明祖父文洪之墓。[27] 而文徵明之兄文奎则葬于吴县梅湾，尽管其居住地在苏州城外，地属长洲县，位于阳城与沙湖之间。这些都表示文家在组成苏州城的两县内皆拥有地产，且可葬其逝者，尽管其家为入籍长洲县的居民。故在想象的层面上（如非行政上之事实），"苏州"一词自有其意义。

"地方"在文徵明撰写的墓志文章里扮演着重要的角色。自1527年从北京归来后，这类为本地贤达而作的文章即有愈来愈多的趋势。仔细分析这批作品，会发现其**地缘性**（immediate locality）相当浓厚。简单地说，若身为文徵明的近邻，似较有机会请他撰写墓志碑传。因此总数八十三篇的墓志文章里，便有二十六篇是为同邑长洲县人所作，几乎是为吴县人所撰数量的两倍（仅十四篇）；文徵明在吴县虽可能有房产，其家却未设籍该地。而这八十三篇中共有四十七篇是为长洲、吴县两地以及录籍于苏州卫与泛称为苏州地区之人所作。若再扩大分析，则八十三篇里有五十八篇是为更大范围的苏州"府"居民所撰。而这八十三篇中，至少有七十四篇是为设籍于南直隶地区（以南京为中心的省级行政单位）之人所作。故只有九篇是为录籍南直隶以外之人所撰，然尽管如此，其中五篇的主人翁也出自邻省浙江，文化上同属广大江南地区的一部分。只在极少数的情况下，这片区域以外的人，特别是出身北方的人氏，才有机会享受让文徵明作行状碑传的待遇。这现象让我们不禁要问：相对于"区域性"或"地方性"，文徵明究竟有多"全国性"？他究竟有多少旧识来自于生活的核心地域之外？而究竟有多少这范围以外之人，曾于文徵明尚在世时，听闻过他的名声？若自其八位"父友"而观，有三位来自同县长洲；一位来自苏州府内的昆山（其妻娘家）；另一位来自嘉兴，为紧邻苏州府之浙江省所辖的县治之一；还有两位来自以南京为中心的应天府。只有一位自"远方"来；说穿了也不过是浙江泰州府的太平县而已。[28] 中国文化的地域性（regionalism）直到近日方始成为研究议题（特别是在艺术史学界），然那些制式而集中的资料，却惑人以某种同质化的印象，将所有的空间等而视之，整个帝国达成了一个想象的共同体，仿佛对受过高等教育的文人而言确实如此。

文徵明的作品其实很在意与地点有关的细节，不仅注意到"人"从

[图41] 文徵明《虞山七星桧》（始自页119）

何处来，甚至也关心"物"自何方至。1516年便有首诗记录客人赠礼，题为《客赠闽兰秋来忽发两丛清香可爱》。[29] 1532年的名作《虞山七星桧》【图41】也和地方名胜若干相关，可能是游客希望看到的部分。[30] 文徵明的作品里常可见对于帝国各地的不同认识与各地优劣强弱的判断；这些意识（可能半从阅读而来、半自文人间的交谈而得）在时人讨论仕途及地方职缺时尤为普遍。文徵明显然对未曾造访之地也有强烈的想象。因此，当时北方新兴的商业城天津，在他而言是个"盗区"。[31] 而位于长江口外的崇明岛则是危险的纷扰之地，当地刁民竞争渔盐之利，令官府疲于绥抚。[32] 又据他1526年为周祚所书的赠别之叙，位于北京南边平原的来安县，邑小地贫，算是浪费周祚这样的人才了。[33] 所有这些次级地点皆有意无意地拿来与苏州相较，而他亦早已准备好吟唱一切赞颂苏州的讴歌。如《赠长洲尹高侯叙》里，文徵明便称颂受文者（几乎可以肯定是高第，1516—1521年在任）所辖地长洲，乃苏州府之枢机，为"东南要剧"，当地所出之赋更"率倍他乡"。[34]

明代社会是个流动性的社会，因休闲或赴职而起的行旅活动，对上层男性精英（甚至以外之人）而言，算是相当普遍的共同经验。文徵明的文集便充满了这类流动的男性（女性之例则较少见），以及通过诸如旅行或以诗图为记等行为，将"空间"转换为地点的各种方式。如

1512年时,他有一诗送某僧人返杭,[35] 同年为故交旧识送别的场合亦甚夥。接着于1513年,他为钱贵作诗言别,叙云"元抑赴试北上,过停云馆言别,赋此奉赠,并系小图"[36]。而长篇的赠别诗,通常为官场同寅所作,占了他北京时期作品的大半,且很可能多伴有画作,如前见钱贵之例。[37] 是以文徵明的现存画作中,可能有不少件是在这样的情境下所作,然今日因缺乏题跋的特别标注而不为人所识,或他们根本就特意避免15世纪时流行的送别图式。文徵明(如石守谦所言)则渐以更细腻的视觉想象来描绘乡愁,如《雨余春树图》(见【图57】)所见。[38]

　　文徵明的作品亦富于记游之作,无论其出游是出于纯粹玩乐或人情之邀。诗题常精确地记录出游的情境,例如(自1527年起)《王槐雨邀泛新舟遂登虎丘纪游十二绝》这类诗作。[39] 其他因这类出游而欠下的诗书画作品,通常作于舟中,摇摇荡荡,自是不便。[40] 然而,诗题或画跋同样可用来记录游罢后作诗或作画的情境;如《嘉靖庚子(1540)七月同补庵郎中游尧峰颇兴归而图之》诗,[41] 及1520年题于小画《虎丘图》的跋文言文徵明"归而不能忘"的萦思。[42] "露天"写生显然不是明代文人作画的方式。从画跋所提供的讯息,亦可得知许多文人旅途中作画的情境。如1528年文徵明《五友图》上的短文所言:

　　　　嘉靖戊子(1528)春二月,子重邀余同游玄墓,流憩僧寮凡五

[图41] 文徵明《虞山七星桧》(始自页119)

日。湖光山色，穷极其胜。归舟寂寞，子重出此纸索画，漫为涂抹。昔子固（赵孟坚，1199—约1267）尝图松、竹、梅，谓之"岁寒三友"。余又加以幽兰古柏，足成长卷。[43]

跋文中的"子重"乃汤珍，画本身则是此行之报酬；文徵明在这种情境下是很难推辞的。

以同一地点为题的《玄墓山探梅倡和诗叙》是盛赞玄墓的典型例子。是处位于府境西南的太湖边上，"其地偏远，居民鲜少，车马所不通。虽有古刹名蓝，岁久颓落，高僧韵士，日远日无"，然而，"古之名山，往往以人胜"。[44] 此语虽为老生常谈、不少见于其他作品，却直指一重要的文化喻说，即名人与胜地间相互依存的关系。在1520年的《金山志后叙》（金山是长江中的一座小岛，于诗中颇负盛名），文徵明说得更明白："诗以山传耶？山以诗传耶？要之，人境相须，不可偏废。"[45] 为史际（1495—1571）所作的《玉女潭山居记》，亦有"地以人重，人亦以地而重"之语。[46] 正如人际之间的礼尚往来一般，人与地，当作为具有行为力的能动者（agent）时，其间的互依互惠亦为文化仪节里的重要元素。只不过此处之"地"指的并非一般山水，而是特定的、"吾吴"的山川大地。

山水与文人之间的相互依存以及山水概念何以是种"文化建构"

(用现代的话说),一并成为当代学者范宜如研究文徵明山水诗时主要的讨论议题。[47]范宜如注意到文徵明诗作里大量援引的地方史事与远古人物如吴王阖闾、夫差和西施等。如1511年文徵明记虎丘剑池之诗;相传剑池深不可测,因是年冬天池水干涸,故引好古者前往一探,文徵明遂赋此诗。[48]这类怀古、思古之作对苏州文人至为重要,仿佛可助其粉饰许多辉煌的史迹几已无存的事实(算是苏州与威尼斯的共同点之一吧)。据范宜如统计,1509年《姑苏志·古迹》的一百零四个条目里,只有三十处可以实地造访,而这些又多为岩洞等自然景观,仅五处遗址和四至五方泉水仍可见证苏州悠久的光辉历史。[49]然而,实迹阙如倒也利于在这些景点与往古名贤的关系上做文章;也正是这些文化盛事(而非尚存可见的遗迹),方为普见于文徵明文章的主题:

> 嘉靖十三年(1534)岁在甲午谷雨前三日(约公历4月20日至5月4日),天池虎丘茶事最盛,余方抱疾,偃息一室,弗能往与好事者同为品试之。会佳友念我,走惠二三种,乃汲泉吹火烹啜之。辄自第其高下,以适其幽闲之趣。偶忆唐贤皮、陆辈茶具十咏,因追次焉。非敢窃附于二贤,聊以记一时之兴耳。漫为小图,遂录其上【图42】。[50]

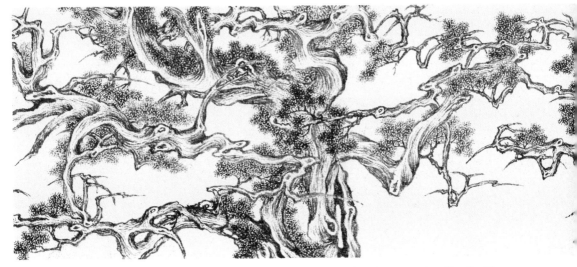

[图41] 文徵明《虞山七星桧》1532年 卷 纸本 水墨 29.2×362厘米 檀香山美术馆（Honolulu Academy of Arts, Hawaii.）

"皮"指皮日休（约834—约883），"陆"指陆龟蒙（约卒于881年），后者与文徵明同为长洲人氏。这两位唐代诗人都与苏州关系匪浅。文徵明在三十年前（1503年）的《游洞庭东山诗序》即引述二位诗人之例，比况自己与徐祯卿的关系；诗共七首，乃和徐祯卿之作（文徵明在此称之"余友"）。[51]

另一个在苏州山水占有一席之地的古代英雄人物是范仲淹（989—1052），他是宋代政治家兼文人。范公祠就位于天平山，文徵明常游憩于此，并有画轴记1508年与吴爟、陈淳、钱同爱、朱凯等友人同游天平之事，今有三本传世【图43】（亦见【图16】）。[52] 范仲淹于明代时益受尊崇，文徵明为撰墓志铭的长官吴一鹏，因十分敬重范仲淹，遂为之修三贤祠，与当地另两位贤士同飨。[53] 是故1538年的《记震泽钟灵寿崦西徐公》一文可以很自然地将地方山水、往圣先哲与当世贤达三者巧妙地连结。此文为王鏊之婿徐缙（1479—1545）所作，王鏊是文徵明早期最重要的庇主，第2章曾经讨论过。时徐缙年当六十，其二子请文徵明为文寿之，因文徵明虽然年纪较长，财富与社会地位却逊于徐缙。文起首即云："吾吴为东南望郡，而山川之秀，亦为东南之望……而言山川之秀，亦必以吴为胜。而吴又以太湖洞庭为尤胜。"继而述徐缙成长之山川钟灵，次言徐缙生平，并频引典故以为美言，举范仲淹为其宗。其行文策略乃是以地灵（洞庭）配人杰（徐缙），将今人况先贤（范仲淹）。[54] 类似之作亦

可见于次年(1539)所作的《郡伯鹤城刘君六十寿序》,如:"吾吴声名文物甲于东南,而以衣冠相禅,历数百年不绝者,独推刘氏。"[55]

文徵明的题识经常提及地方历史上的文化英雄。如《题苏沧浪诗帖》里,文徵明细考了苏舜钦(1008—1048)此作之年代;苏氏因建沧浪亭而闻名,惜该亭于其时已湮没于荒草间。据文徵明的题语,此帖乃徐缙因其为郡中故贤之迹而重金买进。[56]《题陆宗瀛所藏柯敬仲墨竹》则评述了元朝廷鉴书博士柯九思(1290—1343)的风格;柯九思本人后亦归隐苏州。[57]《题沈润卿所藏阎次平画》一文,因此画曾为元代昆山大收藏家顾德辉(1310—1369)故物,遂略述其生平梗概。[58] 苏州文化绵绵相续、代代相传的想法,乃此文宗旨。这也解释了文徵明《溪山秋霁图跋》的深意。此画乃陈汝言所作,他于明初时曾出仕,倪瓒与王蒙俱与之为友,文徵明于跋中称之为"乡先生"。[59] 当时有二十三位知名士大夫于画上题识,文徵明为之一一考录其中可征之二十人,包括朱德润与倪瓒。然重要的是,陈汝言乃陈宽祖父,陈宽为沈周之师(陈宽之父陈继亦为沈周父、叔之师),而文徵明又师沈周,故虽相距百年,陈汝言与文徵明隐然有关。[60]

至文徵明晚年,少时同游之士亦因其文章华词而登入地方名人堂。1536年,文徵明跋祝允明诗文(时祝允明已于十一年前谢世),将祝允明、唐寅与都穆三人并称,谓诸人虽未能遂少时之志,却足征地方风流:"其风流文雅,照映东南,至今犹为人歆羡。"[61]"东南"一词常见于文徵明作品中,是地方认同的标记。《沈先生行状》里,文徵明不仅述沈周之名满天下,更将其成就归本于地方,即所谓的"东南":"内自京师、远而闽浙川广,莫不知有沈周先生也!……风流文物,照映一时,百年来东南文物之盛,盖莫有过之者。"[62]当其友蔡羽卒逝,文徵明叹道:"嘉靖二十年辛丑正月三日(1541年1月29日),吴郡蔡先生卒。吾吴文章之盛,自昔为东南称首。"然他接着为蔡羽争取全国性的名声,举吴宽、王鏊等人于成化、弘治年间继起高科,"持海内文柄"之事,又述杨循吉、都穆、祝允明等虽不因仕途而显,亦以文章名世。而蔡羽虽为后出者,其才却足侪诸公。[63]如此标举吴宽与王鏊全国性的高名,在文徵明作品里实为少见。1541年为薛蕙作《吏部郎中西原先生薛君墓碑铭》有云:"弘治、正德间,何大复、李空同文章望天下,摛词发藻,軼轹汉晋,一时朝野之士,翕然尚之。"文徵明将薛蕙比于何景明(1483—1521)与李梦阳,赞美之词溢于言表,然薛蕙后为小人所乘,故经世之才不得见于世,而今已矣,文徵明之慨,"岂独为一时一郡惜之,固为天下惜之也"[64]。

　　史事、胜景及近贤风流,于明代苏州全交织于或大或小的宗教设施上。佛教寺院是山水间独树一格的雄迹,不单为消闲去处,更提供食宿之便与风雅之具。现存一件1516年的画作【图44】,绘治平寺之游;六年后,该寺则成为文徵明宦游北京时魂牵梦萦的吴中诸寺之一。[65]另一在1521年书于《吉祥庵图》的题跋,谓"徵明舍西有吉祥庵,往岁常与亡友刘协中访僧权鹤峰",并忆1501年时两人于该地赋诗之事;而今刘已故去、庵毁于火、僧亦化去,不胜感慨。文徵明因与刘协中之子刘穉孙话及此事,遂作图记之。[66]可见寺院乃文人宴游之标的,亦为其乡愁之主题。然某些时候,文徵明对寺院事业的支持显得更为积极,尤其是对那些足以表彰"吾吴"荣光的具体实物。他虽于1546年自谓不学佛,却以其典雅书风抄写不少佛教经典,亦以文章盛赞寺院历史或祈请布施以维修或重建的经费,借其文名使寺院同臻不朽。[67]尽管如此,对他而言,最重要的仍是这些寺院与地方历史的文化关联。因此,未纪年的《瑞光寺兴修记》开头便云:"吾苏自孙吴以来(约当3世纪),多佛氏之庐,瑞光禅寺其一也。"他强调该寺之古,故叙其建于238—251年,重建于12世纪初名臣朱勔之手;然自宋至元,迭遭祝融,故又于1391年、

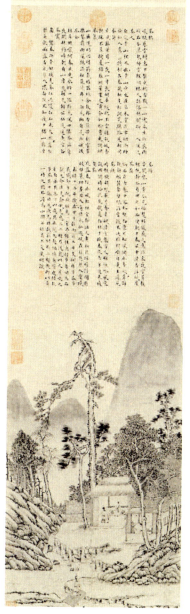

[图43] 文徵明
《天平记游图》
1508年 轴 纸本 设色
上海博物馆

[图42] 文徵明
《茶事图》
1534年 轴 纸本
设色 122.9×35厘米
台北故宫博物院

[图 44] 文徵明
《治平山寺图》
1516 年
轴 绢本 浅设色
77.4 × 40.6 厘米
加州大学伯克利分校美术馆
(Berkeley Art Museum, University of California.)

1403年及1417年重修。[68]（文徵明另有诗记其断碑与蔓草。[69]）此文乃因该寺住持怀古鼎公之请而作，却未收入其官方版文集《甫田集》，或许是不希望后人借此想见文徵明其人。同样的情况也可见于其他为数不少的功德文章上。1544年的《虎丘云岩寺重修募缘疏》，以"伏以虎丘天下名山，云岩吴中胜刹，岁久摧毁，兹欲兴修"[70]起首。而《兴福寺重建慧云堂记》（1549），先简言佛教义理及寺院兴筑之史，论精舍何以"必据名山，占胜境"。接着叙此寺居洞庭东山，山多佛刹经庐，与城市限隔。文徵明于1502年与友人浦有徵、王秉之同游诸刹，至兴福寺，宿其慧云堂。老僧喜客，款以香、茗，诸客酬饮赋诗，感夜萧寂。四十年后，其幽栖胜赏，虽依然在怀，然当文徵明"归自京师，问讯旧游，则当时僧宿，俱以化去，堂亦就圮。僧尝一葺之，旋葺旋坏，至嘉靖癸卯（1543），坏且不存"。现受住持永贤之请，遂为文以记。重要的是，与文徵明关系密切的吴宽与王鏊，亦曾有文记此寺；文徵明本诸前记，故知堂建于1430年，距今（1548）已百又廿年。[71]似此言及当代贤达或长者造访某地，遂使其地因而名世之事，常见于《甫田集》中的同类文章。一篇未纪年的《宜兴善权寺古今文录叙》，述美景、古刹及僧人方策如何辑纂碑石之铭而成此录。文徵明于此再度重申："夫山水之在天下，大率以文胜。"并提及老师沈周尝为此地赋诗之事（是以学生亦必为文以记，方为尽义）。[72]另一篇长文《重修大云庵碑》约书于1548年，首云："吾苏故多佛刹，经洪武厘荄，多所废斥，郡城所存，仅丛林十有七。其余子院庵堂，无虑千数，悉从归并。遗迹废址，率侵于民居，或改建官署。"继而描绘该地如诗般的荒圮景致，过访此庵即如身游尘外："余屡游其间，至辄忘反。"其僧徒多读书喜文，所游者皆文人硕士，如其师沈周、友人杨循吉、蔡羽等，"皆常栖息于此"。庵虽曾两遭回禄，已于1546—1548年间重修，焕然如昔，其庄严堪为古往名僧所息，其景胜又集今朝游人之趋。然此庵却不堕入他寺竞务奢华之途，秉其道心正信，故得再毁再新，严翼有加。此碑乃依住持定昂（又号半云）之请所为；[73]文徵明作此碑前，已与半云和尚有所往来，从两人之前互通的书简看来，文徵明日后会为之书此长文，其来有自。[74]

对文徵明同代人而言，苏州随处可见的风华胜概，除了"名胜"之外，莫过于当地的世家大族，及其财富、功名和文化资本。然"苏州"得以作为高门的族望之地，亦是不久之事。直到1367年朱元璋军队入江

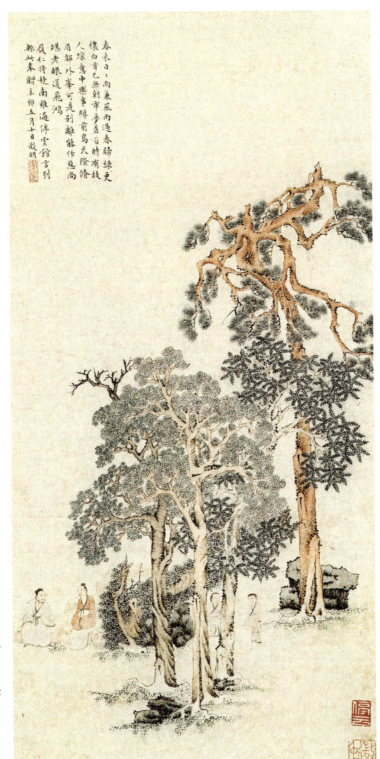

[图 45] 文徵明
《停云馆言别图》
1531 年
轴 纸本 设色
52 × 25.2 厘米
柏林东方美术馆
(©bpk, Berlin,
2009 photo
Jürgen Liepe.
Museum für
Ostasiatische
Kunst, Berlin.)

[图46] 文徵明
《真赏斋图》
（局部）1549年
卷 纸本 设色
36×107.8厘米
上海博物馆

南，攻破以该地为根据地的割据势力张士诚，"苏州"才成为正式的行政区划之名，以及城区的俗称。[75] 文徵明家族在这动荡的时代来到苏州；在文徵明的认知中，他和多数同代人的家族之所以落脚苏州，仍与鼎革易代的纷扰有关。文徵明为其兄所撰的墓志铭便谓："吾文氏自庐陵徙衡山，再徙苏，占数长洲。高祖而上，世以武胄相承。"[76] 不少友人与故交亦多于此动乱之际随军来到苏州。如友人阎起山（文徵明于1507年为作墓志，乃现存最早的第二篇），其家亦于国初之时随大明军队而至苏州。[77] 类似的出身在文徵明文集所载的诗文中亦不少见。如张玮家族也是在明初时才迁入苏州城，隶籍苏州卫，为世袭军户。[78] 1538年文徵明为吴继美（1488—1534）作墓志，吴氏为苏州卫指挥佥事，先祖从朱元璋征战并立有军功。[79] 出身军籍是值得夸耀的事，无须隐藏。如1533年《明故大理寺少卿董公继室唐夫人墓志铭》里的上海唐氏，其先世便曾随明太祖与成祖起义。[80] 另也有虽非随军而至，却于14世纪末落脚于苏州。如杜璠一门便于其曾大父之时来吴，约当明朝建立之时；[81] 而文徵明的好友钱同爱，其先世亦因避元季明初之乱而逃至苏州。[82] 洪武之时，明太祖欲尽除吴地本土精英，致令一切外来移民以外的出身显得

[图47] 唐寅《毅庵图》（局部）约1519年 卷 纸本 设色 30.5×112.5厘米 故宫博物院

[图48] 文徵明《存菊图》（仿本）1508年以后 卷 绢本 设色 13.2×30.4厘米 故宫博物院

126 | 雅债——文徵明的社交性艺术

[图49] 文徵明《洛原草堂图》(局部) 1529年 卷 绢本 设色 28.8×94厘米 故宫博物院

[图50] 文徵明《东园图》(局部) 无纪年 卷 绢本 设色 30.2×126.4厘米 故宫博物院

[图51] 文徵明
《浒溪草堂图》
（局部）无纪年
卷 纸本 设色
27×143 厘米
辽宁省博物馆

格外特别。如《顾府君夫妇合葬铭》中，文徵明述顾家先世原居开封，后于宋室南渡时至吴中居住，成为大地主，并特别提到其家因自某代起悉敛豪习，故于洪武翦除豪右之时得以幸免。[83]虽然不清楚顾、文两家的关系，但顾家可能是文徵明祖父之继室、其叔文森之母的娘家。此例表明了移入军家（如文家）与入明以前即存在之地方大族互相联姻的可能模式；新兴的精英阶层便由此二族群互融而成。而当初激烈军事冲突下立场各不相同的家族，现在却亟欲以文化来推广独特的苏州认同，这或许可部分解释为是出于塑造并巩固这苏州认同的必要；尽管如此，朝廷仍对此地之民多所猜忌，致使明初前四十年的税赋特别苛刻繁重。

这样的历史背景或许让文徵明为他人作传时，总特别强调"大家"或"大族"的观念；这些高门多举于学，通过私塾教育，并投身于正统或正行之研究。如1545年《跋重建震泽书院记》一文，志其自宋以来已历三百周年，与重修这所正统儒学书院之事。[84]《太仓周氏义庄家塾记》亦然，引《周礼·大司徒》论学句以论家塾之建。[85]设立家塾之古风得于此际再兴，实与当地的家族结构有关；更为严谨的组织——"族"，在此地仍不如他处来得发达。[86]而修纂族谱乃此发展的元素之一，文徵明有些文章即为族谱所作，如《陈氏家乘序》；该家谱乃曾任职太医院的长洲儒医陈宠所编。[87]在《题香山潘氏族谱后》，文徵明叹道："近世氏族不讲，谱牒遂废，非世臣大家，往往不复知所系出。今吴中士夫之家，有谱者无几。"而对于潘家由当时的潘崇礼可上溯至宋朝的八世祖，更感难能可贵。族人有与当地名贤如元代隐逸画家倪瓒或明代吴宽、李应祯、与沈周过从者，并得诸名士以诗文相赠；潘崇礼集录这些文献实有功于潘氏。而其子将族谱出示与文徵明，请之书跋于后，文徵明感其用心之勤与贻谋之远,遂为此跋。[88] 此文虽称扬潘家,却亦描绘出苏州多世家大族的形象;他不仅对潘家一族尽义,更为其家乡吴中一地尽子弟之谊。家族墓地与族谱一样,亦是集体认同(collective identity)的重要坐标,在地方上历历可见,文徵明也有文记之:如为无锡华氏(亦为文徵明重要的庇主)作《梅里华氏九里泾新阡之碑》、[89] 为无锡顾家作《顾氏慧麓新阡记》,[90] 及为上海董宜阳(1511—1572)家作《董氏竹冈阡碑》;董、文二人除此之外,亦有其他往来。[91]

然家族所能拥有的,可不只是家族墓地;他们更在自家拥有的屋宇之内,过着理想的儒士生活。这是家与地方之间、自我与"吾吴"之间最关键的连接,现存有不少文章与画作可为明证。文徵明当然是个地产拥有者,并留有大量作品提及居室"停云馆",这些作品亦因与居室的关系而带有地方色彩。《停云馆燕坐有怀昌国》一诗作于1499年,是现存言及停云馆的最早作品。[92] 1531年的《停云馆言别图》【图45】是为学生王宠所作,虽取停云馆话别之事为画题,然停云馆的样貌却非此图的描绘重点。[93] 我们仅能从文家18世纪时的族谱得知其家乃由几幢屋宇组成,各有意味深长、富含典故的名称。[94] 而称扬某居室便意味着称扬屋主,文徵明的许多作品意即在此。如文徵明主要的庇主王献臣拥有当地最著名的拙政园,文徵明除为之作《拙政园记》及一组诗外,另绘有两本《拙政园图册》(见【图14、15】)。[95] 1512年的《东林避暑图卷》(见【图21】)则成于其友钱同爱的"东林"。[96] 而《真赏斋图》绘于1549年,为华夏所作【图46】,文徵明于题跋中称之为"吾友"。[97]

新兴的"别号图"适足以说明人与地产的紧密关系。[98] "号"或"别号"有别于家长或父母所给的本名,是成年男子为自己选取的名称,用以表现自我个性的某一面。因这些名号通常亦为某人所拥有之居室或书斋之名,故人与地产两者在象征的层面上可以互表,别号图因而延伸了明代绘画中将人与山水等同的原有模式;如某些山水主题具有特定的祝贺意涵,例可见1512年为王嘉定之父与祖(分别为六十岁和八十岁)所作山海图,山与海在此俱为长寿的象征。[99] 在刘九庵关于别号图最详尽的研究里,文徵明至少作有八件别号图,其中有七件存世。[100] 1518年的《深翠轩图》(见【图29】)乃受孙咏之所托而作,用以补配孙氏所拥有的《深翠轩诗文》。该诗文乃国初名公为谢晋所作,因原配之画已佚失,故请文徵明补图。若原图仍存,或许是现存最早的别号图。[101] 此例中,文徵明并未造访深翠轩其地,然由其他例子可知,文徵明与所绘斋室显然有更密切的关联。如1508年的《存菊图》【图48】,云:"正德戊辰(1508)秋日为存菊先生赋此,并系以图。"另有题识说明:"达公先生不忘其先府君菊庵之志,因号存菊友生。文徵明为赋此诗并系拙画。"[102]《毅庵铭》更清楚说明了文徵明与这些居室主人的关系。此铭虽未纪年,但必成于唐寅1524年离世之前,因铭曰:"秉忠朱先生,仆三十年前'笔研友'也。尝作堂于所居之后,名曰毅庵,而因以自号,特请子畏(唐寅)作图,复命余铭之。"[103]【图47】现存文徵明名下的此类画作,还有1529年为白悦(1498—1551)所作的《洛原草堂图》【图49】,及为明初名将徐达(1332—1385)后人所作、未纪年的《东园图》【图50】。[104]即使屋室主人早已远离其乡间居所,这些地产依然重要。如1535年《浒溪草堂图》题跋【图51】,即谓:"沈君天民世家浒墅,今虽城居,而不忘桑梓之旧,因自号浒溪,将求一时名贤,咏歌其事。"[105]

这些与别号有关的作品,无论只是简述别号命名之由,或者系文以图,早在文徵明给王鏊的求进之信里俱已一并提及。然文徵明自北京返家后,仍有类似之作,有两通书简可证。他们亦显示文徵明虽与某些人毫无关系、不懂其别号之由来,却仍为之作别号图。其中收信人不明的一信云:

> 所委师山图,前双江(译注:人名)曾为置素,病冗未能即办。昨寄吴绫,不可设色,却以前素写上,不知"师山"命名之意,漫尔涂抹,不审得副来辱之意否?拙诗坐是不敢漫作,便中示知,别当课呈也。[106]

另一信为"三峰"而作,成于1548年。先感其过访,谢其"恩教高文",并称之词旨妙丽;次言自己老懒,故迟于函覆,而"所委三峰图,谨就附上,拙劣芜谬,不足供千里一笑也"。[107]我们很难不将此例视为别号图日趋格套化之明证;而这些画作的主体与客体,即画家个人与其所绘之题材,在商业化的社会里,最终也可以毫无实质关联。某"地"所拥有的文化资本,则亦为其中卖点。至少这有利于将文徵明视为一懂得运用自我天赋的资本家,展示文徵明如何在一个视之为拥有文化资本、视之为名地中之名人的社会脉络里运作。此例或许只是此等共识的冰山一角,下一章将对此社会共识有更详尽的讨论。

第 III 部分

6 "友"、请托人、顾客

1527年由京返吴后,文徵明便成为与世隔绝的"林下"之人,对于官场的名利不再怀有任何奢望。此一广受认同、标榜隐逸的文化模式,最远可上溯至诗人陶潜(365—427),并使文徵明得以理直气壮地放弃仕宦之路。[1] 然而,若说文徵明完全脱离其周遭的社会群体,或说他全然抽离一切构筑并维系着精英阶层的人情往还,又显然过了火。某些论点诸如"文徵明晚年的社交圈仅仅局限于文人、书画家,以及他们刻意拣择过的友人"[2],或者谓文徵明返吴后,便以"独立的文人画家身份著称于世"[3],可能更多是受到了19、20世纪对于艺术家自主性(autonomy)的浪漫想象所影响,而非出于明代人对于何谓既有名望又同时身处"林下"的理解。造成这个误解的主要一个原因,在于文徵明及其子辈于编辑《甫田集》过程中所进行的筛选。他们刻意排除了许多文徵明为我们今日称之为"请托人"(client)(译注:在此刻意取其语义的模糊性,因英文client在早期现代时含有"从属、附从者"之义,与庇主相对应,而在当代英文里则较常用来指称"委托人""客户")所创作的作品。

葛兰佩在1975年根据《甫田集》所收录的诗文(该文集是她当时能够取得的唯一材料),提出文徵明绝大部分的散文皆成于1527年之前。此论甚是。而她接着又云:

> 没有任何一篇带有年款的散文作于1527—1545年,而文徵明的画作却在这段时间内增加了十倍,之后到他过世为止,仅有少数作品。在北京受挫之后,文徵明似乎将其注意力自文学转到绘画……在此之前,绘画只是其次要追求,被视为其真正志业以外的消遣或是文

人的自我陶冶，如今却成为文徵明为人们熟识的根本原因。[4]

这显然是对《甫田集》的内容分析之后得到的结论，也是受限于当时所能取得资料的结果。然而，周道振所辑校的《文徵明集》则提供我们更丰富的材料，不仅包含文徵明过世后其家人选择留下的作品，也收入了此前被排除在外但仍传世之作（数量约同于前者，甚至更多）。其中包括一些现今享有盛名的作品，如《王氏拙政园记》（见第2章），就是《甫田集》的遗珠。即便周道振如此费力，呈现的可能依然只是文徵明各种文学创作的一部分（尽管所占比例仅可臆测）。然《文徵明集》的出版使我们更清楚看到，文徵明的志文及其他"社交类"作品并未在1527年后减少，反而是大幅增加。如果将他所作的墓志铭和其他类似的传记以每十年为单位加以区分（始自1500年，最早的一篇乃1503年为沈云鸿所作的《沈维时墓志铭》），将会得到如下结果：

1500—1510年：三篇
1510—1520年：十篇
1520—1530年：八篇
1300—1540年：三十篇
1540—1550年：十六篇
1550—1560年：十三篇

这个统计意味着，文徵明在16世纪30年代，即传统上被理解为其专心致力于书画创作的时期，更频繁撰作这类文章，甚至比前三十年加总的数量还多。倘若以十年为单位，文徵明自京返吴后的创作量并未比赴京前少，甚至在16世纪50年代当他已届八十高龄时，亦不例外。然更值得注意的是，文徵明晚年的这些文章很少被录于《甫田集》。例如16世纪30年代的三十篇作品中，仅有三分之一（十篇）被收录其中（16世纪40年代的十六篇中收入十一篇，16世纪50年代的十三篇中收入四篇）。1539年是文徵明这类文章的创作高峰。这一年他总共撰写了十一篇志文，却无一收入《甫田集》。显然，将这些志文收入《甫田集》被认为是不恰当的，但这是基于什么理由呢？当进一步分析这些志文的对象，会发现一些可能的模式。《甫田集》共收录墓志铭二十八篇，加上周道振自不同文献辑校所得的二十七篇（《文徵明集》的补辑部分），文徵明共撰志文五十五篇。[5]《甫田集》中共有十五篇是为长辈所撰,而补辑中仅有六篇。当然,因文徵明高寿,较其年长者势必渐少,然由补辑中的作品始自16世纪20年代这一点看来,或多或少也能解释上述结果,因为早期作品可能并未传世。《甫田集》中有十二人在朝任官,而补辑中则有七人。前者的官阶普遍高于后者。这令人难以摆脱一种陈腐的定论,即官阶是重要且受到高度重视的。与达官贵人结交可以提升社会地位,因此文徵明会想将其为高官所作的志文收入公开文集,包括官至从一品、正二品的要人。然在补辑未刊的作品中,最高官阶也不过正四品。《甫田集》共录文徵明为亲属所撰的志文七篇,补辑中仅有二篇。《甫田集》中有四篇为女性撰写的墓志铭,皆为其亲族,且文徵明识其中三人之名。但在补辑为女性所撰的五篇墓志铭中,仅有一人是亲属,且是远亲;文徵明仅知其姓而不识其名。他总是小心翼翼地解释自己何以认识这些非亲非故的女性,遣词用句经常以"按状"一语与属文对象保持距离。最后,我们可以看看文徵明在墓志铭中称作"吾友"的人数;在刊行的《甫田集》中共有六人,未刊行的补辑则毫无一人。由此可推论,刊印的文集中,文徵明撰文的对象若非达官贵人,便是亲属或友人(当然,一个人可能同时符合以上两种定义)。如果再观察墓志铭以外诸如"行状""传"等传记类文章,这个推论将显得更有力。《甫田集》收录的十八篇传记文章中有十四篇是为仕宦之人而作,补辑中的十篇则仅占三篇。官阶的差别同样清楚可见,前者多为较重要的人物。《甫田集》没有收录任何为女性所写的"行状"或"传",[6]而补辑中却有两篇。文徵明为亲属所写的传文则各有两篇被收入。

这些剪裁透露出,文徵明(或其子辈)希望借由文集的刊行而塑造其身后之名,使之看来总是为德高望重的男性精英撰写墓志铭。他们并不希望让人见到文徵明也为女性、低级官吏及素昧平生之人撰写志文,因为这些作品将使文家蒙上阴影;若只是为了金钱报酬而提供服务,可是种被污名化的往来形式。当然,"男性友人、亲属和达官贵人"等类别彼此间并不互斥,且在某些情况下文徵明撰文可获得物质上的报酬。1552年为何昭所写的碑文便是一个很好的例子。何昭早于1536年谢世。在文中,文徵明不讳言这篇碑文乃受何昭之子何鳌(1497—1559)所托,何鳌当时任刑部尚书。何昭父子均为当时显宦,然文徵明却在碑文中强调与何昭素未谋面,撰文乃出于对在上位者何鳌的义务:"某生晚,不及识公,而侍郎辱与游好,不可辞。"[7]尽管如此,这篇碑文仍被收入《甫田集》；与这等人物攀上关系，并让人知道自己和这样的人物结交，总是好事一桩。

这一点也不让人惊讶。不过，文徵明的社交圈事实上远比这来得广，例如补辑中有一些志文（相较于文人讳于言商的刻板形象）明明白白、毫不遮掩地是为了"生意人"所作。除了1509年为其外舅所撰的《祁府君墓志铭》外，《甫田集》中并无为这类人物所写的纪文。由这篇墓志铭可知，祁春幼时曾从其舅父远赴岭南任官，成年后涉游于福建、浙江、安徽、山东等地，从事各种贸易活动，直到其双亲老迈，才放弃这种四处游历的生活。[8]在这类为成功商人所写的志文中，文徵明于1520年为黄昊（卒于1518年）撰作的《明故黄君仲广墓志铭》更具代表性。铭文起始便述及苏州阊门外熙熙攘攘的繁忙景象，而黄氏一族就居住在拥挤的市集当中，世代善富，黄昊时正与其兄合伙做生意。他以礼义教子，隐然成为"士族"。"晚岁，业不加拓（可能是生意惨淡的婉转说辞）"，然而身为一个君子，其品行并未因此有所改变。文徵明续称颂黄昊温纯的秉性，与其兄同居三十年而少有间隙，且"终岁未尝一至县廷"[9]。文徵明十分清楚，正是有赖于这些理论上为人轻蔑的商人阶层，以及他们所带来的商业繁荣，16世纪的苏州才得以如此辉煌。在1532年为长洲石瀚（1458—1532）所作的墓志铭中，他再次赞颂苏吴的丽靡生活，对于"智能"的喜好任用，尤其是商业带来的好处。文徵明写道："（石瀚）自其父以纻缟起家，至翁益裕，其业亦益振。冠带衣履，殆遍天下。一时言织文者，必推之。"然其家业日益丰硕的同时，石瀚依旧未改其消费习惯，成功守其家业五十余年。"岂其智能出他人之上"。文徵明复推崇其推诚履顺的品格"不类市人"。做生意千金一诺，值得信赖。重要的是，我们得知该墓志铭的撰写缘由："先事，奉其友彭年所为状来乞铭。"[10]

几年后，文徵明在为谈祥所作的《谈惟善甫墓志铭》中，颂扬谈氏世代积累的家产，至谈惟善时更是倍之。谈氏亦是以纻缟起家，"通四方宾贾"。有赖于谈祥的日夜辛劳，其家业日臻丰裕，然其生活毫不奢靡，喜好礼敬贤士与教督诸子；即使身居市井，却多与达官伟人联姻。"谈氏遂隐然为里中右族。呜呼！有足尚已。"谈祥因输粟赈饥而获封散衔；也曾为楚王府提供良药。然其一生皆着布衣，未尝穿戴章服。文徵明引其言，云："吾岂不为是荣？顾自有所乐耳。"谈祥晚年在其别业筑一小山自娱,命名为"怡山",与家人、亲戚及友人优游其间。他曾说:"吾父仅得下寿,吾今余五十,知复如何?"[11] 这个温厚的纺织业大亨其实是富裕有成的诗人兼要官皇甫汸(1503—1582)的岳丈,皇甫汸曾在文徵明九十大寿时奉苏州知府之命为撰纪文。由于这一层关系,石瀚才得以有幸从苏州众多的大商贾之中脱颖而出,获得文徵明为其撰写墓志铭的机会。在文徵明1539年为慎祥(1479—1539)所作的《南槐慎君墓志铭》亦可看到相同情形:

> 吴兴潞溪之上,有俶傥奇伟之士,曰慎君元庆。自其少时,便激卬蹈砺,思亢其家。年十八,去渡大江,涉淮及泗,迤逦燕、冀,遵大都而还。所至征物之贵贱,而射时以徇,江淮之间称良贾焉。已而叹曰:"行贾,丈夫贱行也。吾闻末业贫者之资,吾其力本乎?"乃归受田,耕于苕霅之间。其地当五湖之表,沃衍饶稼,有山泽之利,丝漆苇蒲,通于四方。君勤力其中,益树桑梓,劭农振业,菑播以时。时亦赊贷收息,以取羡赢。居数年,竟以善富称。

文徵明在此对于致富手段的描述没有丝毫的避讳,即使他亦自承:"余雅不识君,而与蒙友。及是葬,蒙遂以状来乞铭。"[12]

最后一个例子是文徵明晚年为朱荣(1486—1551)所作的墓志铭。其子朱朗(约活动于1510—1560年)是文家的重要成员,下文将做进一步讨论。朱朗以"文艺"从游文徵明门下,年长的文徵明对其颇为喜爱,并因之认识其父朱荣,也很喜欢他。文、朱二家互为邻里,所居相距仅几步路遥,常有往来。当朱荣得末疾,文徵明登门拜访时,朱荣仍会挂杖相迎;有时病痛让他无法开口说话,却依然相饮不辞。文徵明透露,朱家世代从商,朱荣自幼聪慧,读过一些书,替父亲打理生意时,不习侩语,不事狙诈。所居处,"百货骈集",市肆栉比而人情狡狯,只有朱荣与众不同。他为人诚实、慷慨,所得因此缘手散尽,家业中落。当他发现其诸子争相与乡绅交游,"从事文业",其喜悦溢于言表。晚年的朱荣与文徵明亦相交甚欢。[13] 尽管这些文字无法充分反映文徵明的社交生活,但至少可以若干改变我们对于其晚年社交圈仅局限于文人、书画家的传统观点。无论是与退休商人举杯畅谈——他既是自己得力助手的父亲,也是一位好邻居,或是应乡绅之邀为地方上重要的水利工程竣工而撰文,这样的文徵明形象,都较过去刻板印象里的文人,还要更植根于其社会关系，也更善交际，跟大家都处得来。

除了商贾，文徵明为非亲非故的女性（形式上较次要的族群）所撰写的志文，虽出于其手，却是其本人及后人选择排除在外的一类作品。这些传记文章多称颂妇女在男权至上的儒家社会中应有的美德，然阅读过程中我们发现，文徵明并未因对象为女性就草率应付。如《王宜人家传》中，文徵明赞扬武定军民府同知王介之妻翁氏，自幼聪明，通经史大义，孝敬公婆，当王介因公务怒形于色时，能以"为人父母"不宜任情自用相劝。其教育子女有方，循循善诱，为贤妇楷模，"不使武定知有门内之事"。然此传却是在翁氏卒后十余年，当其子王铠于1535年中进士之际，才嘱文徵明写就的。最后文徵明引用《易经》中一段文字作结，阐述家道正而后天下能定的真理，以及婚姻对古代先王之治的重要性。[14] 另一个楷模为顾从德的妻子刘氏，出身松江上海世家。其人恭顺娴静，从德秉烛夜读时，常常为其准备水果茶点，以节其劳。从德喜好古图史及古器物，往往大肆挥霍购买，刘氏则对其曰："君好古人之迹，亦能师古人行事乎？"其夫听后不禁汗颜，才又投入学问之中。刘氏在廿一岁时因分娩而死，然其贤德却令文徵明将其与名载千古的烈女相提并论，并在传记末尾写道："女史失职，妇人之行，往往不闻于世。余得其事，因私列之以传。"[15] 最后一个例子是《丘母钟硕人墓志铭》，书于1539年，时太学生丘思闻母丧，自南雍奔归苏州，涕泗请求文徵明为其母钟氏（1475—1538）所作。丘思将自身的成就皆归因于其母的教诲，而客游京师求学，只冀望有所得而荣耀其母。文徵明根据丘思提供的行状撰写墓志铭。文中称颂丘、钟二姓皆为上杭（福建省山区的一县）巨族，而钟氏持家有道，使其夫丘廷基"得释其内忧，而专意于外"[16]，为贤妇楷模。文中所指的"外"事很可能与商业有关，而丘家在丘思之前并无任何人涉足仕途。对照文徵明最理想的墓志铭对象，钟氏身为非苏州商人家庭的女性成员，家中又无显宦，此篇文章可谓一特例。而经济条件想来富硕的丘思，却可以在毫无关系与交情的状况下，请到此时已退居官场之外的文徵明，依礼为其母作铭。正是因为"依礼"，钟氏与文徵明不可能相识，然在某个层面上，钟氏却也能在文徵明的圈子里运作其能动性，而这个圈子恐怕已经远远超越了"文人、书画家及他们刻意拣择过的友人"所涵盖的象牙塔范围。

到目前为止，本文讨论的资料并未包含文徵明以其书法书写他人文章的例子。墓志铭便是其中存世较少的一类,主要是因为作为这些文字载体的石碑最终必得随着死者一起入葬。20世纪70年代,考古学家在浙江省兰溪县发掘一方巨大的石碑,铭文乃文徵明所书的"唐龙(1477—1546)墓志铭"(一千九百余字的楷书)【图52】,出土之前不为人知。这篇《明故光禄大夫太子太保吏部尚书赠少保谥文襄渔石唐公墓志铭》(头衔意味着唐龙生前官至从一品,几近官僚系统的顶端)由大学士徐阶撰文,篆书碑额刻在另一块石上,出自欧阳德(1496—1554)手笔。唐龙在1546年辞世时,被摘除一切头衔,直到1553年其子登进士第、进入翰林院后才获平反。由于其子登科,唐龙才得以获致与其生平成就相符的荣封。徐阶当时正处于宦途的高峰,而欧阳德在文末署名"赐进士出身资善大夫礼部尚书兼翰林院学士泰和欧阳德篆盖",文徵明却只能自署"前翰林待诏将仕佐郎兼修国史长洲文徵明"。[17]由此可见,文徵明尽管已届八十三岁的高龄,却是这些人当中官衔最低的,仅能书写碑文,而非更重要的撰文者。文徵明生平究竟为人书写过多少篇这类碑文,恐怕不得而知(能够确定的是他曾为其庇主林俊和苏州知府王廷写过),然其数量应是相当可观。文徵明很可能与唐龙相识,但是会参与这个过程多半是出于他与徐阶的交情。[18]两人曾于1523年在翰林院短暂共事,皆任编修;之后文徵明去京返吴,而徐阶则平步青云。徐阶是嘉靖初年"大礼议"事件中主张礼制改革的另一位大学士张璁的死对头,张氏的主张成为嘉靖皇帝为生父加称尊号的理论基础。在这场意识冲突中,文徵明的人际网络中有多数都属于保守一派,可能因此而加强了他与徐氏之间的关联,让后者自然而然地想到请他来书写铭文。由文徵明与苏州知府王廷的通信也可发现,撰文者往往是这类行动的发起人,尽管费用是由死者的家属负担。唐家不可能在没有任何适当引介的情况下,提供文徵明金钱;文徵明多半是因为之前与徐阶的关系以及彼此的人情义务(obligation)才参与此事。两人之间的交情可以从文徵明作于1557年、现藏中国国家博物馆的《永锡难老图》卷中看出端倪;[19]此画系受徐阶之子所托,为其父五十大寿而作。文徵明采用复古的青绿风格象征长寿,十分适于贺寿【图53】。卷后董其昌的跋文提到,文徵明任职翰林院时,曾受到其他进士出身的年轻同僚看轻,唯有徐阶对于年长的文徵明依然尊敬。[20]这层关系在三十年后仍有意义,也让文徵明无法拒绝为素昧平生的唐龙书写碑文。

凡提到文徵明书写他人文字并获报酬之事,便涉及了中国艺术史上

[图 52] 文徵明书《唐龙墓志铭》 1553 年 拓本 69.4 × 15.5 厘米

[图53] 文徵明
《永锡难老图》
1557年 卷
绢本 设色
32×125.7厘米
北京
中国国家博物馆

最敏感的一个问题,即玩票文人(literati amateur)与专职作画作书之人的截然二分。现代虽已无评论者相信这个理论模式最单纯的定义,然在20世纪初"中国艺术"的范畴初建构之时,却颇具影响力,认为前者创作时皆出于灵感,从不接受他人委托,当然也不求报酬。然而通过诸如高居翰(James Cahill)的《画家生涯:传统中国画家的生活与工作》(*The Painter's Practice*)等极富颠覆力的著作,我们对于如何获得文徵明这一类人物的书画作品,已少有浪漫的想法。如今我们更倾向开放地看待此事,就像罗杰斯(Howard Rogers)在1988年出版的图录中对文徵明作品的解说,认为有可能是文徵明的夫人"负责收取来索字画的人给予的酬金"。[21]"报酬"已不再是讨论的禁忌。因此当我们看到文徵明在1540年的《疏林浅水图》【图54】自题"南衡御侍过访草堂,写此奉赠"时,或许已经很难将这件作品视为文徵明不受拘束的自主创造力的展现。"南衡"是指来自杭州的高官童汉臣(1535年进士)。和许多曾获文徵明赠画的官员一样,童氏也曾任御史。他在大学士严嵩乱政期间遭到贬谪,直到1553年才复官,任福建泉州知府,最终任江西副使。现有文献无法证明两人之间有任何明显的关联(除非"与严嵩为敌者即为吾友"的原则有效),而这件作品显然是"仅此一次"('one-off')之作。[22]我们可以合理推测,童汉臣拜访文徵明时曾致赠礼物,因为这完全合于当时的礼仪;这种交换全然是隐晦而非公开的。我们甚至也可选择将此交易视为"购买"行为。然而,我们莫认为古与今、中与西,若非皆异,必定皆同,而将过去等同于现在、"中国"等同于"西方",认为明代的中国已经发展出"与我们现在相同"的商品文化,故无论再怎么粉饰,市场机制与商品交易的铁律,在任何脉络下都无所不在。事实上,明代社会虽已发展出商品文化,却与我们现在不尽相同。这可说是"早期现代"文化('early modern' culture)的一种多元性(尽管我对这个词汇所蕴含的历史目的论感到不安,在此仍坚持使用乃是为了挑

[图54] 文徵明《疏林浅水图》（局部）1540年 卷 纸本 水墨 25.9×118.5厘米 台北故宫博物院

战"早期现代欧洲"概念被赋予的独一无二性）。在这些历史情境中，礼物的逻辑与商品的逻辑同时并存。身处其间的社会行为者（social actor）远比我们熟谙其中逻辑，他们借由个别事件，而非可以理论化的"系统"，将之运用到同样熟悉这些运作逻辑的社会行为者上，或与人为善，或与人共谋，或与人相抗。是以在此有必要从"论述"（discourse）的层面来探讨社会行为者如何进行我们视为"交换"的交易，并更进一步理解这种论述如何运作。

周道振费心集结的文徵明存世信札，为我们进行这个探索提供了最好的文献材料，当然，这些可能只占文徵明生平与人书信往来的一小部分。官方文集《甫田集》仅收录七篇篇幅较长的"书"，但周道振除此之外，更辨识、收录了二百零五篇的"小简"。这个数目远远超过17世纪书画家八大山人（1626—1705）和石涛存世的三十五篇和二十四篇类

似信札。[23] 与之相同，文徵明的信札是因其作为书法作品所具有的文化（及商业）价值而被保存，并非因其内容。这些作品又因为创作情境的随性与自发，进一步提升其价值。[24] 就好比欧洲收藏史上大师的素描作品所扮演的角色，收藏家同样认为这类作品具体展现了艺术家自然流露的天赋。最初的构思（first thought）往往比雕琢后的精致更值得向往。[25] 这些小简当然有内容，也有受信人的名字（其中有不少可以确定身份），是帮助我们了解文徵明的书画作品背后种种人际关系和人情义务的一个主要途径。然而在运用时仍然会遇到一些问题。其一是这些书信大多没有署上日期，尽管有些可以通过内容或受信人的忌辰等资讯加以推敲。其次是真伪问题；这二百多封的信札可能包含了伪作，因文徵明的作品在艺术市场中极富价值。然这同时也意味着这些存世的信札大部分都是文徵明晚年所书，因为此时他的声名已使其只字片语都值得

[图55] 文徵明《山水图》约1530—1545年 折扇 金笺 设色 17.8×51.1厘米
檀香山美术馆（Honolulu Academy of Arts, Hawaii.）

珍藏。再者，文徵明在信中多以"字"称受信人，因而有些人的身份无法辨识。最后，只有极少部分提及直接交换的情况，以下这封给"蜗隐"的小简算是凤毛麟角的案例：

> 荆妇服药后，病势顿减六七。虽时时一发，然比前已缓，但胸膈不宽，殊闷闷耳。专人奉告，乞详证□药调理。干聒，不罪不罪。作扇就上。徵明顿首再拜蜗隐先生侍史。[26]

这恐怕只能用文徵明以扇易药来解释。我们无法确定究竟是画扇或书扇，倘为前者，可能会是像现藏檀香山美术馆（Honolulu Academy of Arts）的一件扇面【图55】。文徵明在扇上简洁题云："徵明为小野制。"[27] 如同蜗隐，这位小野亦身份不明。这类折扇在文徵明的时代仍属新奇，但在其发源地日本早已成为价值匪浅、特别适于交换的物品；对于折扇这种功能的理解是否也随之一起传到中国了呢？[28] 另一封描述"交易"甚为直白的信笺是写给"心秋"的，文徵明感谢心秋赠礼，云"使至得书，兼承雅贶，审冬来文侯安胜为慰"，并随信附上其"拙笔"。信中以"雅贶"一词指称心秋致赠的礼物，系书信往来的礼貌性特殊用语，随着明代书信写作手册的普及而渐为大众熟知和使用。[29]

要特别注意，并非所有文徵明自承收礼的信札都提及以书迹当作回礼。现存两封写给毛锡朋（娶文徵明堂妹为妻）远亲"石屋"的信札中，文徵明仅谢其"珍馈骈蕃"。两封皆为标准的谢札，第一封还感谢石屋来访，第二封则提到自己的病痛，因此无法出门。[30]另外五封致毛锡畴的书札全都是感谢对方赠礼（大概是食物），如第三札云："老饕无以为报，独有心念而已。"[31]文徵明存世的信札有不少是这类谢函，如写给公认的绘画弟子、长洲进士王穀祥（1501—1568）的短札，只有一句："承珍饷，领次多谢。徵明顿首酉室先生。"恐怕很难有比这更简短的信札了。[32]这封感谢王穀祥馈赠食物的小简（此处称"珍饷"，是书信中常见的夸饰用词），指出了明代精英阶层礼尚往来时，经常以食物当作赠礼。药品也常被提及（不过，"食品"和"药品"在明代并无清楚的分野）。在《致子正》一札，文徵明谢其"佳赐"，当中就包含了膏药。[33]有封信感谢身份不明的"怀雪"馈赠食物（包含鲈鱼），[34]另一封《致文学》札则谢赠甚佳"新茗"。[35]文徵明在一封受信人不明的信中云："牛脯区区所嗜，但医家特禁此味。只辱佳惠，但有感恩而已。人还，附谢。草草。徵明顿首。"[36]在《致启之》札中，文徵明感谢对方赠送莲、芡，并为无法交付诗作致歉，且承诺尽快奉上。[37]莲、芡虽然微不足道，却是赠送者的"雅意"，而伴随莲、芡的说不定还有其他更贵重的物品，然文徵明礼貌性地避而不谈。《致董子元（宜阳）》札也有类似情形；董宜阳出身上海，曾多次委托文徵明作书，包括为其母撰写墓志铭，以及为家族坟茔撰写碑文。文徵明奉上新诗数章，答谢董宜阳赠送歙墨。[38]给某个严宾的信则伴随了一幅文徵明的小画；信中提到文徵明以画感谢严宾之馈，似乎以这种方式回避了以物易物的难堪：

> 雨窗无客，偶作云山小幅。题句方就，而王履吉"王宠"、禄之"王穀祥"、袁尚之［袁袠（1495—1560）］适至，各赋短句于上，所谓不期成而成者也。奉充高斋清玩。……承馈栗蹄，多谢。徵明顿首子寅文学尊兄足下。[39]

我们将发现，文徵明与严宾之间的关系并非"仅此一次"，而是持续数十载的往来。除了这封小简，还有其他证据可证明两人之间的礼物交换。1509年严宾自南京返吴，随身带着数年前文徵明为其所绘的《桐阴高士图》。文徵明重题旧画，赋诗其上（诗文提及该画是他"二十年"前所作，如果此话为真，则该作为其近二十岁时作品）。[40]后世的图录载有文徵明于1530年为严宾所绘的一幅画，以及1535

年他为严宾所藏的沈周画作题跋。[41] 这意味着两人的交情至少横跨了自15世纪80年代至16世纪30年代的四十余载。这或许也能解释为何文徵明如此欣然地完成了信中所提的"云山小幅"。在此作为礼物的"栗蹄"恐怕只是次要。

比起这类"不期成而成者",更普遍的是作品的耽搁。委制作品的延迟以及随之而来的致歉成了文徵明书信不断出现的主题。在与上海富绅朱察卿(卒于1572年)一封篇幅较长的信函里,文徵明先是叹其"入春来偶感小疾"且"不得稍闲",因"久逋尊委"而感到"不胜惶悚"。接着提到自己会于近日路经吴江,届时将亲自登门致歉,并为"再领佳贶"申谢。第二封信中,文徵明惋惜吴江一别后便失去朱氏音讯,然现下终于收到他的来信。随后再次抱怨自己"区区比来日益衰疾",又忙于处理三弟妻子之丧(且苏州屡受倭寇之扰);继而感谢朱氏寄来诗作数首示教,"欣羡之余,辄次子元夜话韵,以答雅意"。最后文徵明不忘感谢朱氏赠送药品。[42] "推迟",对于精英阶层社交生活的维续,特别在维持文人业余书画家的身份时,举足轻重。蒂蒙·斯克瑞奇(Timon Screech)研究关于19世纪初日本德川时代的艺术文化(当时有许多文化模式习自时人所知或想象中的中国),曾敏锐地指出,推迟作品交付的时日,是文人"不拘一格"(untrammeled)之脾性的一个重要指标。[43] 这个指标似乎也常在文徵明的行为中体现。

如我们所见,"报"的概念在明代人对于人际交往的理解方面至为关键;当书信中欲清楚点出以礼物来换取艺术品,"报",至少就论述的层面而言,也同等重要。《致民望》札中曾出现"报"字;文徵明感谢其赠送"香几"而回赠扇骨一把,"不足为报也"。[44] 这个字也出现在写给僧半云的信中,文徵明感谢半云馈赠膏药,云:"小扇拙笔将意,不足为报也。"[45] 同样的情绪可见于《致石门》札,文徵明附上画扇【图56】一柄,但忧心与对方"雅意"不称;无论从书信或画跋的脉络而言,"雅意"一词无疑是指对方赠与的礼物。[46] 文徵明在《致允文》札中同样以委婉的"雅意"一词感谢其赠礼,并随信附上沈公(沈周?)八图,云:"是早年所作,妙甚,不敢容易着语。"(亦即是,允文拥有这些图,希望文徵明能为之题跋并鉴定真伪,而最终得偿所愿。)[47] 因此,礼物不仅是礼尚往来的必需品,也是想法或意图的物质化呈现。在致锦衣卫"天谿"的信中,文徵明先是感谢对方惠贶,然后最后写道:"小扇拙笔,就往将意。"[48]

[图56] 文徵明
《柏石流泉图》
无纪年 折扇
金笺 设色
18.5×51厘米
南京博物院

明代论述中,"意"与"情"的关联尤其密切,在文徵明某些篇幅较长的信札里,情感常扮演最重要的角色(如第1章讨论的致张衮札)。在这些信中,在接受委托的过程中,文徵明往复考量其情,然接受请托原本就会损及其精英身份。当他不愿涉入这类人际关系时,也有多种策略可运用。其中一种便是迅速地回礼,且回礼必须完全相称,使开启交换游戏的一方无法再进一步加深与文徵明的关系。最简单的例子可见1545年写给玄妙观(苏州市中心最主要的道观)道士双梧的信札;文徵明简洁地感谢双梧为他导览道观诸胜,并随信附上七首记游诗。[49] 前文有许多例子亦然,例如文徵明回赠折扇(画作的最小单位)或是礼貌地写到"不足为报也",其所要表达的其实恰恰相反;礼尚往来,但只此一遭。在一封写给身份不明之徐梅泉的长简中,可能会看出这种更刻意的形式。文徵明非常婉转地表达此意:

> 徵明跧伏田里,与世末杀,于左右未有一日之雅。承不远千里,专使惠问,宠以长笺,叙致敦款,推与过情。自惟不状,何以堪此?拜辱之余,殊深悚恢。伏承保障一方,翼以文治,风流雅尚,有足乐者。即日履兹深寒,起候安胜为慰。徵明七十老人,待尽林间,百念荒落,乃无一事可以奉答雅情,愧负之至。所须草书,漫作数纸,拙恶陋劣,殊不足以副制府之意也。贶楮珍重,领次多感。瞻对末由,临书不胜企俟,惟万万为国自爱。徵明顿首再拜奉覆武略梅泉徐君戏下。[50]

"徵明七十老人"一句使这封信的时间可定在16世纪40年代。尽管这封信也采用了许多广泛出现在其他信中的公式化语句,但文徵明对于因果关系的强调却似乎异常明显。尽管徐梅泉表达的"情"使文徵明深有所"感",然字里行间却透露出徐氏与文徵明并不亲密,而文徵明如此措辞也使徐氏无法成为其挚友。文徵明于信中强调两人间的距离,避免任何对等关系(因为那可能会导致两人间进一步的社交义务或往来)。他也特别小心翼翼避开使用"报"字,而选择了更为中性的字眼"副"。

另一种文徵明可能使用的策略是强调地位的悬殊,《致王庭札》便是典型案例。王庭(1488—1571)乃长洲人,官运亨通(时任江西参议)。现存有三封文徵明写给王庭的信札,以及文徵明为王庭所藏明初闻人陈宽《溪山秋霁图》所作的跋,跋中亲切称呼王庭为"吾友"。[51] 然而两人的关系似乎并未如此亲密。三封信的其中一封附有文徵明作于王庭家中酒宴的诗,但另两封都是回绝之辞:一封拒绝了王庭晚宴的邀约,另一封部分内容如下:

> 昨蒙府公垂顾,命为介翁寿诗。徵明鄙劣之词,固不足为时重轻。老退林下三十余年,未尝敢以贱姓名通于卿相之门。今犬马之齿,逾八望九,去死不远,岂能强颜冒面,更为此事?昨承面命,不得控辞;终夕思之,中心耿耿。欲望阳湖转达此情,必望准免,以全鄙志。倘以搪突为罪,亦不得辞也。伏纸恳恳。徵明顿首恳告阳湖先生执事。……[52]

略显矛盾的是,"命"似乎比较容易应付,因为没有牵涉到"情"。由于"命"比"宠"易于回绝,因此相对于以礼物交换"报",文徵明倾向以这种说辞婉拒诗、画的索求。如同文徵明16世纪50年代时的做法,使自己的地位劣于对方是拒绝对等关系间礼尚往来的一种方法。

还有一种表达及维持彼此差距的方式是强调交易过程中中介者的必要性,因为文化掮客的存在可能使作品的请托人与制作方文徵明之间的关系更加平顺。许多学者已经明确指出文徵明的两个儿子文彭、文嘉所扮演的角色至为关键,但也有其他人扮演了这种角色。这种情形非常普遍,例如文徵明常会在墓志铭中提及其社交圈中的人物,如弟子彭年曾向他述及亡者的美德,确保亡者值得文徵明为其撰文纪念。从文徵明与项笃寿（1521—1586）的关系也可看到这种策略。著名的嘉兴项氏以典当业致富，而笃寿在项家三兄弟中排行老二，于1562年登进士第，之后仕途一帆风顺。不过，项氏兄弟是因为成为当时最成功且最投入的书画、古物收藏家而声名显著，尤以老三项元汴（1525—1590）最为出色。[53] 文徵明于1545年为项笃寿（时年仅二十四五岁）所作的书卷应该还存世，可能就是现存文徵明写给项笃寿的唯一信札中提到的作品；从内容判断，这封信应写于1545年或1546年。信中文徵明提到两人原本互不相识，然《仿李营丘寒林图》（1543年，见【图7】）的受画者李子成"薄游吴门，每谈（项笃寿）高雅"；接着承认收过项笃寿的文章，且对其褒奖有加（再度述及"安胜为慰"字句），然后又写道：

> 徵明今年七十有六，病疾侵寻，日老日惫。区区旧业，日益废忘，愧于左右多矣。向委手卷，病懒因循，至今不曾写得，旦晚稍闲，当课上也。……再领佳币，就此附谢。[54]

提及作为中间人的远亲，并称颂实际上是顾客（文徵明未必需要与之谋面）的项笃寿"高雅"，在某种程度上可以淡化交易的商业色彩，而将之转换为对于才能与道德之士的必要尊重。文徵明的作品并非无偿，但也不代表付得起价钱的人便可以轻易获得。

关于上文有一点要特别注意，我们对于大多数请托文徵明作书作画的人，所知阙如，而项笃寿和王庭只是刚好有留下传记的特例。对于交易直言不讳，似乎与受画者之缺乏知名度或多或少有些关联。因此我们对武原李子成一无所知；但从《仿李营丘寒林图》的画跋得知，李子成在文徵明遭逢丧妻之痛时，不远数百里前往吴门吊慰，因而获赠该画。对《乔林煮茗》（1526年，见【图31】）的受画者如鹤先生亦所知阙如，然画跋却不寻常地直接将该画与文徵明接收的"雅意"（即礼物）联系在一起。关于徐梅泉的身份亦无法辨识，仅知其赠礼使文徵明"漫作数纸"草书回礼；而许多文徵明折扇的受赠者，最多只知其"字"，如大夫"蜗隐"或是委托文徵明为作别号图的锦衣卫"天谿"。

这个题赠给不可考之人的特殊模式，可因我们在探索文徵明题赠给有名有姓之人的作品时，得到进一步的证实，因为后者仅占其全部画作的少数。现代学者刘九庵在1997年编著的《宋元明清书画家传世作

[图 57] 文徵明
《雨余春树图》
1507 年
轴 纸本 设色
94.3×33.3 厘米
台北故宫博物院

品年表》中，列出文徵明作于1495—1559年、现藏中国大陆的作品共一百二十一件，其中有二十件在画跋或标题中明确提及受赠对象。其中绝大多数对象已不可考，包含部分文徵明最著名画作的受画人，这些画被视为今日理解文徵明艺术的关键。例如1507年文徵明于濑石北行之前为其作《雨余春树图》【图57】，用来引发濑石对吴地秀丽风光之忆；该画已被公认为文徵明画风发展过程一件相当重要的作品，同时也是吴派绘画形塑过程的一座里程碑。石守谦以其深具说服力的论证，指出这幅画对于送别图发展出新模式的重要性，并指出这幅画对文徵明个人的意义，因当时他对仕途仍然抱着能同濑石一般北上的期望。然我们对濑石却一无所知，这不免令人觉得好奇。两人之间除了此画，再无其他诗作、书信、题跋或任何足以联系二人的迹象存世。他或许是文徵明的挚友，因文献资料的阙如而无法得知其人其事；然而他也有可能与文徵明相交甚浅，只不过恰好请托文徵明为作一幅寻常的送别图，却不意得到这幅大师杰作。他或许兼备了模棱两可的"请托人"（client）一词所具有的两种概念（译注：昔为从属于庇主之人，攀附关系寻求恩庇，今表客户、委托人）。同样，对于文徵明1529年为作别号图《猗兰室图》【图58】的朝舜，我们亦一无所知；文徵明隔年又重题此画。[55] 同一类型的作品

[图58] 文徵明《猗兰室图》（局部）1529年 卷 绢本 水墨 26.3×67厘米 故宫博物院

[图 59] 文徵明
《藂桂斋图》
(局部) 无纪年
卷 纸本 设色
31.3×56 厘米
私人收藏

[图 61] 文徵明
《山水树石册》
1552 年
全 10 幅 洒金笺
及绢本 设色
21×31.5 厘米
私人收藏

还包括文徵明为身份不辨的郑子充所绘的《藂桂斋图》【图59】。[56] 至于文徵明为作《兰竹石图》卷【图60】的石诸、1552年十开《山水树石册》[57]【图61】的受画人越山或是文徵明为作《秋山图》【图62】的子仰,我们皆无从得知其生平相关资料。此外,文徵明费时六载为作《四体千字文》【图63】的受赠者子慎亦然。即使在得知全名(不仅是字)的情况下(这意味着文徵明与其关系疏远),我们亦时常如身处五里雾中,

[图60] 文徵明《兰竹石图》无纪年 卷 纸本 水墨 28.5×119.5 厘米 伍斯特美术馆（Worcester Art Museum, Worcester, Massachussetts.）

无法进一步探索。文徵明1510年画作的受画人彭中之可能是其弟子彭年的亲戚，但无从证实。[58] 前文在信札中提及的王石门，因其赠礼的"雅意"而获得文徵明以折扇回礼，亦是1532年惊人的《虞山七星桧》（见【图41】）一作的受画人。然我们对他的了解仅此而已。[59] 再者，关于宜兴人王德昭，除得知其曾于1528年与文徵明相偕品茶并获赠一柄折扇以志其事外【图64】，其他一概不知。

这些形形色色却形象模糊的人物交织出一个共同点（当然我们手边的资料并不完整），亦即他们与文徵明的交情往还都只有一次。现有证据不足以证明他们与文徵明维持了长久关系，较有可能是短暂性的，当事情完成，关系也就结束了。早期人类学的交换（exchange）理论将这种现象视为典型的"商品经济"，而非"礼物经济"（the gift economy），然我们必须牢记，这两者之间并不存在所谓的零和游戏（即"此消"必定导致"彼长"），在时间上也并非属于延续关系，即一方出现较早且较原始，而另一方则接续之且更复杂。反而应该将其视为（以娜塔莉·泽蒙·戴维斯的用语）两种同时并存的交换"模式"。当时的社会行为者（social actor）自然较后世的诠释者，更知道该如何正确运用这两种模式。与其将文徵明为他人所作的书画简单划分为"礼物"和"商品"（甚至是包装成礼物形式的商品），反而应该去区分哪些是仅此一次的交换，而哪些是双方都承认的持续性"往来"。只有通过这类主张的论争，我们才能更全面地了解文徵明的书画在明代社会行为中的位置。

文徵明书于1542年的《心经》【图65】可能就是仅此一次、有限际（bounded）的交换的例子；该书迹附于同时代职业画家仇英（约1494—约1552）所画的《赵孟頫写经换茶图》之后，画乃表现元代著

[图 62] 文徵明《秋山图》（局部）无纪年 卷 金笺 水墨 31.8×120.8厘米 芝加哥艺术中心（Art Institute of Chicago）

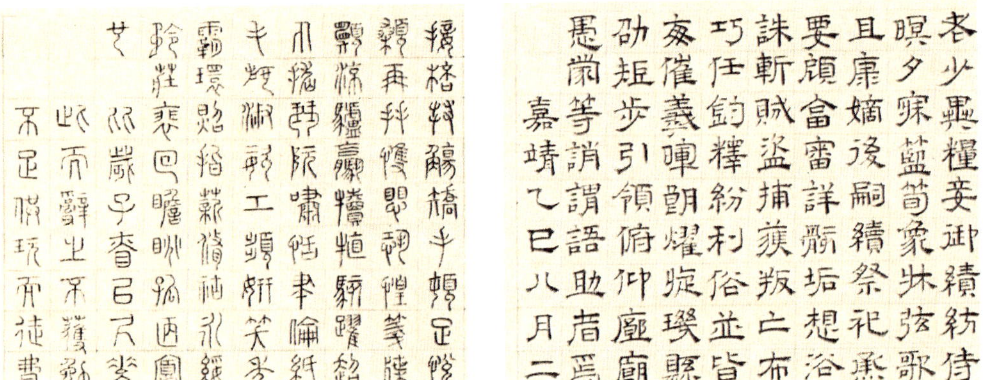

[图 63] 文徵明《四体千字文》（局部）1542—1548 年 卷 绢本 墨笔 台北故宫博物院

[图 64] 文徵明《清阴试茗图》1528 年 折扇 金笺 水墨 17.3×48.2 厘米 柏林 东方美术馆
(©bpk, Berlin, 2009 photo Jürgen Liepe. Museum für Ostasiatische Kunst, Berlin.)

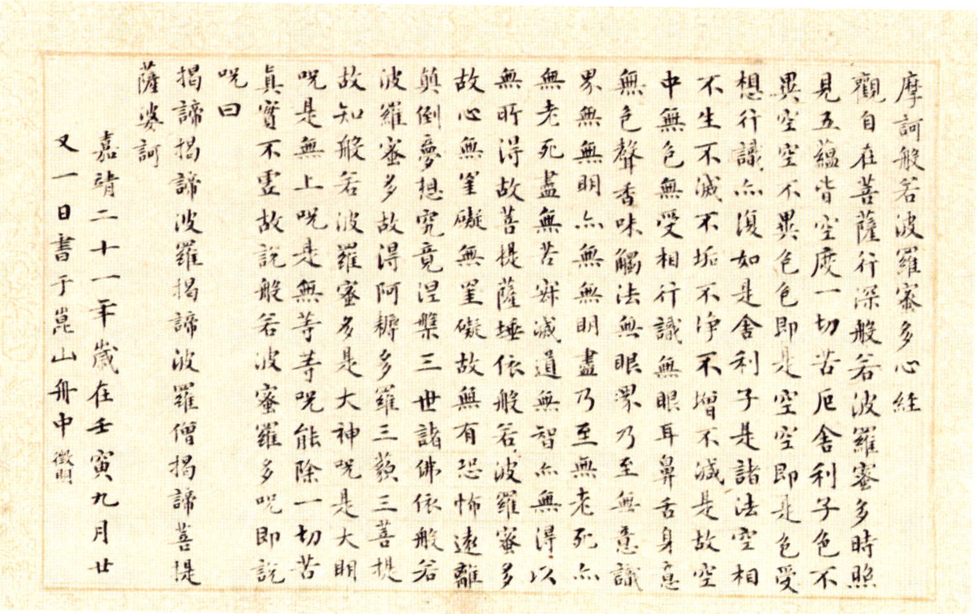

[图 65] 文徵明《心经》1542 年 卷 纸本 墨笔 21.6×77.8 厘米
［此为仇英《赵孟頫写经换茶图》（1542）后跋］克利夫兰美术馆（Cleveland Museum of Art）

名政治家、书画家赵孟𫖯以所书《心经》交换上等新茗的历史故事。该长卷现藏克利夫兰美术馆（Cleveland Museum of Art），系为昆山周凤来（1523—1555）而作；周氏为仇英的著名赞助者，也是富有的收藏家，当时已经拥有赵孟𫖯所书提及以书易茗之事的诗作。[60] 因此，该画的主题是关于交换，而画本身又是交换的主体，由周凤来与仇英之间的例子来看，要重建其采取的交易形式并不难。仇英是职业画家且画价不菲，周凤来就曾以银一百两委请仇英作画一卷，为贺周母之寿。这是一笔数目很大的交易，但我们没有理由不相信，周氏必定也是花费巨资才得到仇英的《赵孟𫖯写经换茶图》。由此看来，文徵明的书法，其名既不下于仇英的人物故实画，自有可能从中获得丰富的报酬。文徵明的文集中没有任何字句述及两人关系，而两人在此之前也几乎不可能有过往来，因为周凤来在委制《赵孟𫖯写经换茶图》时，只有二十岁。文徵明所书《心经》除了时间与地点（昆山舟上）之外，并未提供关于该卷创作情境的其他讯息；而身为赞助者的周凤来，文徵明更是只字未提。文徵明长子文彭于1543年跋此画，提到周凤来如何"请家君为补之（《心经》）"，让人不由得将他视为其父的代理人，在文徵明与这次明显以钱易书的交换中发挥调停作用。双方对于这次交易可能都很满意，也没有一方需要因此而感到羞愧，然证据显示，这样的交易并没有第二次。

与此截然不同的是文徵明与其两位年轻后辈张凤翼、张献翼兄弟之间的交换例子。至少有七封文徵明书与张献翼（卒于1604年）的信札存世；张献翼定居常州，其兄张凤翼乃文徵明《古柏图》（见【图3】）的受赠者。张献翼一生无缘宦途，但对于研究《易经》十分投入，且多有著述。现存文徵明写与他的书信证明了年轻的张氏曾持续致赠礼物给这位长辈。第一札中，文徵明感谢张氏送来的礼物，然后以冰梅丸回礼，"辄奉将意，非所以为报也。一笑，一笑"。第二札感谢张献翼寄来诗篇，并对自己因老病侵寻而不能攀和其诗表示遗憾。文徵明在第三札写道："见惠犀杯，盖旧制也。适有远客在座，当就试之，共饮盛德也。容面谢，不悉。徵明肃拜。"类似的礼物在第四札也有提及，包括可供文房之用的"古铜天鹿"。第五和第六札都表达了文徵明对于两人久别不见的耿耿之情，并对张献翼赠送的礼物（分别以"贶""佳馈"表示）致谢。最后一封小简则邀请张氏到自己的园中共赏盛开的玉兰。[61] 上述没有一封信提到文徵明为张献翼绘作书画，但不代表这类作品不存在。很难想象文徵明未尝设法回报张献翼馈赠的珍品佳馔,而回报的形式最有可能就是文徵明自己的书画。更重要的是两人的关系是建立在长期的"往来"之上,双方的互惠是无止尽的循环。

这种互惠的循环关系不只存在于文徵明与某些个人之间,也存在于他与某些家族之间,最引人注目的当属距离苏州舟程不远的无锡华氏及苏州袁氏(录籍吴县)。从他们与文徵明的关系可发现,以简单的主／从(dominant/subaltern)二分法来理解明代社会关系是有困难的。我们往往很难精确区分谁是庇主,谁又是从属,因为这些身份在明代也是可以商榷的。文徵明后半生与这两家人始终保持着联系,因此在思考文徵明作为提供服务者的角色时,我们必须更谨慎小心地检视这两组对象。在此先讨论无锡华氏。文徵明有好长一段时间,为无锡姓华的居民写过数量惊人的文章,因为看不出他与这些人有任何关系,因此这些文章可能是有酬劳的。例如16世纪30年代中叶,他为无锡的华钟(约1456—1533)撰写墓志铭。铭文的对象为当地一户乡绅(或可能是商人)家庭的成员,无甚作为,文徵明不同以往地在铭文中直陈其"未尝问学"。[62]我们不清楚他是否与华姓其他更知名的成员有所关联。文徵明曾于1539年为学识渊博的出版商华燧(1439—1513)之弟华基(约1464—1517)撰写墓碑文。之所以在华基死后二十二年才为其撰碑,是因为华基乃一介平民,依照法令的薄葬规定,无官阶者不能有墓碑随葬;直到其子金榜题名、平步青云后,才为父亲追封功名并树碑。[63]16世纪50年代晚期,已届暮年的文徵明依然抽暇为华金(1479—1556)平顺无奇的一生书写志略。[64]上述提及的三人除了皆为华姓且住在无锡之外,其共同点便是三篇志文都未被收入文徵明的官方文集。文徵明为华时祯所作的一首七绝诗(无纪年)同样没有出现在《甫田集》,[65]然写给华时祯的小简有六封存世,每一封都对华氏赠礼申谢(礼物有茶、新粳,以及提到"今岁欲举小儿殇,不敢受贺"),其中有封还提到文徵明回赠一册石刻,"不足为报也"。[66]

由于华时祯的委托,文徵明为华氏全族(非其中个人)新迁的坟茔撰写碑文。[67]开头便宣称华氏一族源自南齐孝子华宝;华宝乃3、4世纪时闻人,一生积聚财富丰硕且未曾仕宦,以孝顺父母博得孝子美名。文徵明描述华家"族属衍大,散处邑中,无虑百数",继而引用华时祯之语,言华家"自梅里以降,阅十有四世"。此外,他也在华家另一个家族纪念活动中扮演了不太重要的角色,亦即为华孝子(即华宝)祠的岁祀祝文作跋。[68] 从文徵明参与华氏家族坟茔的新迁事宜和其为华氏之建立华孝子祠发声（立华孝子祠并未得到官方准许，因此当权者不免质疑其为异端）这两件事观之，文徵明不断拥护华家的家庭价值，几乎成为无锡华氏的代言人。

文徵明现存的早期诗文中，1508—1514 年为华珵所撰的《华尚古小传》串起了他与这富裕且族属衍大的华家其中一员的关联。传中称颂华珵，并解释其号"尚古生"的由来。然不同以往的是，文徵明作此传时，传主仍在世，且年逾古稀。从传中得知华珵出自南齐华宝之后，被拔擢为贡生之前曾七试不第，后选授光禄寺太官署署丞。这个单位由于其功能以及与宦官关系密切之故，因贪污而恶名昭彰，然华珵始终"周慎祥雅，而洁廉自将"，后来毅然辞官返乡。即使日后仍有任官机会，也一一辞却。家居后常"领客燕游"：

> 南眆钱塘，北尽京口，数百里中名山胜境，靡不践历。……有古逸人之风。家有尚古楼，凡冠履盘盂几榻，悉拟制古人。尤好古法书、名画、鼎彝之属，每并金悬购，不厌而益勤。亦能推别真赝美恶，故所畜皆不下乙品。……余家吴门，与锡比壤，颇闻诸华之盛。其间履德植义，固多有之，要不如尚古生之笃意古人也。尚古所藏古名人文集，若古人理言遗事、古法帖总数十，费皆数百千不惜。……其事皆有足称者，……书其大者以传。[69]

对于华珵吸引现代学者关注的印刷、出版方面的重要性，[70] 文徵明却只字未提，反而是继续刻画明代鉴赏家理想的生活方式，并着重于他与华家人长期交往过程中特别感兴趣的活动，即华家广泛的书画古物收藏。这种关系比起文徵明与本书中提及之其他人物的关系，大不相同；华珵与他的互动似乎完全建立在这些书画作品之上。文徵明的著作中充满了对华家藏品的叙述，包括他看过或题过的。有时候文徵明不直接指出收藏者的姓名，而将作品说是"华氏世守之珍"，例如1549年的《跋苏文忠公（苏轼，1037—1101）乞居常州奏状》便是一例。[71] 然而概言之，华氏一族中有两个人及其收藏对文徵明的影响最大且时间最长，那就是华云和华夏。[72]

华云（1488—1560）年纪较长，但还是比文徵明年轻一辈。他于1541年登进士第（时已年过半百），官至刑部郎中，后因反对严嵩专权而辞官,在家享受富裕生活,优游于庞大的艺术收藏中。文徵明似乎在踏入仕途前便与华云相识。其好友唐寅于1512年为华云作十六帧《白居易诗意册》,显示文徵明在1523年赴京之前已与华云相识,此点也可由其1520年曾为华云藏画题诗得到证实。[73]而文徵明为华云所作的最早纪年作品是1534年的《西斋话旧图》轴【图66】。他为画作添加的诗题翔实叙述了其造访华云、创作此画时的情境:

嘉靖甲午腊月四日(1535年1月7日)访从龙先生留宿西斋时与从龙别久秉烛话旧不觉漏下四十刻赋此寄情并系小图如此。[74]

尔后,除了华云因任官而离开无锡的期间,证明两人关系的资料出现得更加持续且规律。1540年文徵明与华云同游名胜尧峰,并有诗画记录此次出游。[75]三年后的1543年,文徵明为华云父亲华麟祥(1464—1542)撰墓碑文。华麟祥与文徵明一样场屋失利,后被选为"贡生";他建了一座华美的园林,时常与宾客游衍其中,品评诗书。[76]华云在家为其父守孝三年期间,文徵明至少曾(于1544年)过访一次,并因此开始书写《书陆机(261—303)〈文赋〉》【图67】。[77]1545年文徵明又为华云作了一幅图,而同年其弟子钱穀(1508—约1578)也为华云绘制了一卷(构图传统的)送别图【图68】。画中描绘华云身着官服,在三年孝服期满后,准备起程赴任。[78]周道振订于1546年的一首诗记录了华云返朝途中,曾路经苏州过访文徵明,记录同一事的还有《送华补庵奉使返朝》一诗。[79]文徵明于1547年再访无锡,续成其《书陆机〈文赋〉》,此时华云无疑已返回家中,且至少停留至1549年,因为那一年文徵明曾多次过访,并在其中一次作了《玉兰图》【图69】,感谢华氏的盛情款待。[80]这卷画恰巧附有文徵明随画奉上的亲笔谢札以及当时的信封【图70】,这提供我们一个难得的机会,得以一窥明代精英阶层书信往来的物质文化。另有两封文徵明写给华云的信札存世(原物已佚)。这两封信都没有纪年,但其中一封延续了提及《玉兰图》那封信的一个主题,即文徵明的健康状况:"衰老气味,日益日增,如何如何?"在感谢华云赠送的"珍贶"之后,复又提及随信附上所题牌匾:"所委诸扁,强勉写上,拙书丑恶,大非前比,甚愧来辱之意也。"第二信则对于未能回访向华云致歉。[81]然年逾八十的文徵明于1551年再度前往无锡,并以华氏园中盛开的玉兰为题,作了不下一幅画,包括现藏巴黎吉美博物馆(Musée Guimet)的《玉兰轴》。[82]现存有首诗

[图66] 文徵明
《西斋话旧图》
1534年
轴 纸本 设色
87×28.8 厘米
故宫博物院

者唯曉詩緣情而綺靡賦體物而瀏亮碑披文以相質誄
纏綿而悽愴銘博約而溫潤箴頓挫而清壯頌優游以彬
蔚論精微而朗暢奏平徹以閑雅說煒曄而譎誑雖區分
之在茲亦禁邪而制放要辭達而理舉故無取乎冗長其
為物也多姿其為體也屢遷其會意也尚巧其遣言也貴
妍曁音聲之迭代若五色之相宣雖逝止之無常固崎錡
之難便苟達變而相次猶開流以納泉如失機而後會恒
操末以續顛謬司黃之秩序故淟涊而不鮮或仰偪於先
條或俯侵於後章或辭害而理比或言順而義妨離之則
雙美合之則兩傷考殿最於錙銖定去留於毫芒苟銓衡
之所裁固應繩其必當或文繁理富而意不指適極無兩
致盡不可益立片言以居要乃一篇之警策雖眾辭之有
條必待茲而效績亮功多而累寡故取足而不易或藻思
綺合清麗芊眠炳若縟繡悽若繁絃必所擬之不殊乃闇
合乎曩篇雖杼軸於予懷怵他人之我先苟傷廉而愆義
亦雖愛而必捐或苕發穎豎離眾絕致形不可逐響難為
系塊孤立而特峙非常音之所緯心牢落而無偶意徘徊
而不能揥石韞玉而山暉水懷珠而川媚彼榛楛之勿翦
亦蒙榮於集翠綴下俚於白雪吾亦以濟夫偏善之要言
於短韻對窮迹而孤興俯寂寞而無友仰寥廓而莫承言
寡情鮮愛寄於瘁音徒靡靡而弗
偏絃之獨張含清唱而靡應或寄
而不和或遺理以存異徒尋虛以逐微言寡情而鮮愛辭
大羹之遺味雖一唱而三歎固既雅而不豔
若夫豐約之裁俯仰之形因宜適變曲有微情或言拙
而喻巧或理樸而辭輕或襲故而彌新或沿濁而更清或
覽之而必察或研之而後精譬猶舞者赴節以投袂歌者
應絃而遣聲是蓋輪扁所不得言故亦非華說之所能精
普辭條與文律良予膺之所服練世情之常尤識前脩之
所淑雖濬發於巧心或受蚩於拙目彼瓊敷與玉藻若中原
之有菽漱漑於筆篇之圖窮與天地乎並育雖紛藹於此世嗟

[图67] 文徵明《书陆机〈文赋〉》卷尾 1544—1547年 卷 纸本 墨笔 23.2×117.5 厘米
纽约 大都会美术馆 (Metropolitan Museum of Art, New York.)

[图68] 钱榖《驻节听歌图》1545 年 卷 纸本 设色 26×65 厘米
明尼阿波利斯市艺术协会 (Minneapolis Institute of Arts)

[图69] 文徵明《玉兰图》(局部) 1549年 卷 纸本 设色 28×132.2厘米
纽约 大都会美术馆 (Metropolitan Museum of Art, New York.)

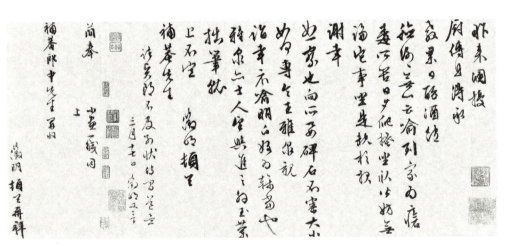

[图70] 文徵明《致华云谢札》(附信封) 1549年 纸本 墨笔 (图69后跋)
纽约 大都会美术馆 (Metropolitan Museum of Art, New York.)

| 雅债——文徵明的社交性艺术

与两人此次的会面相关（文徵明有"一笑相看俱白首"句），同年另有一诗纪念两人于某月夜同登惠山，看来文徵明当时的健康状况没有他所说的那么糟糕。[83] 最后，1552年的一则题跋提及文徵明到梁溪避暑，"过华补庵斋头"，因此在华家见到了《二赵合璧图》。[84] 据我所知，这是有纪年的资料中两人最后一次的联系，当然这两人的关系可能一直持续到16世纪50年代文徵明谢世之前。

文徵明为华云所作的各种文、图——诗、信札、题跋、碑铭及画，启动了彼此间"未了的生意"（unfinished business），将交易往后推迟、不断地创造机会让彼此间的往来无法打平（reciprocal imbalance），都被人类学家视为维持任何社会关系的根本。[85] 这个观点也同样符合文徵明与华云晚辈华夏的关系（华夏之父生于1474年，故其本人约生于15世纪90年代）。华夏较华云更热衷于收藏古物，因此题跋在两人关系里扮演了更重要的角色，而附有文徵明跋文的作品更是赫赫巨迹。1519年，文徵明为华夏所藏的《淳化阁帖》【图72】题跋，此乃法帖中的稀世珍品。而他所题的其他作品，全为法书而非绘画，同样都具有高度的文化与商业价值；这些作品构成了1522年华夏所刻的《真赏斋帖》【图71】的内容，文徵明自己的法帖亦是以之为基础。[86] 1530年，文徵明跋王羲之的《定武兰亭》，云："余生平阅兰亭不下百本，其合于此者盖少。"[87] 同年所题的另一则篇幅较长的跋文显示，文徵明，或至少其子文嘉，在

[图71]
《真赏斋帖》中摹王羲之书帖
1522年
纸本 墨拓
京都 藤井有邻馆

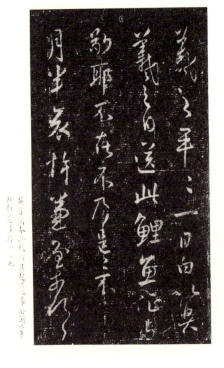

[图72]《淳化阁帖》中摹王羲之 书帖 北宋 992年后 纸本 墨拓 25×13.6厘米 香港中文大学文物馆

华夏收购作品的过程中扮演了中介者的角色:

> 余生六十年,阅《淳化帖》不知其几,然莫有过华君中甫所藏六卷者。尝为考订,定为古本无疑。而中甫顾以不全为恨。余谓淳化抵今五百余年,屡更兵燹,一行数字,皆足藏玩,况六卷乎?嘉靖庚寅,儿子嘉偶于鬻书人处获见三卷,亟报中甫以厚值购得之。非独卷数适合,而纸墨刻揭,与行间朱书辨证,亦无不同。盖原是一帖,不知何缘分拆。相去几时,卒复合而为一,岂有神物周旋于其间哉![88]

隔年,即 1531 年,是文徵明与华夏往来相当频繁的一年。这段时间,文徵明曾亲睹颜真卿(709—785)的《刘中使帖》,想起少时曾随书法老师李应祯在其他收藏家处看过此帖;他也看到了宋代文人黄庭坚(1045—1105)的两件重要作品,而黄氏正是文徵明书风取法的重要对象。[89] 最后,在一则未纪年但极有可能也是题于 16 世纪 30 年代的跋文中,文徵明称许唐人双钩"书圣"王羲之的另一件作品《通天帖》"在今世当为唐法书第一也"[90]。文徵明身为书画家,自然也得益于有机会看到这些书画精品,某些情况下他甚至可以借到作品,以便更深入地细看研究。现存文徵明写与华夏的三封信札中,第一札是感谢后者出借法帖,第二札则是对华夏赠礼的标准致谢函:"适有客在座,不能详谨,幸恕。"第三札提到文徵明将为华夏撰写一篇文章,但再次看到其对于延迟交付感到诸多抱歉:

> 拙文比已稿就,未及修改。偶夺于他事,迤逦至今。再勤使人,益深惶恐。望尊慈更展一限,月半左侧课成,送龙泉处转上,不敢后也。嘉馈珍重,领次多感;但河豚不敢尝耳。[91]

文徵明受华夏之请所撰写的文章,或许就是为其父华钦所作的墓志铭;华钦除了秉性谦逊和善外,并无其他显赫的成就,过世时仅比文徵明年长六岁。[92]

文徵明似乎一直与华夏保持联系,直到过世为止。1549 年,他为华夏作《真赏斋图》(见【图46】),到了 1557 年,已届垂暮之年的文徵明又以长篇重题此画。[93] 这篇《真赏斋铭》【图73】可能是文徵明关于书画收藏最详尽且条理最分明的陈述,文中赞扬"真赏斋"为"吾友华中父氏藏图书之室也。中父端靖喜学,尤喜古法书图画、古金石刻及鼎

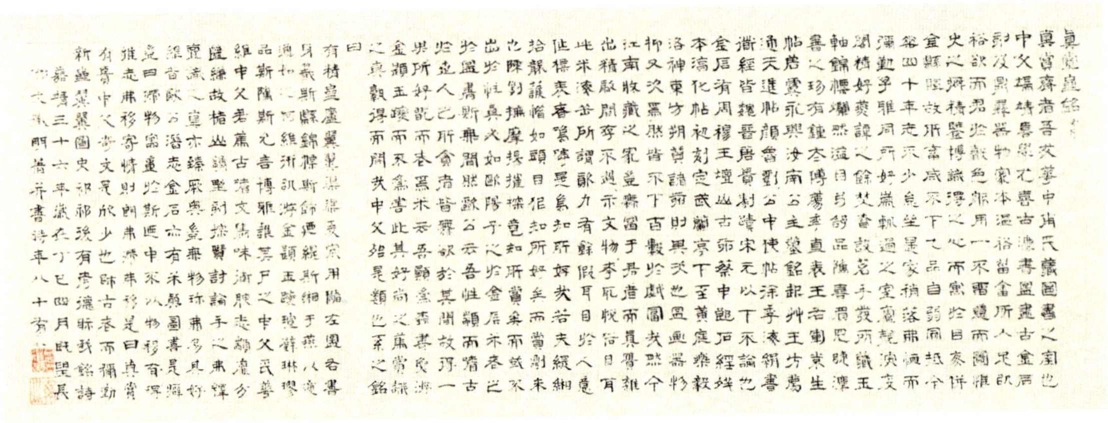

[图73] 文徵明
《真赏斋铭》
1557年
卷 纸本 墨笔
上海博物馆

彝器物",而其家本温裕,因此华夏自弱冠以来四十年,得以沉湎其中,满足图史之癖。[94]在罗列华夏收藏的重要法书和法帖后,文徵明接着写道:"今江南收藏之家,岂无富于君者,然而真赝杂出,精驳间存,不过夸示文物,取悦俗目耳。"这突显出"真赏"的难能可贵,无疑是对真赏斋及其主人最好的恭维。[95]

《真赏斋图》是文徵明晚年作品中常被现代人拿来复制出版的,想必也是华夏十分得意的一件。正如高居翰所言:"以文徵明的地位与声望,加上其冷静严谨、无可非议的上流风格,请他描绘自己的居所,必定能赋予其文人的优雅光环。"[96]事实上,华夏虽然没有任何特定的学术成就或著作,在许多文献中却常被视为"学者",这也显示像文徵明这等人物的名声如何有效地为富有的收藏家增添光彩,不然,华夏可能不见得受得起这个称号。文徵明与华夏的往来对双方都是有利的。除了物质上的好处,文徵明作为鉴赏家的声名也建立在有机会接触华云、华夏二人之著名藏品的基础之上。然而若将两人的往来划分出哪些是重要的,哪些是无关紧要的,如将《真赏斋图》置于讨论的中心,而对文徵明为平凡人但可能是子女深爱的父亲所作的墓志铭视而不见,显然有误。华夏委托文徵明为作《真赏斋图》和其父墓志铭提醒了我们,两者对于他是同等重要。同样地,对于范围更大的无锡华氏而言,我们也不能将文徵明所作的阡碑与题跋截然切割。两者都与家族所为何来有关。

这种多层面又复杂的双方往来模式也可见于文徵明与苏州袁氏之间;苏州袁氏有很长一段时间大量委托文徵明创作。[97]同样地,唯有完整列出文徵明接受的全部委托,才能使我们厘清他与袁氏之间错综复杂的互惠关系。苏州袁氏较无锡华氏的族属更为庞大，文徵明也与更多袁家成员有所往来，但可能是在其1527年返吴之后。目前已知袁家与文徵明有所来往的六名成员皆为同辈，即袁表、袁褧、袁褒、袁裘四兄弟，以及其堂兄弟袁袠和袁裦。[98] 他们是家族中最早称得上荣显的，当然其原本就已是富裕之家，其中几人还曾任官。当最年长的袁表于1530年自临江通判致仕返吴后，文徵明偕同两个儿子和几名弟子出席了庆祝袁氏新书斋落成的集会，并为作《闻德斋图》；尽管此画已佚，但它必定近似于文徵明这段时间受委制的许多别号图。[99] 五年后的1535年，文徵明与袁表仍有联系，那一年他过访袁表的闻德斋，并为其所藏的沈周画册题诗。[100] 我们无从推断文徵明与其弟袁褧往来的具体年份，然其关系似乎更加微妙，由两人间多达十四封的通信可以证之。[101] 第一札中，文徵明感谢袁褧来访，并因微恙未能迅速完成"赵书"致歉。第二札提到同一件事，然特别的是，文徵明从袁处获得的酬劳居然也是一件艺术品：

    承欲过临，当扫斋以伺。若要补写赵书，须上午为佳。石田（沈周）佳画，拜贶，多感，容面谢。

第三札中，文徵明多谢袁褧"见教"，并再次承诺近期内完成其索求的文章（赞助者难道不会对这种话感到厌烦吗？）。接下来的信札中，文徵明有封写道："家叔患眼垂一月矣，百药不效。闻吾兄所制甚良，敢求一匕治之。"而某一札提到"先兄之丧，重辱光送，未能走谢"，有助于我们推断此札年代，因为文徵明之兄文奎逝于1536年。然而文徵明兄丧期间并未全然杜绝社交往还，因为同一札中，他感谢袁褧送来"《世说》定本"，并感叹因忙碌而未及替"石翁册子"作跋。这封信突显了袁褧藏书家和出版商的角色，他曾刊行了一些品质精良的明版古籍经典和时人文集。其余的信札中，最常出现的依然是对袁褧赠礼的致谢，包括蟹、文徵明的生日贺礼、食物（"物珍意重"）等，而有些则提及袁褧的出版活动、文徵明受其嘱为不知名的"事茗"撰写墓文以及因延迟交付作品而提出的公式化道歉语。两人最后一次往来的证据是文徵明成于1550年的《古柏图》（见【图3】）上的袁褧跋，但很难相信这两人在16世纪30至40年代不曾有过其他交易，恐怕只是没有任何资料留下而已。

    根据现有的零碎资料，文徵明似乎不曾为袁褧作画，然这也未必

[图74] 文徵明《袁安卧雪图》1531年 卷 藏地不明

不可能。1531年文徵明为袁家老三袁褧（1499—1576）画《袁安卧雪图》【图74】，是其笔下罕见的历史性题材，描绘东汉名宦袁安仍为寒士时，大雪积地，因顾及他人亦挨饿受冻，宁可僵卧户内也不愿出外向人乞食的故事。隔年，袁褧带着装裱后的该画过访文徵明，文徵明复题《袁安传》于卷上。[102] 袁褧在此显然借用了这位同姓古代楷模的名望，因为他把自己的号就取作"卧雪"。就像为无锡华氏撰写阡碑时援引南齐华宝一般，文徵明在上述例子又故技重施，以遂袁褧之愿；而他自己又何尝不是援引文天祥作为家族的先祖呢？现存文徵明写给袁褧的两封信都是致谢函，其一是感谢他赠送"鲥鱼新茗"，另外则是谢其惠赠袁家刊行的"韩集"；文徵明于后者不忘补上："尚图他报耳。"[103]

文徵明与四兄弟中最年幼者袁褎的交往，至少可溯及1530年，但两人的关系大多围绕在同一主题且持续时间很长的作品。那一年，文徵明绘《江南春》一图，以配时人（包括他自己）用以拟倪瓒《书江南春诗二首》的应和之诗，而倪瓒手书之作亦为袁褎所藏。[104] 1547年，他又为袁褎画了相同主题的第二个版本（见【图23】）。[105] 这时，袁褎已历经震荡起伏的宦途，返回苏州；袁氏于1526年登进士第，获殿试第四名，后遭黜贬为兵，又被起用，于四十多岁时致仕还乡。他是文徵明往来对象中少数曾为其作诗文者。袁褎的《送文内翰徵仲还山歌》显然是作于1526年文徵明离开北京及翰林院时（由内容可推知此文写于该年十月，文中充满北地寒冬的意象），因此可推测年仅二十五岁的袁褎与五十七岁的文徵明之间，是因为同在翰林院共事才开启了双方的关系。尔后，这段复杂的人情义务关系逐渐扩大成为文徵明与袁家四兄弟及其堂兄弟之间的长期往来。[106] 袁家成员当中，文徵明只为袁褎撰写墓志铭，大概是受到其兄长们的请托。如前所述，1547年袁袠过世时，袁表等人已是文徵明的庇主。在《广西提学佥事袁君墓志铭》中，文徵明一开始便称呼袁袠为"吾友袁君"，接着赞美其高明卓越之才和精深宏博之学，以及自少时不肯"碌碌后人"的壮志。当袁袠"既起高科，登膴仕，视天下事无不可为"。他勇于对抗权臣，"赖天子圣仁，得不摈弃"。文徵明写到袁氏"世以气义长雄其乡"，然"未有显者"，直到袁袠及其兄长这一辈才有所改变。袁袠自幼奇颖异常，"五龄知书，七岁赋诗有奇语，十五试应天"，两度落榜。1525年他终于进士及第，一时名震京邑。对于政事他侃侃而言、立论精宏，得到当时担任学士的某权臣赏识，权臣欣喜并鼓励他广为论述。这个"权臣"于是成为袁袠的庇主，而他也进入翰林院。然不久后袁袠受君命罢为庶僚，又卷入兵部火灾事件，被指责其失警。他被判处死刑，入狱数月，后被编戍湖州卫。待其获赦时"权臣"已逝，而他被起用为南京武选主事，累迁至广西提学佥事，后致仕归乡。接着文徵明提到袁袠乐于闲旷，谪居吴兴时，终日与"高人逸士"悠游；致仕后在横塘构筑一室，"据湖山之胜，纵浪其间，有终焉之志"。对于他的博学，文徵明如此描述："为文必先秦两汉为法，乐府师汉、魏，赋宗屈、贾，古律诗出入唐、宋。"接着列出他的许多著作，并感慨这些著作"惜不得少见于事，而徒托之空言，可慨也已……故知君者，莫不贤爱之，而不胜嫉之者之众也"。文末有关其生平部分，文徵明提到袁袠的继室姓"文"，这意味着袁、文两人可能是姻亲，这也解释了为何上文提及的信札中，文徵明会称袁袠为"亲"。[107]当然，文徵明与袁氏一家的关系也延续到了下一代，因为袁袠之子袁尊尼（1523—1574）也是文徵明《古柏图》（作于1550年）（见【图3】）的众多题跋者之一。

　　文徵明也认识袁家兄弟那两位小有名气的堂房兄弟，且曾于1530年代为两人作画。袁褧是文徵明作于1537年的《红杏湖石图》扇【图75】的受赠者。[108]文徵明有两封信札也是写给他的，其中一札是邀请袁褧"过小楼一叙"（文徵明另外只邀请了两位客人），另一札则是感谢袁褧赠送的"珍重"嘉贶，并再次以"亲"相称。[109]另一位堂房袁裳曾于1532年过访文徵明，时文徵明正在东禅寺避暑，于是在该处为袁裳作设色山水轴赠之。同年三月，文徵明也曾客居袁氏别业，赏玩盛开的芍药并赋诗作画。[110]根据文徵明的诗题，直到1555年他还曾过访"袁氏园亭"。[111]

　　现在回到本章一开始提出的论点：倘若只依赖文徵明在世时出版

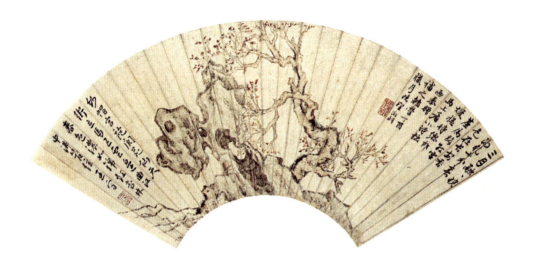

[图75] 文徵明
《红杏湖石图》
1537年 折扇
洒金笺 设色
18.7×51.2厘米
故宫博物院

的诗文，或其死后不久后人选辑的文集，将很难重建文徵明与无锡华氏、苏州袁氏的关系。上文引用的资料中，只有《梅里华氏九里泾新阡之碑》《华尚古小传》及《广西提学佥事袁君墓志铭》被选入文徵明的官方文集《甫田集》。而那些为数众多的诗、跋、信札或记都被认为不适合收入文集而遭排除；而这些存世的文字很可能只占原有文字的一小部分。显然，《甫田集》并非旨在记录文徵明一生中所做过的事，而是在精心构筑文徵明崇高的品格与文人形象；为达到此目的，哪些事"没做"而哪些事"做了"，都是有意义的。轻易将这些文字被忽略的原因，简单归诸于文徵明和华、袁两家的礼尚往来使其感到羞愧或难堪，是非常草率的推论。但若否认华、袁两家在这些作品的创作过程中的能动性，或坚持文徵明乃"独立的文人画家"这一个不符当时观念的理想形象，也令人难以接受。倘以教宗乌尔班八世（Urban VIII）与贝尼尼（Bernini）或葛里叶·凡路易文（Pieter Calesz van Ruijven）与维米尔（Vermeer）的赞助关系看来，华、袁两家的成员其实并不能算是文徵明的"庇主"。然而他们所卷入的这个历史、文化上的特定人情网络，以及借由家族间流动的茶、鱼、书画、诗所创造和表现的人情往还，构成了一种独特的赞助形式，而明代的社会能动者亲身体验，自比任何人都更熟谙其中的复杂性。

7 弟子、帮手、仆役

当阶级观念与互惠之义同时运作时,附从之人同时可以是庇主,晚辈同时亦为他人的长辈。即如文徵明须礼敬年龄较长、身份较高、官位较显赫之人,他本身亦为其后辈或下位者尊崇礼敬的对象。这也或多或少解释了前几章所讨论的文徵明画作,何以有一大部分受画者的身份未载于史册。他们有可能是文徵明的顾客(customer),以经济实力来交换其画作;更有可能实际上是其附从之人,社会地位不若文徵明,而以个人或以家族的名义与之建立交情,其关系并可借由礼物往还及文徵明之笔墨而得知。[1] 在缺乏决定性证据的情形下,这个看法可能永远无法证实。然除了那些背景阙如的人物,如《雨余春树图》(见【图57】)里的"濑石"外,当时的确有不少人不仅可考,且被视为文徵明的"弟子"或"门徒"。正如前所论及的"文徵明友人"一般,这批人实际上较后世艺术史著作所能呈现的数量更为庞大,其组成分子更为驳杂;且日后"官方"资料,如成书于18世纪的《明史》中所见的归类,实可再以当时的资料补充,使问题更为复杂。《明史》条目里列举了与文徵明"游"者,依序为:王宠、陆师道、陈道复、王榖祥、彭年、周天球及钱榖(以下将对这些人进行讨论)。[2] 而故宫博物院所出关于"吴派"绘画的选集里,则将陈道复、陆治、钱榖、陆师道和居节归类为文徵明的五员弟子,视王榖祥与朱朗为"师法文徵明"者,至于周天球,则是"少从文徵明学书"。[3] 三百年来书写文徵明的方式,可说一脉相承。然某些人物对文徵明画风之传承看似极为重要,却少见于当时的文献记载,至少就他们与文徵明的实际关系而言;然其他现已淡出于历史视野的人物,在文徵明的文集中却不时出现。无论何者,他们在与文徵明的关系之外,各享有不等的社会地位，有出身于书香门第的乡绅阶层，也有实际上靠薪津过活的雇员。用来描述他们的语言亦各有等差，有的用以称高门大族，亦有用于呼贩夫走卒的。然而，无论如何，从这些记录看来，有来有往（reciprocity）与人情礼数（obligation）的法则均历历可见。不管用什么方式，这些人都因着人情礼数的义务而与文徵明绑缚在一起。

谁是文徵明的第一个弟子呢？论年纪，也许是陈淳（1483—1544）；文献中多依其字，呼之为陈道复（如文徵明之例）。[4] 陈家世代优渥，陈淳更为家族几代以来获有相当功名之人。他较文徵明年轻十三岁，两人相识于各自二十多岁与三十多岁之时，当时文徵明仍于苏州准备科考。现存文徵明作与陈淳的第一首诗成于1504年，次年（1505）亦有诗记两人同席共饮之事。[5] 1508年文徵明有《题画寄道复戏需润笔》诗。[6] "润笔"乃是作画或作书所得报酬的美称，这里明目张胆地使用，且强调是"戏索"，可能是故意借着谐谑的语气而淡化其金钱交易的色彩。早于1506年，文徵明便有《江山初霁图》赠与陈淳，题跋描述了这件作品的成画缘由："适友生陈淳道复至，因以赠之。"[7] 1508年时陈淳从文徵明游天平山，归后文徵明有图（见【图43】）与诗为记；1511年陈淳伴文徵明赴杨循吉之宴，1513年亦随文徵明游漕湖（传为吴国大夫范蠡所开）。[8] 当时的陈淳或许是这群人中年齿较低的，以杨循吉之宴为例，陈淳即在列举的五位宾客里列名最末；然陈淳之名持续出现于文徵明的诗作，这或许说明他们两人的往来主要体现于诗作的唱和，而非散文的书写。这个区别相当重要。他们之间的来往一直持续到1544年陈淳辞世，是年陈淳犹与文徵明乘舟泛于江河，并画松菊请文徵明题识其上。[9] 以上诸例皆无法显示陈淳为文徵明之门徒、在师生的人伦关系上地位较卑。据此而观，则他俩的关系似乎可称之为"朋友"；而前例里，文徵明也的确以"吾友"称呼陈淳。然陈淳之诗《新秋扣玉磐山房获观秘笈书画》却使用了弟子对师长所使用的卑逊之辞，例可见于另一信【图76】。[10] 还有两封文徵明致陈淳之信，行笔无加文饰，简率而直接，且无过度的自我谦抑。[11] 第一信如下：

> 欣赏集别部杂部计四五册，烦检阅。陈湖几时回？病中不承一顾，何耶？璧肃拜道复老弟。

"老弟"一词由"老"与"弟"二字组成，难以用英文传译，在修辞上

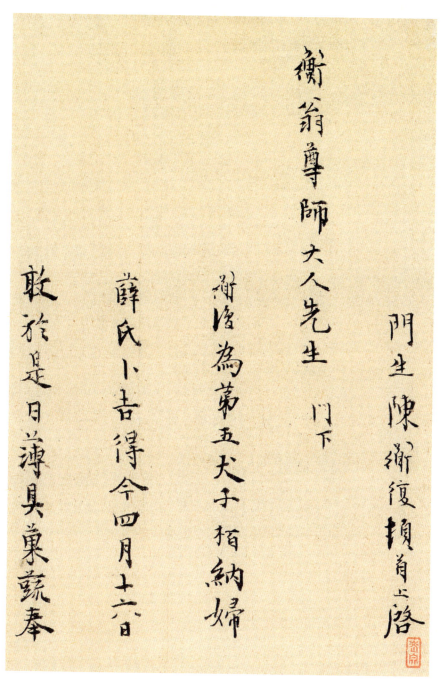

[图76] 陈道复《致文徵明书札》起首部分 无纪年 册页 纸本 墨笔 25.4×30.6 厘米
普林斯顿大学美术馆（Princeton University Art Museum）

7 弟子、帮手、仆役 | 173

属矛盾修饰法,既尊人,又捧自己,借着虚拟的亲属称谓(此乃阶级秩序的基础)表达两人的上下关系。第二信则云:

> 西斋独坐,有怀道复茂才,辄寄短句。五月廿二日,壁肃拜。元人墨迹卷发还,苏诗装得并附。

"怀"某人虽是作诗的传统,亦可能在情感上含有支配的意味;"关怀"、"以保护者、支持者自居而忆及某人"和"思念"等,都包括在这一字的引申义里。将之与信中所提及的"短句"连结(诗作收于《甫田集》中,虽信札并未收录其中),此札可能作于1509年。[12]文徵明之师沈周适于此年辞世;不禁令人联想,文徵明是否因为免去了弟子的身份,便开始以师长自居。至少可以肯定,文徵明所授之业,乃是其自我蕴蓄多年的书画涵养,以及上接元代甚或更早期的文化传承。

而较陈淳还要年少(不消说,这整个世代都比文徵明还要年轻)、经济地位较文家还低的,其作为弟子的辈分就更明确、更无商量的余地了。以年岁来讨论文徵明(之后)较出色的弟子是相当合理的。如王宠无疑是文徵明的弟子,特别是在书艺上;然他同时亦学书于文徵明的友人蔡羽及唐寅,后更娶唐寅的女儿为妻。文徵明早在王宠及其兄王守未弱冠时便已熟知其人,不仅祝其冠礼(于男子十五岁至廿岁间举行),更引孟子之典赐其字。《王氏二子字辞》一文备叙其义,论述极详,更记二子之父王清夫央之赐字之由。王清夫以商贾为业,虽居尘市,市声嚣杂,"而能收蓄古器物书画以自趣……视他市人独异也"。[13]据此推测,王清夫也许是以金钱央请文徵明赐字其子,然这并不妨碍日后师生情谊的滋长,特别是文徵明与王宠两人,而文徵明与王守间的往还亦可谓真挚。资料显示,1516—1518年,文徵明曾数度过访两兄弟的居所,并与之同游治平寺与惠山:文徵明1516年《治平山寺图》(见【图44】)便是记与王宠同游一事,时王宠正闭门准备科考。[14]1523年,文徵明于赴北京途中巧遇王守;王守当时应在进士不第返回乡里的途中。[15]然王守随即于1526年取得功名,自此平步青云,与文徵明仍保持联系。记载中文徵明1543年曾作《仙山图》赠与王守。[16]王守最后官拜中丞,文徵明在一简1553年或1554年的信札中,即以此官衔尊称过往弟子(时文徵明已"八十有四,容发衰变",见信末署款)。[17]

16世纪20年代,文徵明虽常同时与两兄弟盘桓,间或亦与王宠单独出游,如1522年两人同游虎丘剑池,文徵明并图有一扇志之。[18]之后不久,文徵明于1523年赴北京,王宠送别诗里尽是附从之人或弟子的应尽之谊。诗中虹蜺插剑、黄鹄南飞等雄浑意象,用作送别,自为允当。[19]后文徵明仕途梦断,归返吴中,与王宠之间的情谊因得再续,然此际对于举业与功名的期待却已转移到王宠的身上。文徵明的《松壑飞泉》(1527—1531)【图77】便是在这些年间画与王宠的,题云:

> 余留京师,每忆古松流水之间,神情渺然。丁亥(1527)归老吴中,与履吉(王宠)话之。遂为写此。屡作屡辍,迄今辛卯(1531),凡五易寒暑始就。五日一水,十日一石,不啻百倍矣。是岂区区能事,真不受促迫哉?于此有以见履吉之赏音也。[20]

此图正如石守谦所云,是对乡愁的乡愁,是怀想当年在北京时思念苏州的双重移情。题识里仔细记录了作画的情境,特别是所花费的时间(数以年计),这些特点或可理解成文徵明与王宠间的深厚情谊。同样的模式亦可见于《关山积雪图》【图78】。此图为了王宠所作,于1528年开始动笔,作于与王宠同游其少时读书处治平寺归来后,而迟至1532年才完成。[21]这些例子与《仿李营丘寒林图》(见【图7】)恰恰相反,因后者清楚点明其人情债如何因赠画而打平,而终结。(我们或可进一步推测:如果较长的成画时间值得一记,是否意味着一般的画作多为短时间内一气呵成?)这无限延长的成画时间或可视为两人交情绵绵不尽的隐喻,而无有尽期地绘制同一幅画也是两人交情无有尽期的写照。[22]这样的关系使他们联名参与了不少计划,如1531年的《袁府君夫妇合葬铭》,夫妇俩是文徵明孙女婿袁梦鲤的祖父母。[23]"铭"由文徵明所作,这通常是由德高望重之人负责,然文中却解释说,其所根据的"行状"乃由王宠所书,王宠是亡者之子袁袠的好友。王宠曾于1527年袁袠之父袁𪾢六十寿诞时,召集文徵明的儿子文嘉、侄子文伯仁(1502—1575)、两名弟子陆治和陈道复作画册以祝,文徵明并就图赋诗。[24]在此,庇主(文徵明)一方面促成弟子(王宠)所受托之事,同时也对弟子展现了参与其部分计划的义务。其间的关系绝非只是简单的双边关系,而是经过精密衡量的互惠义务,个人在其间扮演着多重角色,混合了对上的谦顺恭敬与对下的纡尊降贵。

王宠送文徵明赴京后又八年(1531),轮到文徵明送王宠赴京赶考,故作《停云馆言别图》(见【图45】)。[25]相较于早期的《雨余春树图》(见【图57】),此画似乎回复了过去送别图的模式,班宗华(Richard Barnhart)更指出画中人物乃是根据1528年为王德昭所作的扇面(见【图64】),改绘成立轴的形式。[26] 不过若将"模式化"视为随意"应付"、认为此画无论对作者或受赠者而言意义都不大,则又太过草率。画里通过服饰、座位安排及两人的相貌(更别说还画出随侍的童仆),清楚描绘出人物的长幼次序。诗里文徵明虽以"白首已无朝市梦"自谓,句中却隐约可嗅出其曾入仕京畿的经历(事实上他不过才致仕归隐四年),至今仍享有前翰林的声望。在他眼里,眼前的年轻人宛若"飞鸿"可直上青云,而这比况亦是王宠功成名就后两人情谊继续延续的担保。[27] 在文徵明与王宠的例子上,所有的证据都指向两人间的往来具有相当程度的情感投资。科举制度的压力弥漫了整个明代文人文化,不仅是赴试的考生,连那些在他们背后支持、期盼金榜题名的亲友,也都感同身受。1531年《十五夜无客独坐南楼有怀子重(汤珍)履吉(王宠)儿辈时皆在试》一诗便满是忧心。他回想起自己当年独在北京时如何思念其子女,而今依旧怀思:"少年散去衰翁在,独倚南楼到月斜。"[28]

王宠最终落榜的消息想来已经够糟了,然1533年王宠约当四十岁即谢世,定然是个更大的打击,文徵明为王宠所作的墓志铭毫不隐藏其情感,起首即言其死讯令人难以置信:"呜呼悲哉!王君已矣!不可作矣!"并盛赞其学问与文采,谓其文名为"三吴之望",满纸惋惜。文徵明叹道:"自君丱角,即与余游,无时日不见。"其兄王守虽已登进士第,而王宠却每试则斥,即使已受荐入太学,却仍于1510—1531年八试不第。虽然如此,其文名日起,从游者亦愈众。其性格明朗高洁,从不语猥俗之言,且谦逊蕴藉,不自衿其才。其少尝学于蔡羽,居洞庭三年,后于石湖读书廿载,甚少入城,"遇佳山水,辄忻然忘去",含醺赋诗。最后,谈到王氏两兄弟间的情谊,为兄的适于此际奉任京职,接着述其家族渊源及王宠前后两任妻子,后一任是唐寅之女。[29] 文中只字未提王宠为文徵明的弟子,也未提到令王宠闻名至今的书法造诣。[30] 值得注意的是,并没有证据指出王宠与王守曾经考虑过向文徵明学画,这两兄弟是否能作画也是个问题。然而,王宠书道之名源于其能承传(实际上超越了)文徵明的风格;文徵明曾将王献之(344—388)著名的《地黄汤帖》【图79】赠与王宠,可见文徵明对王宠的肯定。此帖自15世纪文徵明祖父文洪时便已入藏文家,曾几何时,文徵明将之送与王宠,而于后者去世后流入市面。文徵明死后,其子文彭在1559年又将此帖买回文家。[31] 此例中,文徵明不

[图77] 文徵明
《松壑飞泉》
1527—1531 年
轴 纸本 浅设色
108.1×37.8 厘米
台北故宫博物院

[图78] 文徵明《关山积雪图》(局部) 1528—1532年 卷 纸本 设色 25.3×445.2厘米 台北故宫博物院

再是受赠人,而是赠与者,送的更是无论就任何角度而言都称得上无价之宝的礼。这等重礼,也只有够分量的庇主才送得起,其"恩"之重,无可回报,却带给受赠者无尽的人情义务,必得尽力服其劳,至死方休。

王宠最为人熟悉的恐怕是他作为文徵明弟子的身份,而非重要的画家;明代时他以诗作著称于世,今日却以书法闻名。[32]要理解当时复杂的赞助关系,也可从汤珍的身上一窥。汤珍是王宠的好友,和后者一样,虽不特别以画艺著称,文徵明却屡屡提及。将汤珍置于弟子或附从之人的范畴下讨论,乍看之下有些不合理,因为他算是文徵明二子文彭、文嘉的老师。然而,选择汤珍来教导自己的儿子,本身就是一种赞助行为,且无疑将文、汤两人绾结在长远的关系里,背负着对彼此的人情义务。这是最有可能的解释。文徵明早在1512年便已认识汤珍,较他赴京任职整整要早了十年,时其长子年当廿三,次子则十一岁。这一年里,文徵明便写了三首诗给汤珍,过访其家,并与之同游。[33] 1514年他俩过从甚密,曾同游竹堂寺,文徵明因而作《疏林茆屋图》【图81】;1515年,文徵明有诗"怀"汤珍与王守、王宠两兄弟,他们更于1518年同游惠山。[34]

事实上,汤珍是文徵明诗作最频繁的酬赠者之一,无论是在文徵明赴京前或去京后。1528年2月,两人同游玄墓山,汤珍索画,文徵明漫笔成之;一个月后文徵明为性空上人作画,时汤珍亦在场观看。[35] 文徵明自16世纪20年代后期至16世纪30年代有许多诗作,内容不外乎是"怀"汤珍,或是过访汤珍。[36] 虽然汤珍确切的生卒年不详,至少于1548年时仍在世,与文徵明、钱同爱及文徵明的外甥陆之箕于善权吴氏家同观元代(译注:应为南宋)画家赵伯驹的《春山楼台图卷》。[37] 现存唯一一封文徵明写给汤珍的信札,与无锡华氏和某邹氏两家联姻之事有关;文徵明似是要汤珍赶紧促成此事。[38]

除了王宠与汤珍外,文徵明大部分的门徒或弟子都以善绘而闻名,是组成"吴派"的画家成员。但这并不意味着每个人与文徵明的关系都是等同的,他们各自的出身背景亦大相径庭。我们已见到陈道复出身官宦世家,王宠之父则是名商贾。至于王穀祥虽被视为传承文派画风的门徒,本身却是1529年的进士(但并未开启辉煌灿烂的前程)。他们的往

[图79] 王献之《地黄汤帖》（摹本）
纸本 墨笔
高 25.3 厘米
东京 书道博物馆

来似乎亦始于此际，至少可以确定文徵明赴京前罕有两人往还的记录。[39] 文徵明似在1528年有诗赠王穀祥，至少1534年的画跋是这么说的，当时王穀祥带着诗作来拜访文徵明，文徵明便绘此图赠之。[40] 1538年，王穀祥得到一本文徵明的《画竹册》[图80]，其上的长跋细述作画的情境：

> 夏日燕坐停云，适禄之（王穀祥）过访。谈及画竹，因历数古名流，如与可（文同，1018—1079）、东坡（苏轼）、定之辈，指不能尽屈。予俱醉心而未能逮万一。闲窗无事，每喜摹仿，禄之遂捡案头素册，命予涂抹。予因想像古人笔意，漫作数种。

[图80] 文徵明《画竹册》（局部）1538年 全十一幅 纸本 水墨 平均尺寸 33.5×66.9 厘米 台北故宫博物院

[图81] 文徵明
《疏林茅屋图》
1514年
轴 纸本 水墨
67×34.6 厘米
台北故宫博物院

[图82] 文徵明《林榭煎茶图》无纪年 卷 纸本 设色 25.7×114.9厘米 天津市艺术博物馆

> 昔云林（倪瓒）云："画竹聊写胸中逸气，不必辨其似与非。"余此册即他人视为麻与芦。亦所不较。第不知禄之视为何如耳。[41]

江兆申认为王穀祥于1534年起向文徵明学画，并以为此册乃文徵明的课徒画稿，展示一些经典的画竹手法，以供学生临摹。然而，从语气上看来却像是件委托之作，因为似是王穀祥"命"文徵明而作。在文徵明所谓的弟子里，王穀祥无疑是特别的，因他受文徵明题赠的作品似乎相当多，各种风格都有。如《林榭煎茶图》[图82]与《兰石图》[图83]，两者都未纪年，且都题赠"禄之"，前者是"细文"风格，后者则是后世评论家口中的"粗文"手法。[42] 1540年，文徵明与王穀祥游石湖，于行中绘一《赤壁图》，现已无存；1542年两人又故地重游，归来亦有画作赠王穀祥。[43] 次年，王穀祥带着沈周几十年前手书之《落花诗》来见文徵明，文徵明便为之作画以配沈周的书作。[44] 1545年，文徵明着手为王穀祥绘制《千岩竞秀》《万壑争流》图；画跋云至1552年才成，其时间之长恐怕亦是刻意而为。[45] 又次年，文徵明为王穀祥作《辋川图》，辋川为唐代诗人王维（701—761）的隐居地，由王穀祥书诗。[46] 1550年，文徵明又有画赠王穀祥，以之配王家所藏的赵孟頫画作；赵孟頫乃文徵明所推崇的元代艺术大家之一。同年王穀祥则在文徵明所绘、已有多人题咏的《古柏图》（见[图3]）上再添一跋。[47] 此等弟子

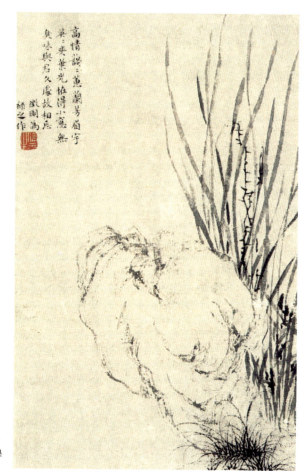

[图83] 文徵明《兰石图》无纪年 轴 纸本 水墨
38.6×24.9厘米 广东省博物馆

7 弟子．帮手．仆役 | 183

兼庇主的情况可由文徵明写给王穀祥的三封信札得到印证。第一信文徵明因未遇王穀祥来访而致歉，当时他正好患病，而妻子忽有不虞之疾；第二信（前文已引用）则感谢王穀祥赠送"珍饷"；第三信则邀之出游："早往早归，千万不外。"[48]此外，文徵明对王穀祥的家人亦有作为，更证明上述文、王两人的关系。1539年，文徵明为王穀祥的侄女作墓志铭，而文徵明与亡者间亦有微薄的关系，因为该妇之弟与文家联姻。由于明代上层社会的妇女在婚后并未断绝与原生家庭的关系，故文徵明通篇广征其叔王穀祥之语以颂亡者美德，引其言曰："世之妇女，贤者不必能，能者不必贤。若令人之事，虽传记所载，何以加诸？是宜铭。"[49]最后，王穀祥的堂兄，名医王闻亦曾获文徵明之作。根据1508年文徵明为其所作之别号画《存菊图》（见【图48】）的题跋，可知这是文徵明的早期作品，且文徵明可能便是通过这层关系而认识王穀祥（生于1501年）。文徵明亦曾为王闻书《金刚经》。[50]由是可知，文、王两人的关系多半呈现在文徵明为王穀祥所做的事上，如为王穀祥或其家人（至少一位）作画；若只根据文徵明自己的文字，将很难

[图84] 文徵明
《品茶图》
1531年
轴 纸本 设色
88.3 × 25.2 厘米
台北故宫博物院

184 | 雅债——文徵明的社交性艺术

得知两人间的真正关系。

类似这种既是弟子又是庇主的情况亦可见于陆师道（1511—1574）之例。文徵明自谓"少游学官"时与其父陆廷玉相交（事可见文徵明为陆廷玉妻子即陆师道之母六十大寿所作之《贤母颂》），故在陆师道少年时便已识之。[51] 此文未纪年，然必作于1538年后，因文中提及陆师道中试之事，文徵明更谓陆师道"命"之作此文。两人往来的更早事证亦可见于文徵明分别于1530年（1532年重题此画）与1531年【图84】时为陆师道所作之画。[52] 至1545年，有一跋云两人同阅一书学著作，足知其关系不断，然陆师道至外地赴任官职时可能或多或少有所中断。[53] 陆师道本人则于1550年时题文徵明《古柏图》（见【图3】）；其弟陆安道亦然，文徵明曾有大行书游天平山诗卷赠之。[54] 时文徵明过访其斋"云卧堂"。现存有六封信可帮助我们了解这些零星的事实。第一信谢其赠礼，述其无以为报之情，并以几本书赠之（文氏家族的出版品？）。第二信则邀陆师道把酒一叙，并出示小诗几首。第三信则言自己伤势已渐恢复，却夜卧不佳，除感陆师道之好意，又送他一本书。下一封信则谢其过访，称此为"浮生半日之乐"，并邀之再来，更以数书赠之，其中包括画学著作《铁网珊瑚》。[55] 第五信则言：

> 昨扇因忙中写误，不可用。今别买一扇具上，请重书原倡以寄。老衰谬妄，勿以为渎也。徵明奉白子传先生侍史。

这扇面是陆师道所托且为之所作，抑或陆师道乃文徵明诗书画作的捐客，受他人之托而奔走？前一种解释可由第六信得到佐证，信里明确点出陆师道请文徵明为之作书。[56] 因此，将王穀祥与陆师道归为同类是相当合理的，他们一方面视文徵明为师，同时又处于可以令文徵明为之作书作画的地位，而这些作品不见得都能选入文徵明欲"公诸于世"的文集里。这并不是要挑战过去将王穀祥与陆师道当作文徵明门徒的看法，因为这层关系确实也是陆师道之子陆士仁日后以伪作文徵明书画作品而闻名的原因。[57] 此处的看法只是在指出这层师生关系的弹性与不固定性。弟子，就像朋友一样，也分好几种。

这些弟子中还有一类是与文家有婚姻关系的。如王穀祥的侄子便与文家人结亲；另一个被视为文徵明弟子的彭年，亦将一女嫁与文徵明之孙文骓。除了许多写赠或提及彭年的诗作外，现存还有十四封信札，可窥见文徵明与彭年间的亲厚关系。这些短笺多以随意的笔调写成，不若写与长辈或高位者的谨敬，其中有不少邀约彭年的内容：邀之舟行至虎丘一游，邀之聚会，邀之速来一叙（因"儿辈旦夕出门，幸勿失此谈笑也"），邀之来家共赏新入藏的苏东坡书帖并留下来便饭，邀之同游徐氏园亭，邀之同游石湖等。有一信邀之过小斋茶话，谓有小事相烦，让我们禁不住怀疑彭年是否总是为其师奔走效力，然更深入的细节则不得而知。有几封信感谢彭年所赠之礼，多以泛泛的"珍馈"一词称之，只有一例言明其礼为竹笋与鱼。其中有一谢札提及两人共同的朋友陆师道，言其病仍未解，甚为忧心，以及文徵明自己的身体状况。还有一笺称许彭年的"新诗妙丽，足追大历（766—779）以前风度"，大历以前的唐诗风格正是文徵明及其他人所欲复古的典范，信末更邀之同赴一约。还有一信谓文徵明将过访以致祭于彭年父亲的灵前；此信当与1541年彭年再葬其父之事有关，因其父原葬于1528年，在彭年成为文徵明弟子之前。[58]

作为文徵明的弟子，彭年应算是"吴派"绘画的中坚分子，却少见于文徵明"官方"文集的那一类。他也是曾在《古柏图》卷尾题跋的其中一人，却不像王穀祥曾收受那么多文徵明的作品，足知他们与其师的关系各不相等。要回头探究这两个弟子究竟谁与文徵明较为"亲近"，其实不甚明智，而要以现代强调独立个体间感情亲厚的角度来衡量他们的关系，恐怕亦失了焦。在所谓的"吴派"里，有几个重要人物与文徵明的关系亦很难明确地指出，最明显的例子便是陆治（1496—1576），高居翰称之为"文徵明圈子中，继文徵明之后下一位优秀的画家"[59]。16世纪晚期的资料说他习画于文徵明，然这或许是后人的建构，因为真正的当世材料十分有限。周天球（1514—1595）的情况亦然。现代的资料多称之为文徵明的门徒，在文徵明文集或当时的资料中却鲜少提到他。文徵明曾书一本《兰亭序》，和其他人的书法作品同装于仇英所绘的《人物图册》。[60]此书作于1545年，是文、周两人相交的罕见证据。除了1550年周天球在《古柏图》的题识外，几乎找不到其他的资料了。

无论与文徵明间的人情义务有何等细致的区别，上述这些人都不算真正依附于文徵明。不管沾了文徵明多少光，他们都有自己的独立事业。然还有些人更紧密地与文徵明绾结在一起，用明代的词语来说，就是"门人"。其中一类自然是文徵明的儿子：文彭、文嘉与文台；因其父长寿，他们即使年过半百都还附从于文徵明。年龄最小的文台无足轻重，18世纪初的族谱编者甚至不详其生卒年月。文彭与文嘉则曾任微官，文嘉后更以画闻名，然两人都是父亲的代笔。[61]文徵明在北京时有信付二子。除了艾瑞慈（Richard Edwards）所引用的那几封信札外，周道振还录下两通闲聊之信，不外乎抱怨通信之困难、齿疾疮肿、不得告归以及官场传言等。[62]文徵明回到苏州后，1527年有诗记其与二子出游，1531年亦有记其思念二子、儿辈业师汤珍和爱徒王宠之诗，时诸人俱赴北京应试。[63]然而，除了一首文徵明晚年（1557）送彭年赴任新职所作的诗以外，这些诗、信皆未收入《甫田集》中。[64]明代时，子对父的义务在理论上是绝对的，即使不妨碍他们与自己的同侪群体建立关系或结交通过父亲而认识的人（文家二兄弟都在《古柏图》上题识），文氏兄弟在文徵明生前都得在父亲的权威底下生活。这在实际层面上意味着他们三不五时得代理父亲的事。

钱穀的角色或许也是如此，葛兰佩及其他学者皆认为他是文徵明的代笔，代作文徵明不屑一为的差事。[65]徐邦达指出一件载于18世纪著录的重要尺牍，某位黄姬水致信钱穀："寒泉纸奉上，幸作乔松大石，它日持往衡翁（即文徵明）亲题，庶得大济耳。"[66]可见顾客清楚知道他所得到的并非文徵明亲笔之作，即使其上有文徵明的跋文或落款；这也或多或少解释了现存某些作品虽然在鉴赏家眼里显得平庸无奇，却有赫赫有名之作者落款的现象。现存仅有一封信写给钱穀，附上几本日历为赠，内中称钱穀为"贤契"，其引申义带有某种契约关系、收入家门的意味（此词亦见于现存唯一一封写给汤珍的信札中），且不如"吾友"一词那么常用。[67]除此之外，几乎再也找不到其他当时的材料。钱穀生卒年不详一事，或许透露了他的社会地位。然我们对其他围绕从行于文徵明并在史上被冠以"代笔"标签的人，所知更少。例如，我们很难判断何者才是居节自出己意之作，因其风格与文徵明过于接近，人多请其摹制文徵明之作以售。[68]著录中有一则1545年的画跋，谓文徵明应居节之请而临一件赵孟頫的手卷，然此事颇值得怀疑，因其日期并不一致。[69]我们对于文徵明最重要的代笔人物（除了文徵明二子之外）所知亦鲜，这个人便是朱朗。

朱朗这个名字自明代起便笼罩着一层疑云，主要是关于他在文徵明生前及身后靠赝作文徵明之画而牟利之事。[70]先前曾提及，文徵明曾为其邻居，即朱朗之父朱荣撰写墓志铭，内中提到朱朗自幼便"以文艺游

[图85] 朱朗《赤壁图》(局部) 1511年 卷 纸本 水墨 25.5×97厘米 故宫博物院

余门"。(故宫博物院有件1511年的手卷,上有其名款【图85】,然与周道振主张朱朗于1518年起方从文徵明习画的意见有出入。)他们两人的关系定然延续到文徵明谢世时。记载中也提到1532年两人酒后文徵明作《中庭步月图》【图86】之事,1535年时也有一跋提及两人在同一场合出现。[71] 1551年文徵明为朱荣作墓志铭,现存至少有两封信提及朱荣的后事,可见文徵明很可能为当时已入其门下的朱朗打理其父的丧葬事宜。[72] 1556年有跋记文、朱二人弈棋,文徵明负败,故写《后赤壁赋》以为偿。[73] 然而,现存三封文徵明写给朱朗的信才真正带我们更深入了解两人的密切关系,及文徵明艺术营生的混沌本质。[74] 第一信里,文徵明称朱朗为"贤弟",询慰其"面疡"是否好些。不过,第二封信才是重点,因为很短,所以录下全文:

> 今雨无事,请过我了一清债。试录送令郎看。徵明奉白子朗足下。

除了显示"门人"不见得要居住在庇主家中,这封信(徐邦达早已点出其重要性)更提供我们了解在讨论这些人情义务时所用的语言,特别是与人情债真正积欠对象以外的第三者商量时。[75] 此处"了一清债"之意,绝非指金钱上的债务,而是文徵明自己欠下的人情义务,欲请朱朗代作书画。债可以"清",可以雅,然终究是该偿还的债。这惊人的商业性用语是文徵明文集中仅见的孤例,将一般讨论书画时所使用的礼物性用语,改以商品性用语取代。然而在现实运作上这个用法不太可能是个孤例,且很可能反映了人们实际上谈论这类交易的方式(文徵明此信在文法上较其他信札更为口语,可能在某种程度反映了他个人说话时的

[图86] 文徵明
《中庭步月图》
1532年
轴 纸本 水墨
149.6×50.5厘米
南京博物院

语法)。这使得鉴定文徵明现存作品的工作更为困难,目前可见的微薄证据虽如冰山一角,却证实了受画者所得(或所买)的"文徵明"作品很可能是文徵明几乎碰都没碰过的。最后一信看来更商业性,甚至明白地讨论金钱。在讨论文人理想的现代学术文章里,这可是文徵明不太可能做的事:

> 扇骨八把,每把装面银三分,共该二钱四分。又空面十个,烦装骨,该银四分,共奉银三钱。烦就与干当干当。徵明奉白子朗足下。

就我的推算,事成后,朱朗大概能得"银二分"以为佣金,钱本身虽是小数目,然他经手的数量可能很多,加总起来亦可为其优渥生活的部分资金来源(还不包括由他代笔却以文徵明"真迹"行世的作品)。

朱朗很可能属于文徵明所往来的社会阶层中最低的那一级,虽然他称不上是笼统的文派成员。然这只是现存资料所见的情况,无论文徵明的妻子如何善于持家,文徵明终究得和明代经济里的"仆役"打交道,特别是支撑文人风雅生活所不可或缺的那一类。他一定有随身侍者有能力整理其图书、懂得正确地开收卷轴、晒书煮茶。这些仆从的姓名多半不得而知,然我们的确知道1523年随文徵明赴京的四个仆人:狄谦、永付、文通、文旺。[76] 后两位也姓文(似乎是位阶较高或责任较重),显示氏族(不管是虚构的或是其他类)在契约关系或奴仆义务里的重要性,亦可知此时"家"的观念,相当于欧洲中古或近代的 familia,仆人和血亲、姻亲一样,都是这集团的一分子。[77]

除了家仆以外,文徵明必定与其他关乎画家营生的仆役有所往来,无论是通过奴仆或是契约关系。这些技术人员是制作拓本、印书或装裱时所不可或缺的人物,特别是裱工,是将一纸作品转换作成品以便流通的关键——然而,几乎没有任何一个人可见于文徵明的文集。只有一个例外。两通作于16世纪50年代初写给某个章文的书简,清楚地告诉我们这个章文乃是个刻工,专门将写在纸绢上的文字转刻到漆器、木头或石材上。由第一信可知文徵明在约莫四年前订制了一些研匣,他埋怨道:"区区八十三岁矣,安能久相待也?前番付银一钱五分,近又一钱,不审更要几何?"第二信则说已收前三个研匣,不知最后一个何时才能

[图87] 仇英《桃花源图》文徵明1542年题 折扇 金笺 设色 20.8×54.9厘米
密歇根大学美术馆（University of Michigan Museum of Art）

送达。接着谈到何家的墓碑，问章文可否赶工完成，因为何家的人此刻正在身边，赶着要带回家。由于何家亦要求文徵明撰写墓表，故问章文是否有暇刻之；若否，则将另请他人。[78]这些琐碎的商业往来之所以能保存下来（就像毕加索的涂鸦一般），全因为文徵明的笔墨可宝，然而它们也是极重要的证据，将我们的注意力带回到人情与关系的复杂网络。用现代的词语来说，文徵明或许是个"文人玩票者"（scholar-amateur），但这并不意味着他外行（amateurish）。我们可以想见还有不少这类书信往还的存在，特别是与他人共同完成的计划，如文徵明与苏州最重要的职业画家仇英的合作关系。后世图录中所录关于两人合作的例子，多分布于1520—1546年，现存除了前见克利夫兰美术馆所藏的《心经》（见【图65】），还有许多其他例子【图87】。[79]

文徵明自己的诗作亦提供了"合作"的证据，如1544年腊月与仇英合写《寒林钟馗图》之事。[80]他必定曾为许多仇英的画作题跋，然不消说，这些跋文很少收入其文集。[81]关于仇英与同时代非职业艺术家的关系以及时人对仇英的看法，[82]虽早已引起学界注意，并已产生丰富的研究成果，至今却无有相当的研究自文徵明的角度来探讨这个问题。我们知道这两人必定相识，然就文徵明选择留下的资料来看，两人的关系几乎不得而知。这也再度强而有力地提醒我们，正因为史料有所缄默、有所宣说，才造就了我们所研究的过去。

8　艺术家、声望、商品

　　文徵明一生中制作了许多文化性物品（cultural artefacts）；这些作品都在当时精英阶层的物品交换模式中具有相当的价值，不仅在转手易主间换取高额的金钱报偿，甚至还有随葬墓中以证明死者精英地位的【图88】。[1] 吊诡的是，这些作品之所以价值不菲，正在于其创作者并非只是个写字的"书家"或画画的"画家"，然今日文徵明却以书家与画家的身份闻名于世。且无论文徵明与其家人如何故作姿态，也不见得总能获得认同。文徵明仍在人世时即是如此。这点可由何良俊所录的文徵明逸事得知。何良俊在文徵明死后不久，便不遗余力地搜罗其生平逸事，以下是文徵明任职翰林院时的一段事迹：

[图88] 文徵明《书画》1526年以后　折扇　金笺　水墨　20.3×55厘米　1973年江苏省吴县洞庭山出土

　　　　衡山先生在翰林日，大为姚明山（姚涞，1523年进士）、杨方城（杨维聪，生于1500年）所窘。时昌言于众曰："我衙门中不是画院，乃容画匠处此耶？"

"画匠"一词明显指涉地位卑微的职业画家，而被较自己年轻一辈的姚、杨二人如此称呼，文徵明想必十分难受。这两人是科举考试最后一关的胜出者（皆为状元），与文徵明的屡次场屋失利适成对比。然何良俊为文徵明辩护，声称有许多声名显赫的官员精英与文徵明有所往来：

> 然衡山自作画之外，所长甚多。二人只会中状元，更无余物。故此数公者，长在天地间，今世岂更有道进着姚涞、杨维聪者耶？此但足发一笑耳。[2]

在明代的价值体系中，专业化（specialization）并非获取社会地位的途径，文化创作（cultural production）方面更是如此。这与当今的价值体系并不一致，遂成了我们理解明代人如何建构、如何维持其身份的主要障碍。然而文徵明成为"名书画家"的过程并非纯然只是现代人的误解，而是一段漫长的阻绝过程的结果，阻止我们认识前几章所铺陈的各种主体定位的方式。这是一个"删减描写"（description）的过程，与杜赞奇（Prasenjit Duara）所谓的"层累描写"（superscription）恰好相反。后者若以中国民间信仰为例，则指神祇的新身份往往叠加于其旧有的身份之上，而非完全将其抹去。[3] 文徵明的各种身份并非随着时间而层层叠加，反倒是渐渐减少。因"名望之建立"常是通过文字来进行；故在本书的最后一章将检视文徵明生前及死后的文字记录，看这些如何将他与我们现在所谓的艺术品逐渐紧密地联系在一起，如何省略文徵明的其他身份并使其作品所产生的物品交换情境隐晦不显。

存在于文徵明官方文集《甫田集》中的"题跋"一类，可能是最接近我们认知中所谓"艺术"的一种类别。[4] 但将这种书写形式归为"艺术史"的一种，则有许多问题。我们必须牢记，这些题跋大多是为书法作品而写，而非绘画，其中还包含西方惯例（practice）中称为"手稿"（manuscripts）的作品，即因其内容而被保存的书法。《甫田集》中共录有四十九则题跋，其中三十九则（80%）是书跋，而十则（20%）是画跋。相对于周道振辑校的《补辑》，一百八十则题跋中有九十九则是书跋（55%），而有八十一则（45%）是画跋。这意味着仍有许多文徵明所书的跋文被认为不值得收入《甫田集》，尤其还要考虑到大量的题跋都已佚失。无须讶异，这同时也意味着书作上的题跋远比画跋更加体面（respectable）。出现在《甫田集》三卷题跋中的十件画作，皆出于有名有姓的画家之手，形成了一个稍显奇特的典范，（依书中排序）包括了文徵明的亲戚夏昶、其师沈周,接着是柯九思(1290—1343)、阎次平(活动于约1164年)、赵孟𫖯(1254—1322)、郭忠恕(约920?—977)、江参(约1090—1138)、马和之(约卒于1190年)、陈汝言(约1331—1371)及李公麟(1049—1105或1106)。自后来(特别是约1600年后发展出的)对画史的理解角度言之,这并非一串具有一致性的名单,而是混合了南宋画院的画师及所谓的文人画家祭酒。文徵明把谁加入或把谁略去,都同样值得注意。这份名单显然无意呈现一致且系统化的画史全貌,事实上,它反而强调了文徵明文集在选录画跋时,不仅考虑了画家的名声,同时亦考量到收藏者的声望。曾有人提出,文徵明并非一个有意识的"绘画史家"(historian of painting),至少从他死后半个世纪所形成的这个概念的角度言之,确实如此。[5] 如果将文徵明几个世纪以来累积的声誉抛在一边,我们甚至可以怀疑,"绘画"是否总是同时代人用以看待文徵明的主要场域。

  这个观点尤可见于文徵明晚年时别人为他所作的纪念性与颂赞文章。陆粲所撰的两篇《翰林文先生八十寿序》,是文徵明八秩寿诞时祝寿诗文集的序文,文中称扬文徵明的道德、博闻及出众的文采,却未曾提及其绘画。[6] 十年后,文徵明年届九十,曾与之往来的长洲同乡皇甫汸作了一篇类似的文章,题为"代郡守寿文太史九十序"。"代郡守"之题,使此文成为半官方性质、庆贺这位本地名士高寿遐龄的文字。该文与陆粲的序类似,同样言及文徵明的宦途及编撰"国史"的经历;皇甫汸将之比于长寿的古人,赞颂其诸多方面的成就,然对于文徵明为后人所牢记的画名,却未特别着墨。[7]

  我并非指称文徵明本人对于绘画不屑一顾;那未免太过荒谬。事实上,我们倒有明显的反证,例如文徵明于1533年题李唐《关山行旅图》,跋中称许李唐"为南宋画院之冠……虽唐人亦未有过之者"。他写道:"余早岁即寄兴绘事,吾友唐子畏(唐寅)同志",且又称其早年曾致力于学习李唐风格,尤其是他无可比拟的构图。[8] 在另一则1548年的画跋中,文徵明宣称:"余有生嗜古人书画,尝忘寝食。每闻一名绘,即不远几百里,扁舟造之,得一展阅为幸。"此跋题于赵伯驹的《春山楼台图》,收藏者是某个名叫吴纶的人。1543年,文徵明与友人同过吴宅,应主人之请为该画题跋;借观该画五年后,他终于在1548年履行承诺。[9] 在此,文徵明以题跋回报吴纶的出借画作,除此之外,文、吴二人并无其他往来的记录。尽管此事具有交换的意味,我们没有理由怀疑文徵明自称热爱古画的真诚。这点尤可自其画作（而非其诗文）窥知，因他在画中常明确表达意在与古代知名大师对话的企图。就这层意义而言，那些实际在纸、绢表面留下痕迹的作品，本身就是最好的明证，因此我们无须急于寻找文字证据来"支持"我们对不同作品何以有不同样貌的解释。然而即便如此，我们还是很好奇，在"你来我往"的交换模式里，这些作品是否不单单只是处于画家与受画者之间，也居于画家个人与李成、赵孟𫖯、米芾或任何一位文徵明题跋中言及的古代画家之间。借由"传"和"仿"的形式，这些古人供以文徵明所需，文徵明也对这些古人有所回报。这并不会使两者处于对等的关系，因为如前所见，礼尚往来几乎总是暗示了阶级关系（hierarchy），而回报总是"不足"，总是无以为报，至少在修辞上是如此。如庇助链（chains of patronage）中，除了最底层的之外，每一个附从之人都是其下附从者的庇主。这一个"上"与"下"的隐喻，暗示着"前"与"后"以及社会或道德上地位的不对等，若用来将艺术创作的模式概念化，则文徵明便是将前人（即位居其上之人）的风格（manner），传给后人（即位居其下之人）。这种传承关系的譬喻在文徵明论及祝允明如何吸收外祖父徐有贞与岳父李应祯两人书风的跋文中，清楚可见。[10] 这也是人们笔下所谓文徵明与其弟子（特别是其子）间的关系，在这种情形下，他们形成的"派别"被视为一个跨时代的传承世系，同时也是（或者更甚于）同代人组成的一个群体。

　　文徵明与古代艺术的连接是 20 世纪学者研究文徵明时最重要的议题，如葛兰佩 1975 年的专书的第二章便以"师古情节：文徵明对于艺术史的研究"为题。她敏锐地指出，文徵明对于在文学或仕宦方面表现卓越的艺术家特别感兴趣。[11] 虽然"古"字在明代是个飘忽不定的概念，但在文徵明的诗文中却随处可见，而评论家对于文徵明师古情节的理解方式也随着时间经历一连串的修正与改写。同样，就如几位现代评论家所指出，"绘画"绝非文徵明自己特意选择来定义自我身份的要素。前已提及，《甫田集》中的画跋相对于书跋，可说是屈指可数，而令人讶异的是，文徵明尝试表述其"画史"观点的跋文多未被收录在其官方文集中。诸如文徵明 1530 年题唐寅人物画时所言"画人物者，不难于工致，而难于古雅……初阅此卷，以为元人笔"这一类的论述，很难在《甫田集》中看到。[12] 而如下文这段题王鏊所藏唐代画卷的短文，则更罕见：

[图89] 赵孟頫《水村图》（局部）1302年 卷 故宫博物院

> 余闻上古之画，全尚设色，墨法次之，故多用青绿。中古始变为浅绛，水墨杂出。以故上古之画尽于"神"，中古之画入于"逸"。均之，各有至理，未有以优劣论也。[13]

"余闻"是一种修辞手法，不仅可用以强调关于物品之知识的传承，也可道出物品本身的流转。这两者俱是密不可分的文化资本。

文徵明本人必定拥有相当可观的书法收藏，其中至少有五件作品的题跋被收入《甫田集》。这些题跋所讨论的作品范围从王羲之到赵孟頫，在在展现着渊博的古物知识，不仅对这些作品本身的"传记"，即其来源及收藏史，多所关注，也触及到我们今日称之为"风格"的议题。[14] 有时作品会被描述为是"家"里所有，而非他个人所藏。例如，有则1542年的题跋讨论了两本唐僧怀素的《千字文》，这两件皆被文徵明称为"余家所收"；相同词语又出现在文徵明题赵孟頫书作的跋文中，赵氏是其书作的主要师法对象。[15] 我们对于文徵明的绘画收藏所知甚少，但想必也包含赵孟頫的作品，至少其中有一件今日仍然可见【图89】。[16]

亦有充分的证据显示，文徵明并非清高到全然不知艺术品的商品脉络，甚至偶尔还会在其诗文中提及。1519年时，他几乎是欣喜地记录下王鏊花费五百两白银购得一件唐代画家阎立本（卒于673年）作品的经过：

> 是卷旧藏松陵史氏，一夕为奴子窃去，不知所之。少傅王公向慕久矣，无从快睹，今年春，孙文贵持来求售，少傅公不惜五百金购之，可谓得所。一日出示索题，余何敢辞？[17]

文徵明在其师李应祯所藏的一件苏轼书帖上的题跋提到，李氏是花费"十四千"才从金陵张氏购得此帖。[18] 而从文徵明在另一件苏轼墨迹上的题跋可知，其"友"张秉道（此外并无关于此人的其他记载）"以厚直购而藏之"[19]。几乎一模一样的用词还出现在文徵明描述华夏续收三卷《淳化阁帖》之经过的跋文中，该法帖是文嘉于1530年发现有人贩售而通知华夏以"厚值"购得。[20] 除了购买艺术品的例子，文徵明也十分清楚书画作品是如何通过借用的方式进行交换。他至少在两则书法作品的跋文中提到这些是向唐寅借来的作品，而其中的第二跋几乎就要说破，他的题跋将会使这件作品增值，可当作他将作品"借留斋中累月"的补偿。[21] 从文徵明的诗文可以证实，他强烈意识到物品在社会行为者之间的流动，例如1519年的《题张长史四诗帖》一文，便提及数年前曾与其师沈周借观该作，只是原收藏者不肯。如今作品的新主人同意让文徵明借留家中"数月"，然在欣赏的同时，文徵明亦感慨无法再与已经谢世的沈周讨论这件作品的奥妙了。[22] 两年后，有个古董商（或可能仅是客人，文中所用的"客"字语义模糊）带来另一件书法作品，让文徵明印象非常深刻，因此他"借摹半载，遂书《千字文》成册"。[23]

文徵明不仅通过礼物交换及直接购买等方式，累积了可观的书法收藏，同时还借由汇刻于1537—1560年的十二卷《停云馆帖》【图90】，使其藏品得以流传于世。[24] 这部丛帖集结了文家收藏的各种法书以及文徵明曾寓目而由其本人或长子文嘉临摹之作，由章文刻石；文徵明这类事务固定由章文包办，前一章曾经讨论过文徵明与他之间略显不耐的通信内容。书法鉴赏家认为这套法帖的品质在明代仅次于无锡华家编刻的《真赏斋帖》，只是《真赏斋帖》原本数量就少，因此更难觅得。《停云馆帖》对于内容的选择与安排不仅清楚阐述了书法史，更有甚者，它体现了一种"目的论"式的书法史，以文徵明本人作为终点。十二卷中的第一卷包含了晋唐时期的书家墨迹，以王羲之为首，王羲之本身即是个原创书家（ur-calligrapher）。第二卷是晋朝作品的唐摹本。第三卷只有一件作品，即孙过庭的《书谱》（文徵明所藏），[25] 而第四卷则是其他唐代作品。第五至第七卷包含大量的宋人尺牍，第八至第九卷为元人作品，同样多数是尺牍，且文徵明所师法的赵孟頫占了最大比重。第十卷开始为明代作品，共十三件，由十二位书家所书，包含较文徵明年长的同时代人徐有贞及文徵明的书法老师李应祯。第十一卷为祝允明的五

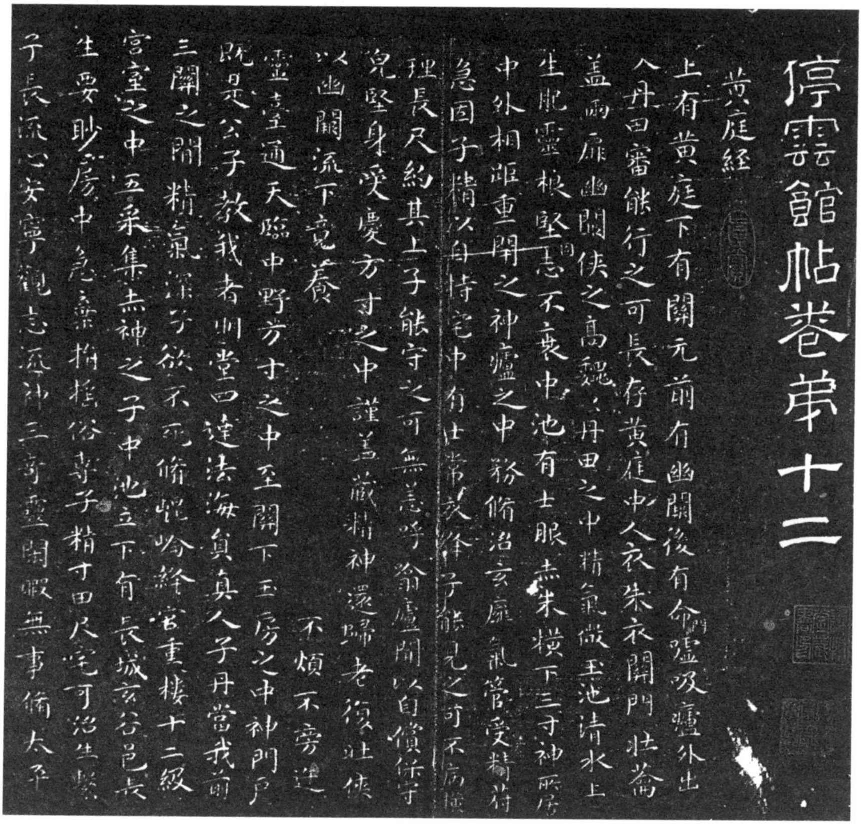

[图 90] 文徵明
《小楷黄庭经》
出自《停云馆帖》
1537 –1560 年
纸本 墨拓
27.2 × 27 厘米
北京大学图书馆

件作品,而第十二卷则全是文徵明本人之作,以记录其在朝任官的三件《游西苑诗》作为结尾。[26] 由是,文徵明在北京的这段经历不仅得到了纪念,也得以流传。在如此安排之下,《停云馆帖》所铺陈的书史上自公元 4 世纪的王羲之,历经 13、14 世纪的赵孟頫,然后在文徵明达到顶点。然最后这一点要到文徵明死后才算真正确立,因其谢世使之免去了不知自谦的污名,也将其辉煌名声交付至子孙之手;在孝道的大纛下,子孙们再怎么弘传先人的名望也不为过。

这些由后人撰写或委托的志文是文徵明的声誉得以进一步巩固的要件,这些文章的成功与否,可从它们在塑造"文徵明"成为明代文化中坚人物的过程里所扮演的角色窥知。故我们有必要仔细分析这些文字,试图找出它们如何达成这些持久的效果;同时也要注意,它们直至今日仍如何被系统性地略去不读。其中最关键的是文嘉所写的《先君行略》【图91】,原为文徵明墓志铭的作者黄佐所提供,然也附于较早版本的《甫田集》之

8 艺术家.声望.商品 | **199**

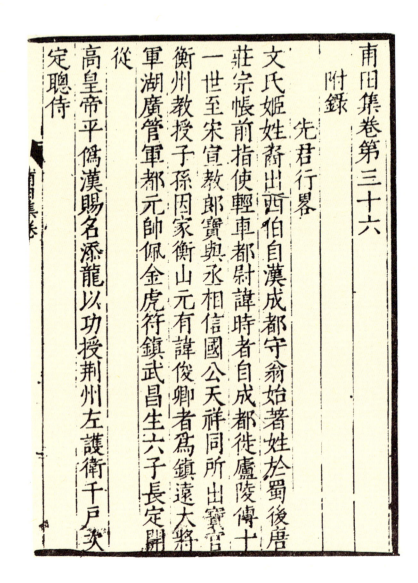

[图 91] 文嘉撰《先君行略》出自《甫田集》木刻印刷 17 世纪

后，因此得以借"家族"之名（故显得更为权威、真实），向读者叙述文徵明的生平。[27] 在此有必要从中广泛摘录，以便使我们了解，在文徵明谢世之时，其后人究竟最看重他一生中的哪一部分。

《先君行略》就像文徵明为其他人所作的行状，是以家族的谱系开场，这不禁让人想起文徵明为其叔文森所作的行状。文中追溯其先祖至汉代，继而声明文家与宋代英雄文天祥的关系，以及族人在明朝建立时担任的军职；到了文惠时，方从杭州迁到苏州，娶张声远之女为妻。[28] 文惠生有一子文洪，自文洪"始以儒学起家"[29]；其子文林历任多职，

200 | 雅债——文徵明的社交性艺术

为文徵明之父。

接着文嘉逐一叙述其父的名、字、号,并说到文徵明少时"外若不慧",然"稍长,读书作文,即见端绪"。文徵明与年长他十余岁的杨循吉、祝允明往来,而祝氏对他的赞美之词在行状中被逐字录下。在其父的引介下,文徵明跟随吴宽学习古文。同时他也成为文林同僚李应祯的弟子,李氏对文徵明书法造诣的赞叹再次被引述。文中又提到他与同时代人都穆、唐寅的往来,以及文林曾告诫其子,唐寅为人"轻浮"。最后被提及的友人是徐祯卿,文中暗示徐氏是最早寻求文徵明庇助之人。

在初步叙述其父人情义务和人际往还的网络之后,文嘉笔锋突然一转,提出一段可以彰显并定义文徵明生平的逸事:

> 及温州(即文林)在任有疾,公挟医而往,至则前三日卒矣。时属县赙遗千金,公悉却之,温人搆亭以致美云。

之后文嘉讨论了其父多次赴试的经历:"公数试不利,乃叹曰:'吾岂不能时文哉?得不得固有命耳。然使吾匍匐求合时好,吾不能也。'"于是文徵明转而致力于创作古文辞(科举考试没有的科目)。当他逐渐年长,声名渐起,得到海内许多"伟人"的倾慕,因他们"皆敬畏于公"。我们从行状中得知文徵明拒绝了宁王赠送的厚礼,然后家族史继续叙述了文徵明受荐进入翰林院任职之事。其中有人因为文徵明在不知名的庇主过分推与之下进入翰林院,而对他产生反感,但与文徵明见面后也就接受了他。其中杨慎、黄佐二人对文徵明尤为敬爱,而一些较他年幼的同僚也为他摒弃了翰林院中按入院先后安排座次的规矩,对文徵明居上座不以为意。

他因为编修《正德实录》而受到赏赐,但并未迁官。此时朝中大权由温州(永嘉)人张璁所掌,而他曾是文徵明亡父的附从者,与文徵明理应有"交"。文嘉的行文在这一点上稍显隐晦,仅提到文徵明于某日早朝时跌伤左臂,故在"大礼议"事件中缺席,不少人在这事件中遭受杖刑,甚至死亡。尽管被告知仍有进阶的可能,于心不安的文徵明依旧乞归,即使有不知名友人上疏为其谋求官职,他终究返回了家乡。回到苏州后,他在房舍东侧建立一室,名之为"玉磬山房":

> 树两桐于庭,日徘徊啸咏其中,人望之若神仙焉。于是四方求请者纷至,公亦随以应之,未尝厌倦。唯诸王府以币交者,绝不与

通；及豪贵人所请，多不能副其望。曰："吾老归林下，聊自适耳，岂能供人耳目玩哉！"盖如是者三十余年，年九十而卒。卒之时，方为人书志石未竟，乃置笔端坐而逝，倏倏若仙去，殊无所苦也。

文嘉以这段感伤的细节（文徵明最后竟是在为他人撰写社交、颂赞文章时辞世，此事绝非偶然，因其一生中早已多次书写这类文章），为《先君行略》中文徵明的生平纪事作结，接着综论亡者的品格与成就。文徵明"古貌古心"，寡言少语。他特别精于律例及朝廷典故，因此经常被请托解决礼教之疑。就地方的角度而言，由于吴中诸多前辈已经谢世，文徵明遂与"大礼议"事件的主要受害人朱希周同以德望文学并称，朱氏也与文徵明差不多时间归返苏州。根据描述，文徵明读书精博、藏书丰富，然有关阴阳、方技等书一概不读。文林精通数学，打算将此传授其子，然被拒绝，于是文林便命文徵明在他死后将书焚毁。[30]

文徵明少时虽拙于书法，但他刻意临学，师法古人；文嘉颇费心描述了父亲习书的过程。文徵明"性喜画"，他所作的一件小幅作品曾得到沈周的赞叹赏识。其诗文方面也是类似的描述，甚至有些夸大其词地称他独持文柄六十年；任何人得到其书画（即使只是尺牍），都视之为瑰宝。他的声名远传至日本，然实则其才名稍稍为其书画所掩，以至于"人知其书画而不知其诗文，知其诗文而不知其经济之学也"。他师法赵孟𫖯，在诗、词、文章、书、画方面的成就与之相当，而于道德更有过之。接着文嘉对其父的品格作了更深入的描述：

> 性鄙尘事，家务悉委之吴夫人；夫人亦能料理，凡两更三年之丧，及子女婚嫁，筑室置产，毫发不以干公之虑。故公得以专意文学，而遂其高尚之志者，夫人实有以助之也。

文徵明对兄长总是恭顺合宜，并在其"频涉危难"（仍是个谜）时全力周护，因此两人到了暮年依然友爱无间。

依据现有的证据看来，文嘉以下的陈述必然经过深思熟虑："公平生最严于义利之辨，居家三十年，凡抚按诸公馈遗，悉却不受，虽违众不恤。"虽然家无余赀，但文徵明对于贫困的亲友及故旧的子弟总是十分大方。他与人交往温和坦诚，终生不异。也不当面斥责他人的过错，然见之者则惶愧汗下。他绝口不谈道学，可是为人"谨言洁行，未尝一置身于有过之地",使他最终名满天下。"公恒言:'人之处世,居官惟有出处进退,居家惟有孝弟忠信。'今详考公之平生,真不忝于斯言矣。"这篇行状以标准的行文方式结束,最后提及了文徵明的子孙后代以及他下葬的时间地点。

文嘉的这篇行状尽管充满引人入胜的细节,却必须被视为一篇文字创作,而非透明的、不带任何价值判断的"原始史料"。以明代的观点言之,当中有些事件令人瞠目结舌。例如,身为孝子典范的文徵明竟放弃了父亲为他所取的名字,而且还摒弃父亲学识的主要领域,导致其父部分藏书被焚毁(似在暗示文林从事的乃"不正"之学,而这种暗示本身就是不孝)。行状中还讨论了文徵明的交游状况,但过程中却刻意忽略那些在文学或文化上没有相当成就的人物(这个过程一直持续至今),以至于伟人的朋友也都是伟人。该文亦将礼物之收受视为一重要议题,或至少特意举出文徵明拒绝了来自官僚体系最高阶层所赠送的礼物(但文徵明的确收过礼物)。而且,本文还刻意将书画放在较为次要的位置,感慨文徵明其他更值得称颂的美德被其书画之名所掩盖。

虽然"行状"本身是独立的文章,但它同时具有一个主要的意图,那便是作为墓志铭的第一手材料。文徵明墓志的作者是黄佐,如前文所见,他是文徵明16世纪20年代初期任职于翰林院时的同僚。[31] 黄佐撰写这篇墓志铭时,正好赋闲在家,与文徵明相同,他的仕宦前程亦在嘉靖初那场关于礼制的派系之争中被阻断。铭文与文嘉上述行状的细节依循着相同的轴线,以家族谱系开场,虽较简练,但对某些亲属关系有更丰富的描述,也补充了宋代时文家曾因"兵乱失其谱系"的资讯。黄佐也首度介绍了文徵明的叔父、文林的弟弟文森这位重要人物。文嘉在行状中对此人只字未提,即便文徵明时常在自己的诗文中提及这位重要的楷模,着实令人好奇。

在提到文徵明幼年不甚聪慧甚至发展较迟缓之后,黄佐紧接着打破依时间先后的行文模式,提及三则逸事,大大形塑了文徵明成为避世隐士之典范的形象。第一则逸事呈现文徵明的"简静"。中丞俞谏(1453—1527)[32] 知道他的贫困,极力想帮助他,询问他"何以为生";在文徵明否认贫困后,又遭俞谏质问为何衣衫破损不堪,文徵明则回答由于下雨之故,才穿旧衣。然文中并未提供此事的大致年代。第二则逸事则提到,俞谏为文徵明建造一"庐",在看到其门前河道湮塞后,便对他说道:"据堪舆家言,此河一通,汝必第也。吾当为汝通之。"文徵明恳辞了他的好意，云："开河必坏民庐舍，孰若不开为爱。"日后俞谏懊悔说道："此河当通，向不与文生言，则功成久矣。"第三则逸事是关于文徵明在文林突然过世后拒绝温州百姓集体筹募赙金一事，也是这三则中唯一出现在文嘉《先君行略》的一则。而在黄佐的版本里，这则故事又多了一些间接证据，包括文徵明拒绝赙款之信函的全文引述。就像之前的两则逸事，这个资讯当然只会来自文家内部的文献，以及事发当时并未在场的文家成员。黄佐是在这些故事可能发生的时间二十余年后，才与文徵明相识，而他在撰写时也已事过近六十年了。

我的重点并非在于试图动摇这些逸闻的真实性，这些逸闻在明清时期的传记中经常被用来彰显人物性格。它们是如何被接受、传承及理解，远比对其真实程度的考证更为重要，更何况许多时候我们也无从考证。因此我希望能通过另外两篇文献来仔细探究这些逸闻，分别为明代与清初作品，当时与文徵明相识且可以口述其生平逸事的人都已经辞世。

第一篇是王世贞（1526—1590）作于16世纪70年代初期且收录在其文集中的《文先生传》。[33] 虽然葛兰佩将本文与文嘉的《先君行略》相提并论，视为"这位书画家生平最早也最可靠的资料"（因此忽略了黄佐的墓志铭），然而文徵明与这位比他年轻五十六岁的作者之间，关系究竟有多密切，值得详细考究。[34] 毫无疑问，文徵明生前曾与这位来自太仓一户富裕之家的王世贞有过接触。现存有一首文徵明于1553年为奉使还朝的王世贞所作的诗，可能是两人初次见面的记录。同时，文徵明还为王世贞作了十四首以早朝为题的诗组，这一主题对这个即将前往北京、充满抱负的年轻人来说，真是再贴切不过的礼物。[35] 然而他只是文徵明这类诗作的数十位受赠者其中之一。王世贞于16世纪后半成为文坛祭酒，这是文徵明永远无法达成的（尽管其子出于孝道在行状中这么认为），而王世贞显然也因为与受人尊崇的文徵明往来而多少沾了光，只是我们缺乏当时的文献资料可进一步解释两人之间的关系。这样看来，很有可能是王世贞日后的文坛声望使其《文先生传》在今日看来较为重要，也使该文成为文徵明名望"去社会性"（de-socializing）过程的开始，因其不再是由文嘉（其子）或黄佐（旧同僚）等亲属同僚操刀之作，而是立于一截然不同的领域、在一崭新的脉络里以个人创作为主体为题所展开的论述。

王世贞这篇《文先生传》与一般死后立即发布的讣文内容并无太大不同，而且显然特别参考了黄佐的墓志铭，但对于铭文中表明文徵明性格的三则逸事则做了一些更动，最终很大程度地改变了它们原来的含义。尤其是王世贞在文坛无可比拟的声望使其笔下的版本于数百年来仍是流传最广的文献。他先提到文林逝世一事，并称事件发生在文徵明十六岁时。但这明显是不正确的。文林在1499年时卒于任上。[36] 他的长子文奎（不知为何，从未出现在这类史料中）当时虚岁三十一，而次子文徵明则是年三十。一个拒绝大笔赙金的十六岁失怙少年，与同样拒绝赙金但已是两个孩子父亲的三十岁男人且又是当朝御史的侄子及礼制上唯一有权为父亲料理后事的长子的弟弟，两者有非常大的不同。而关于文徵明的衣着和屋舍的故事，同样也被处理成深具艺术性而引人动容的形式。文中，俞谏见了文徵明简陋的蓝衫后，不由直接问道："敝乃至此乎？"而他得到的回答是："雨暂敝吾衣耳。"黄佐版本中流经文徵明庐舍门前的"河道"也变成了一条沮洳的渠道，这使文徵明为避免损及邻居而拒绝俞谏替他通渠的行为，显得更加高尚与自制。然故事中强调渠通即能登第的风水作用，以及俞谏后来因没有坚持初衷的懊悔，都被保留下来。

文徵明在翰林院任职一段时间后返回苏州，自那时起他的生活形态，套用王世贞的说法，成了"杜门不复与世事，以翰墨自娱"。文徵明退休后只与"文人、故友、亲戚"往来的论点，主要便是源于此说，且持续至今。王世贞具体指出了文徵明不想往来的对象，并详细描述他如何回应周王及徽王的使者，特别是拒绝其赠礼，同时又指出文徵明是清楚地意识到送礼必有所求的道理。王世贞提到，文徵明总是拒绝当时赴京进贡时路经苏州的"四夷"所提出的请求，这点明显与文嘉的《先君行略》有所矛盾。另外，他在传记中又加入一个新话题，表示他十分清楚文徵明作品的商业价值，遂导致伪作广泛流通，文中写道："以故先生书画遍海内外，往往真不能当赝十二。"随即又生动地描述了苏州地区四十年来皆受到文徵明作品的"润泽"。接着他将注意力转到文徵明的诗文、书画，并首度列出以陈道复和陆师道为首的弟子们。文末，王世贞将文徵明于诗、书、画方面的成就分别比肩于徐祯卿、祝允明及唐寅，但因上述三人都没有文徵明长寿，因此最终还是比不上文徵明的渊博才华。因此，文徵明的文化成就（而非如文嘉所述的道德价值），首次成为其一生最好的总结。[37] 在此浮现一个关于16世纪后期文化政治（cultural politics）的问题，以及为何文徵明作为隐士的形象能够如此根深蒂固。的确，与文徵明生平同时的一些史料展现了他辞官退隐的形象，却远比王世贞要我们相信的那个形象更加入世。一个崭新的主体位置（subject position）在此建立，因为王世贞并非只是单纯地将文徵明生平的描述，置于一系列全新的可能性（possibilities）之中。这些可能性在文徵明的晚年已逐渐浮现，但直到他死后才变得清晰明显。它们有部分是由于符合资格的男性精英过剩所导致的结果，因为通过科举的名额有限且官位的员额固定，故无法充分满足这些过多的男性精英。这种情形在苏州及其周边地区尤甚，而文徵明恰好成为 16 世纪 20 年代后出生的"受挫文人"（frustrated scholar）这一世代的最佳模范。这个自觉身处于堕落年代的世代也被现代学者视为晚明最具代表性的其中一个社会族群。[38] 文徵明本人身处 15 世纪一个非常不同的环境中，与王世贞书写其传记时已相隔一个世纪，自然难以被后人理解。

到了清代（1616—1911），对文徵明处境的理解几乎更是遥不可及。当进入 18 世纪初，在受诏编纂、成于 1736 年的标准断代史《明史》中，也可见到文徵明传。这可能是清代任何想要了解文徵明生平的人首先会查阅的资料。它出现在"文苑传"（画家并未单独成为一类，以《明史》的观点，是不可能有"成为画家"这种事），篇幅明显短于前文讨论过的几则文献。然而无论是文章结构或细节，皆明显依循了上述那些文献，尽管在意义上已经产生进一步的变化。《明史》的文徵明传直接切入传主本身，除了其父和其叔的姓名、官位之外，不再提供其他家庭背景方面的资讯。[39] 接着立即提到"谢绝赙金"的故事，但重复了王世贞的错误，将文徵明的丧父定为十六岁时发生的事。在简短提及他的几位师长及同窗后，马上进入了"蓝褛"逸事的叙述，紧接着是拒绝宁王以厚礼相聘的故事。这些之后才是谈到文徵明任职翰林院时的经历，作者着重在文徵明对张璁的冷落（张氏在清代已被公认为"大礼议"事件中的反派角色），以及文徵明退休返回苏州、不与权贵往来的部分。在传记最后三分之一处，罗列了一连串吴中作家、画家等名士之名，这些人或多或少都与文徵明的生活圈有所交集。若与文嘉《先君行略》相较，这篇传记最特别之处在于将早期文献中最基本的社交论述（即个人不可能脱离亲属结构，并得运用各种细腻手法以维持族群的存续），转变为一种道德的但个体化的（atomistic）论述，强调一个"好人"（good individual）的形象。这个差异是因为强调了目前已定型化的三则逸事所造成，这些逸事的真实性虽然可议，但对于塑造一个正直到近乎顽固、坚守原则与诚信且名副其实恪守孝道与公众精神的典范般的传奇人物，效果却是不容置疑。为了达成此一目的，家族和家族的考量都必须消失,互惠的人情纽带得要斩断,至于个人,则必须独立而观。

虽然文徵明的家族传记,和以它为本的各篇文献,都不曾也不能将他塑造为"画家",更别说是"艺术家",然而在1519年版的《图绘宝鉴续编》里关于文徵明生平的最早资料,他就是以这种面貌为人所知。重要的是,这本书专务"绘画",故这段文字也是将文徵明聚焦于该领域的这类文献的首例。这段文字在此书第一章曾全文引述,内容提及文徵明的本籍、擅长的绘画题材以及文学才华,并观察到文徵明在地方上的声望。书写的时间约当文徵明中年,然这时其声名还未能达到16世纪20年代自北京归来后的状态。无论北京这段经历在文献中有多么负面,至少给了文徵明一个"待诏"的官衔,而文徵明身后也以"文待诏"一衔为人所知。另一本书画家合传集《吴郡丹青志》中也这么称呼他,该文是王穉登(1535—1612)于文徵明死后不久所撰。王氏实自诩为文徵明在苏州文坛的接班人,其家族也与文家联姻。[40]《吴郡丹青志》的序作于1563年,距文徵明辞世仅仅四年。此书中文徵明的传文篇幅比《图绘宝鉴续编》的传文长了许多,开头便泛言文徵明显赫的家族、其好古之性与高尚品德,以及享誉天下的书法名气。接着指出文徵明绘画师法的两个(不同且年代更早的)对象,提到他的仕宦经历及辞官后的隐居生活。其晚年时名满天下,寸图才出,大家便争相千临百摹,或售或伪。即使到了耄耋之年,精力依然不减。该文最后以其子文嘉、文伯仁的简短介绍作结。[41] 初刻于1603年的《顾氏画谱》【图92】则是另一种专务绘画的文本,画谱中有一百零六幅古今知名画家作品的木刻版画(有些为真,有一些则是想象)。[42] 每一幅图都配有一篇木版刻成的文化名人手迹,这些文章内容大多取材自1365年的《图绘宝鉴》,然文徵明的部分并非如此。画谱中的文章先是提及文徵明的书法品质,接着是王世贞对其品德与艺术的颂扬,用词含糊而富于诗意。[43]

我们还要注意到两篇17世纪的文献,它们都以画史为焦点,且采取史传汇刻的形式。第一篇出自姜绍书的《无声诗史》,可能书于17世纪40年代。在所有"以绘画为主"的文献中,这篇文徵明传篇幅最长,而且明显引用了王世贞等人所写传志的资料,因为它重蹈了王世贞的错误,以为文徵明年仅十六岁时丧父和拒绝赙金。传中还列出文徵明于诗文、书法、绘画(依原文排序)方面的几位老师与年少时的好友。然后我们得知文徵明的书、画、诗所师法的典范,接着又叙述其北京的仕宦

[图92] 仿文徵明画法 出自《顾氏画谱》木刻印刷 1603年

经历、拒绝与朝中的显赫人物往来以及归乡隐居。除了弟子与故人之外，对于权贵、富人一概不见。同样也提到他巧妙拒绝宁王厚礼相聘的逸事（未按时间顺序）。文徵明投入文艺嗜好并悠然自适三十余年，最后在九十岁为他人书写志石时，安详辞世。[44] 相形之下，徐沁成于17世纪70年代末的《明画录》中，文徵明传的篇幅短了许多，叙述的顺次也不同：从官职、风格来源、拒绝与权贵往还到卒于高寿。[45]

至今还没有人试着对这些文本进行批判性的评价，或是讨论它们彼此间的诸多矛盾。[46] 例如关于文徵明绘画师法的对象就有非常大的差异，虽然我们仍可从中观察到典范成立的过程，如愈到后来，他所师法之对象的年代便愈早、名气也愈大。年代最早的《图绘宝鉴续编》（1519），只举文徵明妻子的祖父夏昶和他的老师沈周为其师，这两人都是苏州当地人士，也都与文徵明的年代相近。而文嘉的《先君行略》（1559）也仅说到其父在诗、书、画三项主要的文化志趣方面，都以伟大的典范人物赵孟頫为师。《吴郡丹青志》（1563）列出了宋代院画家李唐和元代文人画家吴镇，而1570年左右，王世贞则列出赵孟頫及另外两位元代文人楷模倪瓒和黄公望。《无声诗史》（17世纪40年代）举出李公麟和赵孟頫，而《明画录》（1677年后）里又添为赵孟頫、王蒙、黄公望和（首次出现的）董源（卒于962年）。董源当时已是所谓"南宗"文人画的始祖，极负盛名。简言之，当文本距离文徵明的时代愈远，以及当董其昌于1600年左右首次勾勒出的画史发展叙述已在知识分子心中取得主导地位，被认为是文徵明师法对象的书画家之名就愈古老、愈显赫，也愈具有权威性。这个与董其昌息息相关的叙述，将长期以来业余和职业画家有别的概念，顺势分为两派。占上风的业余画家在14世纪发展最盛，赵孟頫、倪瓒、黄公望及王蒙都活跃于此时。[47] 这些都是论述里掷地有声的名字，因此当那些围绕着文徵明生平的传记篇章距离文徵明的时代愈远，其所提供的论述也看似"更加真实"，直至今日几乎已无懈可击。

除了来自"家族"及"绘画"方面的史料，还有其他接近文徵明时代的传记文献留存，包括明代的部分"笔记"。笔记是盛行于明代前后许多精英阶层之间的一种文体，收录了各种不同主题的逸闻逸事。文徵明出现在许多这类笔记中，然对于当中脉络，今日的我们可能不是非常熟悉。例如，由郎瑛所撰、刊行于16世纪50年代的著名笔记《七修类稿》中有两则关于文徵明的逸闻，时文徵明仍在世。第一则出现在"辩证类"，讨论了文林与其子文徵明"皆名士"且"同号"衡山的问题。[48] 第二则出现在与前一则不同的"事物类",标题为"不食四足物",暗指文徵明不吃杨梅这种极为普遍的明代食物(或许会引起过敏?)。[49] 郎瑛从未提及文徵明的书画作品,而《七修类稿》中也确实没有"绘画"这一类别。

然而成于文徵明死后不久的《四友斋丛说》却不然。作者何良俊与文徵明曾有私交,事实上何氏还声称两人十分亲近。他跟文徵明一样,有一段曲折的入仕经历,后以"贡生"的名义进入翰林院。何良俊的文集中有一篇诗序,原为文徵明贺寿诗组而作。[50] 文徵明显然也于1550年为何良俊的《何氏语林》写了序,该书是搜罗古典与历史文献中的寓言之作。这篇序也被收入《甫田集》,序中文徵明称何良俊"吾友"。[51] 未被收入《甫田集》的有作于1551年的《何元朗傲园》诗,以及记录何良俊来访的另一首诗,当时文、何二人一同欣赏何良俊的藏品。[52] 很有可能在16世纪50年代,除了收藏其作品之外,对于文徵明及其活动的了解,已经被视为一种"文化资本"(cultural capital),而像何良俊这类人总渴望通过这类逸事的刊行(《四友斋丛说》中不少于三十则),来展示这类"资本"的累积。

文徵明最先出现在"史"类,何良俊引述其观点,所谓每人皆有缺点,唯有朱希周是"一纯德人也"。接下来一则逸事的主角也是文徵明,这则逸事活灵活现地描述了文徵明于16世纪20年代受荐入朝的来龙去脉,并清楚指出林俊身为其重要庇主的角色。[53] "史"类中还有其他几则逸事,是关于文徵明的仕宦经历与他和官员的往来,包括本章一开始所引用的一则。其中有一则特别有趣,因为它几乎可以代表当时对文徵明收送礼物之行径(gift behaviour)的评论。全文如下:

> 东桥一日语余曰:"昨见严介溪说起衡山,他道:'衡山甚好,只是与人没往来。他自言不到河下望客。若不看别个也罢,我在苏州过,特往造之,也不到河下一答看。'我对他说道:'此所以为衡山也。若不看别人只看你,成得个文衡山么?'"此亦可谓名言。[54]

在此对上述这段(非常口语化的)引文稍作解说。"东桥"即顾璘,乃苏州当地极负文名的文人,亦是文徵明许多作品的受赠对象。[55] 严嵩(严介溪)为大学士,自1542年起专擅朝政达二十年,人多知其(至少在其失势后)对厚礼贪得无厌(现在被认为是贿赂)。[56] 顾璘所引严嵩谓文徵明"与人没往来"的说法，应是指文徵明没有做到"礼尚往来"。"往来"一语出自《礼记》，用以定义精英阶层间借由礼物交换而形成的互惠关系。气愤的严嵩只能得到顾璘如下的回答：倘若文徵明为他破例，那么其光环便会消失，即使（我希望读者如今已经相信）文徵明"与人互不往来"的形象与事实相差甚远。

何良俊选录的逸事中没有关于文徵明贫穷但正直的故事，也没有以风水解释其科举的失败，然而却强有力地造就了后人心目中的文徵明形象。他在文嘉《先君行略》中提到的基本骨干上补充细节，指称文徵明愿意接受当地不甚重要人士的请求，以其书法作品回谢所赠糕饼，却不愿意接受唐王的厚礼，以应其索画的要求，甚至拒绝拆信一阅，让信差苦等数日后无功而返。[57] 他又提到文徵明对聂豹的恼怒，两人在16世纪20年代于北京相识。后来聂豹官至兵部尚书，便委托何良俊为中介向文徵明索画，文徵明闻言色变，曰："此人没理。一向不曾说起要画，如今做兵部尚书，便来讨画。"[58]

事实上，"史"类包含了大量与文徵明有关的记载，三十则当中占了十则，其余则分布在"杂纪"（四则）、"文"（一则）、"诗"（五则）、"书"（四则）、"画"（五则）及"正俗"（一则）。现在看来很难理解，为何某一则逸事会被放入某一类，例如以下这则：

> 衡山精于书画，尤长于鉴别。凡吴中收藏书画之家，有以书画求先生鉴定者，虽赝物，先生必曰此真迹也。人问其故，先生曰："凡买书画者必有余之家。此人贫而卖物，或待此以举火，若因我一言而不成，必举家受困矣。我欲取一时之名，而使人举家受困，我何忍焉？"同时有假先生之画求先生题款者，先生即随手书与之，略无难色。则先生虽不假位势，而吴人赖以全活者甚众。故先生年至九十而聪明强健如少壮人。方与人书墓志，甫半篇，投笔而逝。无痛苦，无恐怖。此与"尸解"者何异？孰谓佛家果报无验耶？[59]

这则故事包含了在绘画文献中亦可见到的资料（为赝品落款以济贫，早已是陈腔滥调），然而在《四友斋丛说》中，它非关绘画，而是"史"。另一方面，关于文徵明生活形态的细节则属于"杂纪"：

> 余造衡山，常径至其书室中，亦每坐必竟日。常以早饭后

即往，先生问曾吃早饭未？余对以："虽曾吃过，老先生未吃，当陪老先生再吃些。"上午必用点心，乃饼饵之类，亦旋做者。午饭必设酒，先生不甚饮，初上坐即连啜二杯。若坐久，客饮数酌之后，复连饮二杯。若更久亦复如是。最喜童子唱曲，有曲竟日亦不厌倦。至晡复进一面饭，余即告退。闻点灯时尚吃粥二瓯。余在苏州住，数日必三四往，往必竟日，每日如此，不失尺寸。[60]

这种对名人生活形态细节的迷恋延伸到逸事的内容描述，导致其具有拉伯雷式（Rabelaisian，译注：拉伯雷，法国讽刺作家）粗俗而幽默的风格：为人拘谨的文徵明竟以令人惊骇的臭足当作武器，好打断一段令他不悦的舟游，只因其友钱同爱安排了一名妓女藏匿舟中（文徵明将其裹脚布披拂于钱同爱头面上，直到钱同爱放他下船登岸）。[61] 通读《四友斋丛说》后给人一种感觉，仿佛作者是尽其所能地将有关文徵明的材料广泛散布于全书之中，他显然对文徵明极为倾慕与尊崇。瓦萨里（Vasari）描写米开朗基罗的方式与何良俊描写文徵明的方式有若干相似之处，然而瓦萨里却是在同一章里叙述其逸闻趣事，在一个固定的框架将"米开朗基罗"当作不证自明的分析单元。

反之，中国文献中将主角分散叙述的情形，在另一本逸事集中也值得注意，此即李绍文的《皇明世说新语》，文徵明在书中占了极大篇幅。这是后代几本沿袭5世纪的《世说新语》体例、将《世说新语》对逸事的分类法运用到当时作品的其中一本（何良俊的《何氏语林》亦为其一）。[62] 有关文徵明的逸事出现在"德行""言语""文学""方正""赏誉""规箴""企羡""宠礼""简傲""排调""轻诋"等篇。[63] 其中大部分可能是取材自何良俊的书，即使分属不同类别；例如，为赝品落款以济贫的故事在此被划入"德行"篇，而非何良俊心目中的"史"类，而文徵明在翰林院遭到鄙视的故事则被归入"轻诋"篇。有些故事强调文徵明不与权贵往来的主题。在"言语"篇，文徵明恳辞了某位王侯赠送的贵重古董，即便使者坚称："王无所求，特慕先生耳。""方正"篇收录了一则故事，是关于文徵明毅然拒绝某位自称其亡父文林故交之高官的庇助，理由是他对父亲生前所言一字不敢稍忘，但其父并未提过这位高官。"简傲"篇中重述了文徵明拒到河下迎接不可一世的严嵩的故事。然在"宠礼"篇，文徵明却接受平

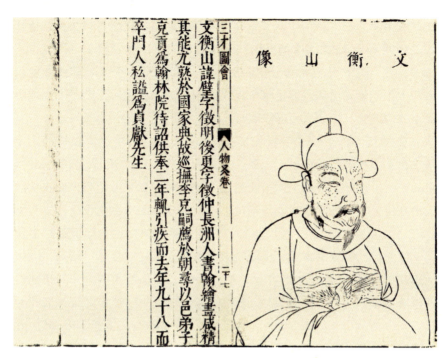

[图93]《文衡山像》出自《三才图会》木刻印刷 1607年

步青云的刑部尚书林俊的宠惠；这种庇助在明代人看来，似乎是很可以理解与接受的，一点也不会损及文徵明的正直形象。

假若这些文献倾向于将文徵明"分散"在不同的论述范畴，或多或少暗示了明代人认为主体性（subjectivity）是可分散的（partible）、视情况而定的（contingent）、因情境而变的（situational），或者用史翠珊（Marilyn Strathern）的话来说，是"可分割"（dividual）的自我，那么另一个强有力的论述正好是往相反的方向，强调"书画家"这个单一范畴。我们或可在刊行于1607年的类书《三才图会》[图93]中的文徵明传，见到这种论述的崛起。文徵明在此书中以六十九位明代"名臣"之一的身份出现：

> 文衡山，讳壁，字徵明，后更字徵仲。长洲人，书翰绘画咸精，其能尤熟于国家典故。巡抚李充嗣荐于朝，寻以邑弟子充贡，为翰林院待诏，供奉二年辄引疾而去。年九十八而卒，门人私谥为贞献先生。[64]

8 艺术家，声望，商品 | **213**

在此文徵明的艺术活动比其"家族"文献中的描述更显著（至少整体比例是如此）。要注意，这篇小传并未提到他的诗，尽管对于早期几位立传者而言，这方面的成就十分重要。[65] 在他死后五十年，即使在一篇表面上不以绘画为焦点的文献中，文徵明身为书画家的活动却已经成为最重要的主题。为什么会这样呢？

有很大一部分原因与书画市场的论述有关；当赝品大量流通，市场也免不了与真伪问题扯上关系。多数人相信，文徵明的书画赝品在其生前便已于市场上流通；如前文所见，据说他曾为了帮助穷人而在伪作上落款，王世贞甚至悲观地评论道，遍及海内外的文徵明作品，只有十分之二可能是真迹。[66] 现代著名的书画鉴赏家徐邦达曾经搜罗许多资料，证明后代的鉴赏家已经接受文徵明有些作品是"代笔"所为。例如他引述了一篇17世纪末的文献，提到一组二十幅的书画，乃"代笔作画以应所求者"。[67]《明画录》中有关其代笔朱朗（曾受文徵明请托为其"了一清债"）的传记也说，"其山水与徵明酷似，多托名以传"。有证据显示，部分由文徵明署款的书法作品其实是其子文彭代笔。[68] 如此一来，"文徵明"这个名字倒像是个品牌或商标，潜在的收藏者会将它与某种类别的作品相连接，就好像从16世纪中叶以后，人名开始与某些种类的奢侈品，如玉器或陶瓷等连接在一起。[69] 除了弟子、代笔及亲属之外，还有一个更庞大、更隐秘的工作团队热衷投入仿作文徵明的作品，当作一种营利事业。18世纪初由皇室下诏纂辑的书画类书《佩文斋书画谱》，记录了朱治登、胡师闵二人："并师文待诏书法，待诏遗迹，世所珍藏大半二人之笔。"[70] 他们的传记都很模糊，也没有具款识的作品存世可供比较。这两人与几乎同样模糊的程大伦，至少还有姓名可考，但徐邦达在他对十五件文徵明伪作的缜密分析中，可以辨识出自文徵明同时代直到20世纪的许多不同作者。萧燕翼在他1999年的讨论中，将许多件文徵明画作归为朱朗与陆士仁的伪作，陆士仁之父陆师道在某些资料中被认为是文徵明认可的弟子。

不只是文徵明的作品本身被伪作（16世纪晚期，艺术市场上甚至流传着号称文徵明所书的手抄全本《水浒传》），[71] 还包括他对其他画家作品的评论。现藏维多利亚与艾伯特博物馆（Victoria & Albert Museum）的一幅巨轴或许是这个现象的最典型例子，画上有文徵明与其他人（特别是苏州名贤）的题跋【图94】。[72] 画上的文徵明印章也是假的，目的在暗示此作曾经文徵明过目或收藏，用以增加作品的价值。[73] 鉴别何者方为文徵明作品的工作至今仍持续进行，然随着我们对明代图画制作过程的理解与争论有所改变，鉴定工作也变得更为复杂。其一便是"一稿多本"，即同一构图多种版本的问题。简言之，有些学者认定一图多本的情形里必定有原作／仿本的问题，甚至不考虑仿本是否出于恶意欺骗而作，或有其他目的等情况。另外有些学者认为，多种版本的出现证明了作坊操作与庇助模式的存在，尤其后者可能会导致不止有一个人需要同一种图画的情形，特别是对具有纪念性质之作的需求。[74] 因此"多版本"论点的支持者多将注意力集中在那些名副其实的职业画家身上，而他们也总被认为经营了商业作坊。要将这种假设延伸到文徵明这类精英画家，是一定程度的跨越，但雷德侯（Lothar Ledderose）在其近作中证明了文人画家也可能以模组的方式量化生产，表示上述这种假设也不无可能。[75]

文徵明作品的一稿多本例子中有一件立轴，目前至少有四本存世，分散在不同公、私收藏，至少有几件是被称作《天平记游图》（见【图16】、【图43】）。[76] 天津市艺术博物馆藏有一件作品，与今在柏林的《停云馆言别图》构图相同，后者乃文徵明于1531年为其最看重且即将赴试的弟子王宠所作（见【图45】）。如今天津市艺术博物馆仅定其名为《松石高士图》【图96】，也免去了一切特定关系。[77] 第三件有着相同构图的作品是在台北故宫博物院【图95】，而这个构图第四次出现在一扇面上，为生平不详的王德昭所作（见【图64】）。最后，辽宁省博物馆藏有一件以"桃花源"为主题的作品，与现藏波士顿美术馆、仇英款（非文徵明）的作品构图相同。[78] 这三组例子难道都只是性质相同的同一件事吗？都只是文徵明谢世后作伪者在偏好的构图上将知名书画家的名号题在他们或创作或临仿的作品上？或者说，此间虽有不同的运作方式，只不过全都是依赖"文徵明"之名，视之犹如商标，如同文徵明死后不久的玉匠陆子冈或陶工时大彬之名，其用意可能在给予购买者一定程度上的保证？这两种说法要盖棺论定恐怕还言之过早。

当代鉴赏家徐邦达曾对现藏故宫博物院、有多种版本存世的文徵明作品《存菊图》（见【图48】），做了非常细致的分析。经过仔细比对卷上的每一个题字，他得出如下结论：这件作品并非出自文徵明之手，而是其同时代高手的临仿之作。他引用了早期著录中将这件作品归入文徵明名下的五则记载，有一些可能是指故宫博物院的版本，但是徐邦达认为文献所指的很可能是其他全然不同的同名作品。[79] 其中有一则是出现在 17 世纪初编纂的重要文献,即李日华(1565—1635)的《味水轩日记》。[80] 万历四十二年十月八日,即 1614 年 11 月 19 日,他写道:

> 夏贾以文徵仲《存菊图》伪本来,意态甚骄。余不语,久之,徐出所藏真本并观,贾不觉敛避。所谓真者在侧,惭惶杀人者耶!可笑。是卷余购藏二十年余矣。

他接着录下画上题识,然后以"乃衡山少年精工之作,断非凡手所能效抵掌也"作结。[81] 正如徐邦达所指,因为题识内容不同,故宫博物院所藏的《存菊图》和李日华看过的《存菊图》不可能是同一件。因此,至少有两件或者更多这个构图的作品流传。为什么会这样?如前文所见,原画是文徵明在特定时空为特定人物所作,此即悬壶为业的王闻,亦是其弟子王穀祥的堂兄。"存菊"这个别号对王闻本人具有特定的家族含义,而文徵明在作画当时必定也意识到了这一点。然而这个主题所引发的广大文化回响却更具有商业价值,即使(或特别是)其已完全脱离了原来的创作脉络。任何一个知识分子或稍有受过教育的人都会自然地将菊花、诗人陶潜以及辞官归隐后优雅闲适生活的理想连结在一起。[82] 一件作品具有两个文化偶像(即陶潜和文徵明)强有力的双重印记,将可吸引广大观众及卖得高价。它以最赤裸裸的形式,戏剧化地表现这个转变:文徵明那些具有社交目的并依情况而作的作品在他死后迅速转化为商品,这些原本因人情义务并因应不同场合而生的书画产物,遂变成自外于创作情境的事物,仅被简单挂上"文徵明所作"的标签。文徵明于是逐渐成为当代认知的"名书画家",而艺术市场在此过程中扮演了关键的角色。

李日华在 1609—1616 年所写的日记,提供了文徵明死后五十余年间艺术市场上所谓"文徵明之作"的流传情况,适可说明这个过程。文徵明是整部日记中最常看到的艺术家。书中提及之作究竟是真是伪,并不是我们的重点。李日华当然意识到伪作的存在,并曾多次提及;1615 年夏天,他从家乡嘉兴过访苏州,便曾评论道:"遇戴生者,邀看书画,多文、沈(周)杂迹,俱赝物,不足属目。"[83] 但是,他曾寓目且认为是真迹的文徵明书画在数量上还是远远超过了赝品(当然这无法提供这些作品的真正状况)。这些真迹包含书法二十件、绘画五十六件以及有文徵明题跋的十二件其他画家作品。五十六件当中有三十三件在李日华

[图94] 李昭道
伪款《山中访友》
约1550—1600年
轴 绢本 设色
177.8×96.5厘米
维多利亚与艾伯
特博物馆
(Victoria & Albert
Museum, London.)

[图95] 文徵明
《绿阴清话》
1523年
轴 纸本 设色
53.4×26.9 厘米
台北故宫博物院

[图96] 文徵明
《松石高士图》
1531 年
轴 纸本 设色
60×29.2 厘米
天津市艺术博物馆

寓目时肯定已经变成商品了，多半都在他提及的不同画商之手。有位"夏贾"给他看了十三件画作，此人显然是他主要的书画作品来源。而有趣的是，这位"夏贾"似乎从未经手书法作品。[84] 在日记所涵盖的期间，李日华购买了三件文徵明的画作；1609年，他向苏州画商戴稺宾（此人所售全是伪作！）购买了《虚阁弄筝图》及《柳堤联辔图》，1611年，他不知向谁购买了《芦蟹图》。[85] 同样一段时期，他还经由各种渠道（撰写志文的回礼、购买及接受藏家的质押）获得六件文徵明的书法作品。[86] 仔细分析部分入藏品的内容后会发现，原先为特定脉络所制的作品，在流通时已经完全丧失其原本的意义。有些作品仅仅被冠以"行书页"之名，完全未提及其内容。其中当然还有一些如"独乐园"或"滕王阁"等脍炙人口的古文篇章，在书写当时可能已没有与该创作情境相关的特定意义。1615年，李日华得到《尹佥事传》，乃"吴中名公"手墨的其中一部分。其文内容今已不存（再次提醒我们文徵明的作品已流失大半），而李日华对这件作品的兴趣与尹佥事无关，他在意的是文徵明的书风，称之为足以比拟古代的经典之作。同年，李日华还购得由沈周起头的"落花诗"组中文徵明书写的部分，这个版本附有陆治的图和彭年的跋。然而，使这件作品得以形成的脉络，即弟子对师长的情谊和师徒三代的传承，在此已无关紧要。一年后，他又购得一件《国朝诸名公手迹卷》，卷首是沈周为"林郡侯"（可能是1499—1507年任苏州知府的林世远）所作的一首送别诗。[87] 卷上还有徐祯卿与文徵明的题跋（文跋于1517年）。这件为荣耀地方官而制的作品已经完全脱离了引发此作的种种恭顺与互惠的义务。如今它成了一件艺术品，与李日华所谓由刻工保存而后出售的墓志铭文无异。[88] 1612年，两名"杭客"向李日华展示由文徵明为其庇主王献臣所作的《拙政园记》其中一个版本。[89] 市场上甚至可以见到名人的私人书信【图97】；1610年，李日华拿到祝允明写与文徵明的几通尺牍，以及文徵明写给他最器重的弟子王宠的一封信。[90]

　　关于绘画的模式，乍看之下可能稍有不同。在五十六件提及的作品中，李日华记录了十六件的品名，六件有纪年，七件可知受赠对象，包括杨复生、吴敬方、卜益泉、吴山泉。[91] 这些就只是名字，目前还未发现这些人与文徵明交往的任何证据。但是上述作品中还包括为袁褒所作的一件，此人已在前文论及，乃文徵明主要的庇主之一；此外，还有一件是为苏州闻人王鏊的女婿徐缙所作，文徵明也为徐缙作了不少书画

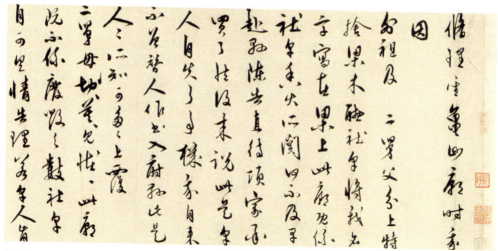

[图97] 王守仁《与郑邦瑞尺牍》（局部）约 1523—1525 年 卷 纸本 墨笔 24.3×298 厘米
普林斯顿大学美术馆（Princeton University Art Museum）

作品。[92] 有纪年或有特定受画对象的作品在市场上的流通数量相对较少，这使我们可以做出如下几则耐人寻味的假设：那些脱离原有创作脉络的作品往往较为敷衍、普通，而为特定对象所制的作品往往可能会留在原受赠者家族中，至少庋藏至明代结束。然而，私人书信既已被当作商品流通，那么这些有特定受画者的图画也可能不是例外。我们必须牢记，一般而言，画作的内容无法提供创作时的脉络，而在文徵明作品中为数众多的各种"高士"图，可能各有其创作情境，惜今日已无从得知，这或许是因为画上没有题跋，或是（这种情形时常发生，尤其手卷最常见）作品在易手时被拆成不同件。我们并没有文徵明亲笔所书，说明《古柏图》（见【图3】）是为病重的张凤翼所作，倘若连画上由他人所写的题跋也被移走，我们恐怕连这个信息都无从得知。因此，我们不能以为那十七件被李日华简单描述为"山水"或"景"并沿用这些普通标题至今的作品背后【图98】，没有他们当时各自的脉络。

虽然李日华在抄录题跋时必然也记录了作品产生的脉络，但这显然不是其兴趣所在，反倒是他几乎不会放过任何可以对作品风格或画法进行评论的机会。有时他会使用专门的评论用语，最常用来描述文徵明画作的分类是"青绿"风格，但有时也会提到笔法的"细"或"粗"（早期经常用以区分文徵明作品中如【图82】和【图83】这两种截然不同的风格），还有使用"潇洒""气韵""神品""逸"等词语。这些用字遣词在画史与画论中都有其独特的发展历程，也是受过良好教育的鉴赏家所使

8 艺术家、声望、商品 | **221**

[图98] 文徵明
《山水》无纪年
轴 纸本 设色
99×29 厘米
台北故宫博物院

用的词语。然而这并非李日华讨论文徵明个别作品的主要方式。与当时这类文献中依相对情境来论定的审美观一样,李日华描述这些作品时,并非强调它们本身"拥有"某些品质,而是它们相对于画史上典范大师的作品时是如何的"相似"。这不是在引述文徵明本人所言,事实上李日华只两度引用其画跋或品名,一次是提及李成,另一次则是倪瓒。更确切地说,他以文徵明所取用的他人风格为之定位,这些人物提供典范,而文徵明不仅在这些典范之内创作,也直接以这些典范来创作。五十六件画作中有三十件是这种叙述方式。最常出现的典范是赵孟𫖯,李日华七度提及文徵明在不同作品上效法其风格。接着是黄公望六次、吴镇三次。卢鸿、李成、倪瓒各出现两次,以及吴镇、李唐、李思训、董源和米友仁各一次。若要做更细致的区别,就以两种风格并排而称的方式来描述作品,如"李唐或黄公望"、"荆浩或李成"或"赵伯驹与赵孟𫖯之间"。这些用语的目的是将文徵明写入画史中,将其与董其昌(李日华的好友)在画论中尊为典范的古代绘画大师们相连接。对董其昌而言,文徵明是他目的论(teleological)之书画史中的重要人物,这个历史最后以董其昌个人的"集大成"为终点。文徵明身为这个历史中承先启后的人物,最终将被董其昌本人超越,因此其在画史中的地位愈高,超越他的人也将获得愈辉煌的成就。[93] 虽然促成这个画论的重要动力有部分来自于松江(董其昌故乡)与苏州之间对于文化中心地位的竞争,尽管董其昌及其交游圈在 17 世纪初认为苏州已步入衰途,不复往日辉煌,文徵明之所以仍能获得赞誉,只因他已成为历史人物,成为"大师",成为一个不再需要因应社会人情义务,只存在于风格境域里的人物。如今,我们在讨论他大部分的作品时,早已不再提及这些作品之所以存在、所以凭借或所以代表的能动性。艺术市场里的层层交易,也终于帮文徵明了却其所有的"清债"。

后 记

在某种程度上，当今论述中的"艺术"与作为学科的"艺术史"，往往拒绝承认社交世界中礼尚往来的人情义务，而对于促成文徵明作书作画的人际互动视而不见。因为同时期的欧洲既是如此，明清时期的中国自被认为无有不同。然而，艺术史是在欧洲特别是在德语世界，于19世纪及20世纪初时所建立的，其发展出的整套操作手法，直至今日仍在全球普为采用。自康德（Immanuel Kant）以降的欧洲美学，大多将自主性的创造与因义务或契约而生的活动相对立，这二元对立的基调从而影响了艺术史的学术传统，此于迈克尔·波德罗（Michael Podro）等人的著作早已论及。[1] 而"艺术家"亦因此被期待着要依自己所感受到的去创作，而不是去做他人所要求的；他们被期待着要无时无刻献身于这理论上所谓自主而不受任何义务羁绊的创造活动。若欲将其他活动与此结合，则有可能落入一般对于"好事者"（dilettante，译注：指爱好各种文艺却不精通之人，多为贬义）一词的偏见；在此学科的种种机制下，一直到20世纪，这仍意味着其人专业化的程度不尽完美（也因此对于"业余"一词的贬抑特别敏感）。[2] 将这个模式套用在中国的脉络，倒有双关的成果。

巴赫霍夫（Ludwig Bachhofer）是海因里希·沃尔夫林（Heinrich Wölfflin，1864—1945）的弟子，他在成书于1944年的《中国艺术简史》（*Short History of Chinese Art*）中将文徵明归类为"好事者"型艺术家（dilettante artist），称文徵明有几幅画"还不错；但旨在与过往大师的风格有所契合"。[3] 巴赫霍夫素来对文人玩票画家（scholar-amateur painter）的理想不甚苟同，上述句子中的"dilettante"自非赞美之词。

十四年后,高居翰亦将此词视为贬语,故而费尽心思地想要**挽救**吴派艺术家给人"好事而未精"(dilettantism)的成见,强调"其作画的兴趣不只是寻常嗜好或偶一为之的消遣,且绘画一事所需的诗情和对过往风格的娴熟远甚于不断练习下所精进的技巧"。[4] 讽刺的是,17 世纪意大利文中 dilettante 一词,意指爱好艺术之士,原先就是为了区别受教育的玩票者(educated amateur)与受雇作画之人的阶层差别而产生的词语,这样的阶层区别在中国的绘画论述里早已存在了几世纪之久。[5] 题跋与题识中文人画家常使用的"戏作"以及整套"墨戏"的概念,与早期现代欧洲的 dilettanti 相仿,都在表达一批欲令世人认为他们只为着自我的怡悦,而非为了义务或营生而作为的人。

对于纳粹迫害下的流亡学者巴赫霍夫而言,艺术家的自主性或献身艺术的执着,可能不单单只是个具有历史回响的议题。更值得玩味的是,当研究文人艺术的风气在中国以外的地区蓬勃发展之时,正好也是美苏"冷战"方炽之际;对照于当时中国艺术家备受钳制的处境,一股对古代中国艺术家所享有之自主性的新冀求,亦因此而生。不受羁绊的文人艺术家与高度控管的文化工作者被视为恰恰相反的两种典型。(因此要为中国艺术撰写"社会史"得要等到这冀求已渐趋缓的 20 世纪 90 年代方能进行。)在处理明代中国、面对"玩票/职业"(amateur/professional)的二分区别时,艺术史要不就是忽略一切书画作品的社会能动性(这也是在材料不若现在容易取得的年代里较易于采行的策略),要不就是去"挽回局面",设法将某些人的作品打造成足以代表"真正"艺术家的"真实"(即较自主的)成分。这两种策略的结果即是所谓的"异种同形观"(isomorphism),将艺术家的自我与其作品完全等同,唐纳德·普雷齐奥西(Donald Preziosi)便批评这是艺术史学科甩不掉的重负之一。[6] 我认为这重负主要来自于某种区域性的、对于"自我"(selfhood)的特定概念,此即罗伊·波特(Roy Porter)所谓"授权版"(Authorised Version)的自主性与内在统整性;这是自人类崛起,由最原始的心灵状态,经笛卡尔、启蒙时代而至弗洛伊德的集体思维中千辛万苦而臻至的成果。[7] 且这个故事立基于西欧,并以布克哈特笔下的文艺复兴时代(Burckhardtian Renaissance)为主要篇章,艺术与个人的独特性在此被视为同时怒放的花蕾。然重要的不在于这样的历史究竟正确与否(波特及其同僚证明了这并不正确),而在它使得具有一致性且带有时代目的性(teleological)的艺术史成为可能。这种对"授权版"的执迷自福柯

（Foucault）以来便饱受抨击，不仅因为其将"社会"与"个人"两者相对而立的方式现已被视为一种局限于西欧的地域性观念，对于其外的所有地区，从美拉尼西亚（Melanesia）至明代中国，不但没有帮助，且无法适用。[8] 甚至连"社会""个人"等词语，都有必要加以用批判的、历史性的眼光来重新审视。[9] 郝大维与安乐哲以为"借脉络来定位之术"（art of contextualisation）乃是促成中国知识分子种种作为的最大特征，文徵明的"社会性艺术"（social art）（同时也是社交性艺术）亦复如是，故而需要"如此——那般"而非"以一——括多"的书写形式，意即将艺术视为"协调各种组成世界……纷然独具之细节间相互关系的产物，而非揭示宇宙法则的科学"。[10] 这些无法统摄为单一模式、纷然而独具的细节，才是真正要紧的。因此，研究这样的社会性艺术，自与一般所谓艺术的社会史（social history of art）极为不同，因后者仍受制于（反制亦然）将艺术品优先视为某种"其他东西"的反映，无论这东西是"时代精神"或是"生产模式"。类似本书这样的研究仍在起步的阶段。而那些材质独特、载图载文的卷轴，在过去的中国曾是种种不同场域里的焦点（不管是作为"艺术史"所讨论的艺术品或是某种完全不一样的东西）；它们在特定的历史情境下因着主体（subjectivity）与这些场域间的往复商榷而生，也无疑地必能对这样的提问有所贡献。

谢　辞

本书起草于我在萨塞克斯大学（University of Sussex）研究休假期间，这都要感谢文化传播学院（School of Cultural and Community Studies）前院长 Carol Kedward 及艺术史系前课程主任 Evelyn Welch 鼎力玉成。此外，这次重要休假亦幸有艺术人文研究会（Arts and Humanities Research Board）提供的经费支持。京都大都会东洋美术研究中心（Metropolitan Center for Far Eastern Art Studies, Kyoto）及英国学院（British Academy）慷慨赞助本书图版之购置，在此亦一并申谢。

我要特别感谢 Donald Dinwiddie、Judith Green、Nigel Llewellyn、Andrew Lo、Susan Naquin、Evelyn Welch 及 Verity Wilson 阅读全文并给予意见。但他们没有义务为本书内容提供担保。我还要感谢以下诸位提供资料、意见，或给予建议、鼓励：Maggie Bickford、Colin Brooks、John Cayley、周汝式、Anita Chung、Brian Cummings、Tom Cummins、Patrick De Vries、Joe Earle、Dario Gamboni、Marsha Haufler、Jonathan Hay、Mike Hearn、黄猷钦、Graham Hutt、Ellen Johnston Laing、Siomn Lane、Lothar Ledderose、Joseph P. McDermott、Kevin McLoughlin、Amy McNair、Robert Nelson、Jessica Rawson、Howard Rogers、Bruce Rusk、David Sensabaugh、Brian Short、石守谦、Giovanni Vitiello、Ankeney Weitz、Frances Wood、Tsing Yuan、Judith Zeitlin 以及芝加哥大学 Regenstein 图书馆馆员。另外，也要对 Yvonne McGreal、萨塞克斯大学印刷设计中心、Russell Greenberg 及 Maqsood News 的技术支援表示谢意。书中地图皆由萨塞克斯大学地理资源中心的 Susan Rowland 及

Hazel Lintott所制。我很庆幸有机会与堪萨斯、芝加哥、海德堡及爱丁堡等大学,以及伯克贝克学院(Birkbeck College)等师生讨论中国艺术中的礼物交换议题,然最重要的还是与萨塞克斯大学的大学生及研究生的讨论;这些讨论无一不令我获益良多。

注 释

引 言

[1] 徐邦达，《古书画伪讹考辨》，全4册（南京，1984），第2册，页122。

[2] Sherman E.Lee, 'Chinese Painting from 1350 to 1650', in *Eight Dynasties of Chinese Painting: The Collections of the Nelson Gallery-Atkins Museum, Kansas City, and The Cleveland Museum of Art*, with essays by Wai-kam Ho, Sherman E.Lee, Laurence Sickman and Marc F.Wilson (Cleveland, 1980), pp. xxxv–xlv(p.xxxvii).

[3] Lee, *Eight Dynasties*, pp.220—222.

[4] Marcel Mauss, *The Gift: Forms and Function of Exchange in Archaic Societies,* intro. E. E. Evans-Pritchard (New York, 1967). [译注：中译本见莫斯著，汪珍宜、何翠萍译，《礼物：旧社会中交换的形式与功能》（台北：远流，1989）。]

[5] Arjun Appadurai, 'Introduction：Commodities and the Politics of Value', in Arjun Appadurai, ed., *The Social Life of Things:Commodities in Cultural Perspective* (Cambridge, 1986), pp. 3–63.

[6] Nicholas Thomas, *Entangled Objects: Exchange Material Culture and Colonialism in the Pacific* (Cambridge, MA, and London, 1991).

[7] Marilyn Strathearn, *The Gender of the Gift: Problems with Women and Problems with Society in Melanesia* (Berkeley, Los Angeles and London, 1988), p.13. Strathearn 引用 McKim Marriott 原生地的概念，见 McKim Marriott, 'Hindu Transactions, Diversity without Dualism', in B. Kapferer, ed., *Transaction and Meaning*, ASA Essays in Anthropology, 1(Philadelphia, 1976), p.348。

[8] Annette B. Weiner, *Inalienable Possessions: The Paradox of Keeping-While-Giving*(Berkeley, Los Angeles and London, 1992).

[9] Natalie Zemon Davis, *The Gift in Sixteenth-century France* (Oxford, 2000), p. 55.

[10] Paula Findlen, *Possessing Nature:Museums, Collecting and Scientific Culture in Early Modern Italy*(Berkeley, Los Angeles and London, 1994); Anne Goldgar, *Impolite Learning:Conduct and Community in the Republic of Letters, 1680—1750* (New Haven, CT, and London, 1995)；Linda

Levy Peck, *Court Patronage and Corruption in Early Stuart England* (London, 1990).

[11] Alexander Nagel, 'Gifts for Michelangelo and Vittoria Colonna', *Art Bulletin*, LXXIX(1997), pp. 647—668; Brigitte Buettner, 'Past Presents: New Years Gifts at the Valois Court, ca. 1400', *Art Bulletin*, LXXXIII(2001), pp.598—625; Genevieve Warwick, *The Arts of Collecting: Padre Sebastiano Resta and the Market for Drawings in Early Modern Europe* (Cambridge, 2000), p. 55 (亦见其另一篇论著 'Gift Exchange and Art Collecting: Padre Sebastiano Resta's Drawing Albums', *Art Bulletin*, LXXIX(1997), pp. 630—646). 还有篇某个19世纪艺术家所写的送礼记叙，虽然未成理论倒也十分有趣，见 Ted Gott, ' "Silent Messengers"—Odilon Redon's Dedicated Lithographs and the "Politics" of Gift-Giving', *Print Collector's Newsletter*, XIX/3 (1988), pp. 92—101 (此项资料承蒙 Dario Gamboni 告知，谨致谢忱)。

[12] 郭立诚，《赠礼画研究》。

[13] Ankeney Weitz, 'Notes on the Early Yuan Antique Art Market in Hangzhou', *Ars Orientalis*, XXVII (1997), pp. 27—38(p. 33).

[14] Craig Clunas, 'Gifts and Giving in Chinese Art', *Transactions of the Oriental Ceramic Society*, LXII(1997—1998), pp. 1—15.

[15] Shih Shou-ch'ien, 'Calligraphy as Gift: Wen Cheng-ming's (1470—1559)Calligraphy and the Formation of Soochow Literati Culture', in Cary Y. Liu et al., eds, *Character and Context in Chinese Calligraphy* (Princeton, NJ, 1999), pp. 255—283.

[16] Eva Shan Chou, 'Tu Fu's "General Ho" Poems: Social Obligation and Poetic Response', *Harvard Journal of Asiatic Studies*, LX/1(2000), pp. 165—204.

[17] Qianshen Bai, 'Calligraphy for Negotiating Daily Life: The Case of Fu Shan(1607—1684)', *Asia Major*, 3rd ser., XII/1(1999), pp.67—126. 亦见白谦慎，《傅山与魏一鳌——清初明遗民与仕清汉族官员关系的个案研究》，出自《美术史研究集刊》，第3期（1996），页95—139；以及白谦慎，《十七世纪六十、七十年代山西的学术圈对傅山学术与书法的影响》，出自《美术史研究集刊》，第5期（1998），页183—217。

[18] Jerome Silbergeld, with Gong Jisui, *Contradictions: Artistic Life, the Socialist State, and the Chinese Painter Li Huasheng* (Seattle, WA, and London, 1993), pp.187—188.

[19] 我的英译修改自 James Legge, trans., *The Sacred Books of China: The Texts of Confucianism*, Part III: The Li Ki, I—X(Oxford, 1885), VI/23, p. 65。

[20] Lien-sheng Yang, 'The Concept of "Pao" as a Basis for Social Relations in China', in John K. Fairbank, ed., *Chinese Thought and Institutions* (Chicago and London, 1957), pp. 291—309.

[21] 见《古今图书集成》，礼仪典，卷280，执贽部；《古今图书集成》，学行典，卷135，取与部。引自《礼记》和《礼记大全》。

[22] 例如1571年的庞尚鹏《庞氏家训》、未纪年的何伦《何氏家规》以及宋诩《宋氏家要部》，收于徐梓，《家训：父祖的叮咛》，中国传统训诲劝诫辑要（北京，1996），页144、146、202、221—222。其他例子见 Timothy Brook, *The Confusions of Pleasure: Commerce and Culture in Ming China* (Berkeley, Los Angeles and London, 1998), p. 180（译注：中译本见卜正民，《纵乐的困惑：明代的商业与文化》（北京：生活·读书·新知三联书店，2004））。

[23] 这个论点受到 Warwick, 'Gift Exchange' 文中对于时代上稍微晚一点的欧洲之讨论所启发。关于明代"商品文化"的概念，见 Craig Clunas, *Superfluous Things: Material Culture and Social Status in Early Modern China* (Cambridge, 1991) 及 Brook, *Confusions of Pleasure*。

[24] Pierre Bourdieu, *The Logic of Practice* (Cambridge, 1990), p. 103.

[25] Andrew B.Kipnis, *Producing Guanxi：Sentiment, Self and Subculture in a North China Village* (Durham, NC, and London, 1997), p. 7.

[26] 这类文献丰富，但可特别留意 James Cahill, *The Painter's Practice:How Artists Lived and Worked in Traditional China* (New York, 1994), 以及 Joseph P. McDermott, 'The Art of Making a Living in Sixteenth Century China', *Kaikodo Journal,* V (Autumn 1997), pp. 63—81。个案研究见 Anne de Coursey Clapp, *The Painting of T'ang Yin* (Chicago, 1991), 尤其是第二章。

[27] Laurence Sickman and Alexander Soper, *The Art and Architecture of China*, Pelican History of Art (Harmondsworth, 1956), p.319. 其实这种迷思是吸引我开始研究中国艺术的原因之一。

[28] James G. Carrier, 'Gifts in a World of Commodities：The Ideology of the Perfect Gift in American Society', *Social Analysis,* XXIX (1990), pp. 19—37 (p. 31), 为 Yunxiang Yan, *The Flow of Gifts:Reciprocity and Social Networks in a Chinese Village* (Stanford, CA, 1996), p. 212 所引用。

[29] Alfred Gell, *Art and Agency: An Anthropological Theory* (Oxford, 1998).

[30] Jonathan D. Spence, 'A Painter's Circles' (1967), in *Chinese Roundabout* (New York and London, 1992), pp.109—123; Celia Carrington Riely, 'Tung Ch'i-ch'ang's Life', in Waikam Ho, ed.,*The Century of Tung Ch'i-ch'ang 1555—1636*, 2 vols (Seattle, WA, and Kansas City, MO, 1992), II, pp. 385—458; Wang Shiqing, 'Tung Ch'i-ch'ang's Circle', in *ibid.*, II, pp. 459—484.

[31] Marc Wilson and Kwan S. Wong, *Friends of Wen Cheng-ming: A View from the Crawford Collection* (New York, 1974).

[32] Jonathan Hay, *Shitao: Painting and Modernity in Early Qing China* (Cambridge, 2001). [编按：中译本见乔迅著，邱士华、刘宇珍等译，《石涛：清初中国的绘画与现代性》（北京：生活·读书·新知三联书店，2010）。]

[33] Craig Clunas, 'Artist and Subject in Ming Dynasty China', *Proceedings of the British Academy*, CV(2000), pp. 43—72.

[34] Tani Barlow, 'Introduction', in Tani Barlow and Gary Bjorge, eds, *I Myself Am a Woman*: *Selected Writings of Ding Ling* (Boston, MA, 1989), 引自 Mayfair Meihui Yang, *Gifts, Favors, and Banquets: The Art of Social Relationships in China* (Ithaca, NY, and London, 1994), p. 44。亦见 Angela Zito and Tani Barlow, eds, *Body,Subject and Power in China* (Chicago, 1994) 引言。

[35] Gell, *Art and Agency*, p. 22.

[36] 在稍后 17 世纪的重刊本中，王世贞添加了文徵明传，可见于文徵明，《甫田集》，明代艺术家集汇刊，2 册（台北，1968）。该书名暗指"甫田"（有"大田"之意）诗，乃出自颂赞庄园经济的经典《诗经》。见 James Legge, *The Chinese Classics, in Five Volumes*, IV：The She King, 2nd edn (Hong Kong, 1960), pp. 376—379。

[37] 文徵明著，周道振辑校，《文徵明集》，2 册（上海，1987）。见"辑校说明"，页 2 对文徵明诗文集出版历程的叙述，此处过分简化了。

[38] 就算是那些最常被出版、包含本书下文将会讨论的文徵明作品，专家们对其真伪也常有不同意见，见 Chou Ju-hsi, 'The Methodology of Reversal in the Study of Wen Cheng-ming', in Lai Shu-tim et al. eds, *Essays in Commemoration of the Golden Jubilee of the Fung Ping Shan Library* (Hong Kong, 1982), pp. 428—437。

1 家　族

[1] 所有日期皆根据 Keith Hazelton, *A Synchronic Chinese-Western Daity Calendar, 1341—1661AD*, Ming Studies Research Series, 1(Minneapolis, MN, 1984)。年龄则依明代的计算方式，出生时即为一岁，每年新年时再加一岁。

[2] 唯一试图研究整个家族的例外是泽田雅弘，《明代蘇州文氏の姻籍———吴中文苑考察への手掛かリ——》，出自《大东文化大学纪要（人文科学）》，第22号（1983），页55—71。亦见刘纲纪，《文徵明》，明清中国画大师研究丛书（长春，1996），页44—46。

[3] 这只是个约略的数值，因为我们无法确知当时的识字率或苏州的人口总数。此处对识字率的概算是根据 Willard Peterson, 'Confucian Learning in Late Ming Thought', in Denis Twitchett and Frederick W. Mote, eds, *The Cambridge History of China*, VIII: *The Ming Dynasty, 1368—1644, Part II* (Cambridge, 1998), pp. 708—788(p. 718)，而苏州人口总数则是依据 Frederick W. Mote, 'A Millennium of Chinese Urban History：Form, Time and Space Concepts in Soochow', *Rice University Studies*, LIX/4 (1973), pp. 35—65 (p. 39)。

[4] 《庞氏家训》，收于徐梓，《家训》，页147。关于家族的研究，见 Jack Goody, *The Oriental, the Ancient and the Primitive: Systems of Marriage and the Family in the Pre-industrial Societies of Eurasia*, Studies in Literacy, Family, Culture and the State (Cambridge, 1990); Patricia Buckley Ebrey and James Li Watson, eds, *Kinship Organization in Late Imperial China, 1000—1940* (Berkeley, and London, 1986)。

[5] Chiang Chao-shen, 'Tang Yin's Poetry, Painting and Calligraphy in Light of Critical Biographical Events', in Alfreda Murck and Wen C. Fong, eds, *Words and Images: Chinese Poetry,Painting and Calligraphy* (New York, 1991), pp. 459—486 (p. 478) 将此订为1509年之事。徐邦达则认为这个改变发生在1511—1513年，见《古书画伪讹考辨》，全4册（南京，1984），第2册，页123—124。

[6] 年轻时的文徵明之所以取单名壁，乃是依循家族传统及当时的风尚。其曾祖父文惠（1399—1468）、祖父文洪（1426—1479）、父亲文林（1445—1499）及叔父文森（1464—1525）也都是单名。Wolfgang Bauer, *Der Chinesische Personenname: die Bildungsgesetze und hauptsächlichsten Bedeutungsinhalte von Ming, Tzu und Hsiao Ming*, Asiatische Forschungen, 4 (Wiesbaden, 1959), pp. 75—77 的研究显示，中国两千年来大致上是由单名朝复名的方向发展，唯有明初时特别偏好取单名，但这股复古风潮在1500年后就退去了。关于姓名的通论研究，见 Viviane Alleton, *Les Chinois et la passion des noms* (Paris, 1993)。

[7] Peterson, 'Confucian Learning', pp. 712—713.

[8] 此处的"知县"及后续官名的英译皆参照 Charles O. Hucker, *A Dictionary of Official Titles in Imperial China* (Stanford, CA, 1985)。

〔9〕 李东阳，《文永嘉妻祁氏墓志铭》，出自《怀麓堂集》，四库全书，集6，别集5，册1250（上海，1987），页496—497。就明代对这类文体形式的定义，可分为散文的"志"及韵文的"铭"，见徐师曾，《文体明辨序说》，收于于北山编《中国古典文学理论批评专著选辑》（北京，1962），页148—149。对于这类文体作为史料的可能性与缺点，见 John W. Dardess, *A Ming Society: T'ai-ho County, Kiansi, Fourteenth to Seventeenth Centuries* (Berkeley, Los Angeles and London, 1996), pp. 79—81。

〔10〕 这两篇墓志铭见《文徵明集》，上，页676—678（作于1509年），及页681—682（作于1514年）。

〔11〕 Charlotte Furth, *A Flourishing Yin：Gender in China's Medical History* (Berkeley, Los Angeles and London, 1999), p. 307.

〔12〕 Yunxiang Yan, *The Flow of Gifts：Reciprocity and Social Networks in a Chinese Village* (Stanford, CA, 1996), p. 9.

〔13〕《文徵明集》，下，页1417—1418。

〔14〕 同上书，页1418—1419。

〔15〕 同上书，页1419—1420。

〔16〕 同上书，页1421—1422。

〔17〕 关于碑的构成，见 Susan Naquin, *Peking: Temples and City Life, 1400—1900* (Berkeley, Los Angeles and London, 2000), p. 60。

〔18〕 徐祯卿，《文温州诔》，出自《迪功集》，卷6，四库全书，集6，别集5，册1268（上海，1987），页776。

〔19〕《文徵明集》，下，页1422。

〔20〕 Craig Clunas, 'Gifts and Giving in Chinese Art', *Transactions of the Oriental Ceramic Society*, LXII (1997—1998), pp. 1—15(p. 4).

〔21〕 *Chu Hsi's Family Rituals: A Twelfth Century Chinese Manual for the Performance of Cappings, Weddings, Funerals and Ancestral Rites*, trans., with annotation and intro. by Patricia Buckley Ebrey, Princeton Library of Asian Translations (Princeton, NJ, 1991), p. 66.

〔22〕 吴宽，《祭文温州文》，出自《家藏集》，卷56，四库全书，集6，别集5，册1255（上海，1987），页5—8。

〔23〕《文徵明集》，下，页1309。文林的《琅玡漫抄》是典型辑录奇闻逸事的笔记类文集，收录在许多丛书中，最早见于1646年出版的《说郛续》。

〔24〕《文徵明集》，上，页65。

〔25〕 同上书，页185。

〔26〕《文徵明集》，下，页1385。

〔27〕《文徵明集》，上，页204。

〔28〕 同上书，页710—712。

〔29〕 同上书，页682—684。

〔30〕 同上书，页700—702。

〔31〕 其生卒年参考文含，《文氏族谱》[1卷，曲石丛书本（苏州，出版年不详）]之《历世生配卒葬志》，页3b—4a。

〔32〕《文徵明集》，上，页629—639。

〔33〕 庆云县位在北直隶东南方山东边界的贫瘠沿海平原，见谭其骧，《中国历史地图集：元明时期》（上海，1982），地图 44—45，参照 5—5。

〔34〕 郓城位于山东西部，与河南相邻。见谭其骧，地图 50—51，参照 5—2。

〔35〕 Naquin, *Peking*, pp. 176—177. 关于文天祥著名的"自传"，见 Pei-yi Wu, *The Confucian's Progress*: *Autobiographical Writing in Traditional China* (Princeton, NJ, 1990), pp. 32—39。

〔36〕 Timothy Brook, 'Funerary Ritual and the Building of Lineages in Late Imperial China', *Harvard Journal of Asiatic Studies*, XLIX/2(1989), pp. 465—499.

〔37〕 Katharine Carlitz, 'Shrines, Governing-Class Identity and the Cult of Widow Fidelity in Mid-Ming Jiangnan', *Journal of Asian Studies,* LVI (1997), pp. 612—640(pp. 631—634).

〔38〕 James Geiss, 'The Cheng-te Reign, 1506—1521', in Frederick W.Mote and Denis Twitchett, eds, *The Cambridge History of China*, VII: *The Ming Dynasty, 1368—1644, Part I* (Cambridge, 1988), pp. 403—439.

〔39〕 《庞氏家训》，收于徐梓，《家训》，页 148。

〔40〕 相关讨论及图表，见 Charles O. Hucker, 'Ming Government', in Denis Twitchett and Frederick W. Mote, eds, *The Cambridge History of China*, VIII: *The Ming Dynasty, 1368—1644, Part II* (Cambridge, 1998), pp. 9—105（图表在 p. 50）。

〔41〕 《文徵明集》，上，页 718—720。

〔42〕 其父受徐士隆招赘为婿，故谈氏自小在徐家长成。徐士隆是文洪的好友，因此才会看中文森，选作孙女婿。谈家或徐家皆无子嗣，文森便成为谈家的赘婿，住进当时"华盛"的谈宅。这是 15 世纪 80 年代文家穷困状况的具体材料，因为在妻子谈氏的家庙中成婚，便是承认男方家族没有能力支持供给其所有男性成员。

〔43〕 《文徵明集》，上，页 58。

〔44〕 Yan, *Flow of Gifts*, p. 116.

〔45〕 《文徵明集》，上，页 517。

〔46〕 其（极简短的）小传，见姜绍书，《无声诗史》，收于于安澜编，《画史丛书》，全 5 册（上海，1982），册 3，卷 1，页 11；徐沁，《明画录》，收于前引书，册 3，卷 2，页 23；王穉登，《吴郡丹青志》，收于前引书，册 4，页 4。

〔47〕 其作品见《故宫博物院藏明代绘画》（香港，1988），页 52—53；Howard Rogers and Sherman E.Lee, *Masterworks of Ming and Qing Painting from the Forbidden City* (Lansdale, PA, 1988),cat.no. 2; Lothar Ledderose, *Orchideen und Felsen: Chinesische Bilder im Museum für Ostasiatische Kunst Berlin* (Berlin, 1998), pp.106—122。

〔48〕 Ellen Johnston Laing, 'Women Painters in Traditional China', in Marsha Weidner, ed., *Flowering in the Shadows: Women in the History of Chinese and Japanese Painting* (Honolulu, 1990), pp. 81—101 (p. 93), 引用现代参考书，认为这是沈周的看法，但我在明代文献中尚未找到根据。

〔49〕 见 Hin-cheung Lovell, *An Annotated Bibliography of Chinese Painting Catalogues and Related Texts*, Michigan Papers in Chinese Studies, no 16 (Ann Arbor, MI, 1973), pp. 107—108; Deborah Del Gais Muller, 'Hsia Wen-yen and his "T'u-hui pao-chien" (Precious Mirror of Painting)', *Ars Orientalis,* XVIII(1988), pp. 131—150.

[50] 韩昂，《图绘宝鉴》，收于于安澜编，《画史丛书》，全5册（上海，1982），册2，页168。清楚说明其间关系者，见 Hou-mei Sung Ishida, 'Wang Fu and the Formation of the Wu School', unpublished PhD diss., Case Western Reserve University, 1984, p. 269。

[51] 《文徵明集》，上，页693—699。

[52] 《文徵明集》，下，页1426—1432。关于"书信写作的文化"，见 Qianshen Bai, 'Chinese Letters：Private Words Made Public', in Robert E. Harrist Jr and Wen C.Fong, eds, *The Embodied Image:Chinese Calligraphy from the John B. Elliott Collection* (Princeton, NJ, 1999), pp. 380—399。

[53] Marc Wilson and Kwan S. Wong, *Friends of Wen Cheng-ming: A View from the Crawford Collection* (New York, 1974), pp. 76—78.

[54] 可由另一封信确定写作时间，信中文徵明提到自己在邸报上看到顾潜遭祸，同时也提到沈周（卒于1509年）"近为府公请入城，当有数日留滞"。《文徵明集》，下，页1426。

[55] 这段文字是我自己英译，然解读上曾受惠于 Wilson 和 Wong 的译文。其署款"壁"（而非"徵明"）有助于判断书写时间；见前文注[5]。

[56] 《文徵明集》，上，页698。

[57] 有一封文徵明写给记录模糊的连襟陆伸的信，同样没有纪年，但提及一些在文家进行的出版计划已经完成（"匠人已去"）。《文徵明集》，下，页1432。

[58] Richard Edwards, *The Art of Wen Cheng-ming(1470—1559),* with an essay by Anne de Coursey Clapp, special contributions by Ling-yün Shi Liu, Steven D. Owyoung, James Robinson and other seminar members, 1975—1976 (Ann Arbor, MI, 1976), pp. 90—92.

[59] 《文徵明集》，下，页1486。认为"三姐"是文徵明的妻子乃根据 Edwards, *Art of Wen Cheng-ming*, p. 92, n.1。

[60] 同上书，页1482—1485。

[61] 图版另见 Edwards, *Art of Wen Cheng-ming*, no. XL, pp. 148—149, 以及 Ann Farrer, *The Brush Dances and the Ink Sings: Chinese Painting and Calligraphy from the British Museum* (London, 1990), pp. 40—41。

[62] 我比较了画跋与《文徵明集》（下，页1402）所录文字，后者省略了署款。

[63] *Chu Hsi's Family Rituals*, p. 98.

[64] 相关讨论见 Richard Barnhart, *Wintry Forests, Old Trees: Some Landscape Themes in Chinese Painting* (New York, 1972), pp. 15—17, 27。

[65] 在一封1545年的信札中，文徵明提到"比岁李子成薄游吴门"，所指应该就是1542年的同一件事。《文徵明集》，下，页1473。

[66] Mayfair Meihui Yang, *Gifts, Favors and Banquets: The Art of Social Relationships in China* (Ithaca, NY, and London, 1994), p. 143. 相同议题亦可见 Yan, *Flow of Gifts*, pp. 68, 127。

[67] 《文徵明集》，下，页1450。

[68] 明代后期对"情"的理解，趣味似乎相当不同，见 Kathryn Lowry, 'Three Ways to Read a Love Letter in the Late Ming', *Ming Studies*, XLIV (2001), pp. 48—77。

[69] Andrew B. Kipnis, *Producing Guanxi: Sentiment, Self and Subculture in a North China Village* (Durham, NC, and London, 1997), p. 111.

[70]《文徵明集》，上，页350。

[71] *The Songs of the South*：*An Ancient Chinese Anthology of Poems by Qu Yuan and Other Poets*, trans., annotated and intro.David Hawkes (Harmondsworth, 1985), pp.81, 104—109. 衡山同时也是屈原所属的古代楚国之先人兼火神祝融的居处。James Robson, 'The Polymorphous Spaces of the Southern Marchmount', *Cahiers d'Extrême Asie*, VIII (1995), pp. 221—264. 关于印文，见 Edwards, *Art of Wen Cheng-ming*, p. 216。

[72] Kipnis, *Producing Guanxi*, p.33; Yang, *Gifts, Favors and Banquets*, p.316.

[73]《文徵明集》，下，页1497—1499。

[74] 江兆申，《文徵明与苏州画坛》（台北，1977），页140。

[75]《文徵明集》，上，页621—629。

[76]《文徵明集》，下，页1499—1501。

[77] 同上书，页1555—1556。

2 "友"、师长、庇主

[1] Norman Kutcher, 'The Fifth Relationship：Dangerous Friendships in the Confucian Context', *American Historical Review*, CV(December 2000), pp. 1615—1629.

[2]《文徵明集》，上，页32。

[3] Richard Edwards, 'Wen Cheng-ming', in L. Carrington Goodrich ed., *Dictionary of Ming Biography, 1368—1644*, 2 vols (New York and London, 1976), II, pp. 1471—1474(p. 1471).

[4]《文徵明集》，下，页1330。

[5]《文徵明集》，上，页520—522（三则跋文）。

[6]《文徵明集》，下，页1375。

[7]《文徵明集》，上，页521。

[8] 周道振编，《文徵明书画简表》（北京，1985），页1。庄昶诗见《文徵明集》，下，页1651。

[9]《文徵明集》，上，页132。

[10] Richard Edwards, *The Art of Wen Cheng-ming(1470—1559)* (Ann Arbor, MI, 1976), pp. 28—34. *Eight Dynasties of Chinese Painting: The Collections of the Nelson Gallery-Atkins Museum, Kansas City, and The Cleveland Museum of Art*, with essays by Wai-kam Ho, Sherman E. Lee, Laurence Sickman and Marc F.Wilson (Cleveland, OH, 1980), pp. 185—187. 艾瑞慈（Edwards）认为这本画册最可能是在1497年吴宽与沈周最后一次同在北京时所作。Lee Hwa-chou 在 *Dictionary of Ming Biography,1368—1644*, II, pp. 1487—1489 的"吴宽"条下称吴宽于1494—1496年间人在苏州。

[11] Edwards, *Art of Wen Cheng-ming*, p. 30. 全文见《文徵明集》，下，页1082—1084。

[12]《文徵明集》，下，页1090。

[13] 同上书，页1374—1375。

[14] Richard Edwards, *The Field of Stones: A Study of the Art of Shen Chou* (Washington, DC, 1962); 阮荣春，《沈周》，明清中国画大师研究丛书（长春，1996）。

〔15〕《文徵明集》，下，页1418。

〔16〕同上书，页1385。

〔17〕《文徵明集》，上，页672—674。

〔18〕《文徵明集》，下，页1331—1332。

〔19〕《文徵明集》，上，页593—597。应注意，沈周直到1512年才入葬（是考虑到地理风水吗？），而文徵明也是在这一年才作行状。

〔20〕呈上诗作是吸引庇主目光的一种方式，相关讨论见 Victor Mair, 'Scroll Presentation in the T'ang Dynasty', *Harvard Journal of Asiatic Studies*, XXXVIII/1(1978), pp. 35—60。

〔21〕*Book of Changes*, trans. Cary F. Baynes after Richard Wilhelm, foreword by C. G. Jung (London, 1968), Hexagram 33, p. 132. 这则文徵明交游圈中参考《易经》而做决定的案例，在记载中相当罕见。

〔22〕《文徵明集》，上，页527。

〔23〕同上书，页542。

〔24〕《文徵明集》，下，页1318。

〔25〕例见《文徵明集》，下，页1321—1322。

〔26〕同上书，页1374。

〔27〕同上书，页1651。

〔28〕同上书，页1384—1385。Chuan-hsing Ho, 'Ming Dynasty Soochow and the Golden Age of Literati Culture', in Robert E. Harrist Jr and Wen C. Fong, eds, *The Embodied Image: Chinese Calligraphy from the John B. Elliott Collection* (Princeton, NJ, 1999), pp. 320—341(p. 326).

〔29〕江兆申，《文徵明与苏州画坛》（台北，1977），页69—70。

〔30〕《文徵明集》，上，页597—602。

〔31〕《何氏家训》，收于徐梓，《家训：父祖的叮咛》，中国传统训诲劝诫辑要（北京，1996），页202。

〔32〕Laurie Nussdorfer, *Civic Politics in the Rome of Urban VIII* (Princeton, NJ, 1992), pp.166—167 and p.38.

〔33〕N. A. M. Rodger, *The Wooden World: An Anatomy of the Georgian Navy* (London, 1988), pp. 274—275.

〔34〕Rodger, *Wooden World*, p. 277.

〔35〕如何良俊，《四友斋丛说》，元明史料笔记丛刊（北京，1983），页125。

〔36〕Anne de Coursey Clapp, *The Painting of T'ang Yin* (Chicago, 1991), pp. 27—39.

〔37〕江兆申，《画坛》，页39。

〔38〕王鏊等修，《姑苏志》，中国史学丛书（台北，1965），册1，页9。

〔39〕李铭皖等修，《苏州府志》，1883年刊本，中国方志丛书，华中地方，第5号，全6册（台北，1970），卷52，页1434—1435。

〔40〕《文徵明集》，下，页1652。

〔41〕Craig Clunas, *Fruitful Sites: Garden Culture in Ming Dynasty China* (London, 1996), p.62.

〔42〕《文徵明集》，下，页1317。我对这篇题跋颇持疑，一来是画价太高，二来是跋文所论及自"上古"以降的画史太过通俗呆板，很像是19世纪观众期待中的文徵明跋文内容，同时也是伪造者很乐意去仿作的。

〔43〕Clapp, *T'ang Yin*, p. 37.

〔44〕《文徵明集》，上，页581—583; Anne de Coursey Clapp, *Wen Cheng-ming: The Ming Artist and*

Antiquity, Artibus Asiae Supplementum, 34 (Ascona, 1975), pp. 2—3.

[45]《文徵明集》，上，页 656—665。

[46] Hok-lam Chan, 'Wang Ao', in *Dictionary of Ming Biography, 1368—1644*, II, pp. 1343—1347 的内容是根据这篇传记（或是《明史》所录的其中片段），两者极为接近。

[47] Clunas, *Fruitful Sites*, p. 111.

[48] 江兆申，《画坛》，页 52。

[49]《文徵明集》，下，页 1432。

[50]《文徵明集》，上，页 29。

[51] 关于诗人杨循吉及其优美的诗作，见 Yoshikawa Kōjirō, *Five Hundred Years of Chinese Poetry, 1150—1650*, trans. Timothy Wixted, Princeton Library of Asian Translations (Princeton, NJ, 1989), pp. 130—132.

[52]《文徵明集》，上，页 2。

[53] 同上书，页 387。

[54]《文徵明集》，下，页 1259。

[55]《文徵明集》，上，页 2。

[56] 刘九庵，《宋元明清书画家传世作品年表》（上海，1997），页 164。

[57]《文徵明集》，上，页 10。

[58] Clunas, *Fruitful Sites*, pp. 23—30.

[59]《文徵明集》，上，页 392。

[60] 同上书，页 195。

[61] 江兆申，《画坛》，页 83。

[62]《文徵明集》，上，页 532—534。

[63] 同上书，页 488—489。

[64] 同上书，页 513—514。

[65]《文徵明集》，下，页 896。

[66] 同上书，页 800。

[67] 同上书，页 906。

[68] 同上书，页 910。

[69] 同上书，页 912。

[70] 同上书，页 1095—1096。

[71] 同上书，页 963。

[72] Clunas, *Fruitful Sites*, pp. 30—59. 将拙政园译为 'Garden of the Artless Official' 较原书所译的 'Garden of the Unsuccessful Politician' 为佳，在此特别感谢 Jan Stuart 提供建议。

[73] Roderick Whitfield, *In Pursuit of Antiquity: Chinese Paintings of the Ming and Ch'ing Dynasties from the Collection of Mr and Mrs Earl Morse* (Princeton, NJ, 1969), pp. 66—75.

[74]《文徵明集》，上，页 509。

[75]《文徵明集》，下，页 919。

[76] 何良俊，《四友斋丛说》，页 313。

[77]《文徵明集》，上，页610。

[78]《文徵明集》，上，页481、620。

[79] 宁王的官方版传记，见《明史》，卷117，页1591—1596。

[80] 对于这次叛乱过程的叙述是根据 James Geiss, 'The Cheng-te Reign, 1506—1521', in Frederick W.Mote and Denis Twitchett, eds, *The Cambridge History of China,* VII: *The Ming Dynasty,1368—1644, Part I* (Cambridge, 1988), pp. 423—430。

[81]《明史》，卷287，页7362。

[82]《文徵明集》，下，页1620。

[83] 所指为安化王。Geiss, 'Cheng-te Reign', pp. 409—412。

[84]《明史》，卷282，页7245。其他拒绝宁王者包括蔡清（1453—1508）及罗玘（1447—1519）；前者拒绝其子与宁王之女成亲（《明史》，卷282，页7234），而后者则躲进深山拒绝宁王送礼（《明史》，卷286，页7345）。

[85]《明史》，卷286，页7347。另一个例子是学者娄忱整个家族的全部著作皆散佚无存，只因其女是宁王的嫔妃。因此当宁王垮台时，全家都受到牵连，尽管其女反对宁王叛变（《明史》，卷283，页7263）。

[86] Clapp, *T'ang Yin*, p. 12.

[87]《明史》，卷187，页4953—4957。

[88] 其父祭文由李东阳执笔，而其母祭文则为王鏊所撰；这两人皆与文徵明家族有所往来。

3 "友"、同侪、同辈

[1] Joseph McDermott, 'Friendship and its Friends in the Late Ming', 收于"中央研究院"近代史研究所编，《近世家族与政治比较历史论文集》（台北，1992），上册，页67—96; Giovanni Vitiello, 'Exemplary Sodomites：Chivalry and Love in Late Ming Culture', *Nan Nü*, II／2(2000), pp. 207—257.

[2] 徐梓，《家训：父祖的叮咛》，中国传统训诲劝诫辑要（北京，1996），页153、217、175。

[3] Marc Wilson and Kwan S. Wong, *Friends of Wen Cheng-ming: A View from the Crawford Collection* (New York, 1974), p. 6.

[4]《文徵明集》，下，页1302。

[5]《文徵明集》，上，页462。

[6]《文徵明集》，上，页511、759；下，页1303。其他这类身份不明的友人还包括陆世明（《文徵明集》，下，页1301），以及文徵明曾为作像赞的方质夫（《文徵明集》，上，页506）。

[7]《文徵明集》，上，页566；下，页1494。

[8]《文徵明集》，下，页1255。

[9]《文徵明集》，上，页127、129。

[10]《文徵明集》，下，页900。

[11]《文徵明集》，上，页691—693。

[12] 同上书，页130。

[13]《文徵明集》，下，页1082。

[14] Chiang Chao-shen, 'Tang Yin's Poetry, Painting and Calligraphy in Light of Critical Biographical Events', in Alfreda Murck and Wen C. Fong, eds, *Words and Images: Chinese Poetry, Painting and Calligraphy* (New York, 1991), pp. 459—486 是江兆申《关于唐寅的研究》（台北，1976）一书非常实用的英文摘要；而 James Cahill, 'Tang Yin and Wen Zhengming as Artist Types: A Reconsideration', *Artibus Asiae*, LIII／1—2(1993), pp. 228—246 一文则对唐寅生平做了一些重要评论，补充了 Anne de Coursey Clapp, *The Painting of T'ang Yin* (Chicago and London, 1991) 这本主要英文资料的内容。

[15]《文徵明集》，上，页381。

[16] 如1494年（《文徵明集》，上，页129、383）、1495年（《文徵明集》，上，页4）及1502年（《文徵明集》，上，页63）。

[17] 江兆申，《文徵明与苏州画坛》（台北，1977），页52。

[18] Clapp, *T'ang Yin*, pp. 4—12.

[19]《文徵明集》，上，页542。

[20] Clapp, *T'ang Yin*, p. 57.

[21] 周道振，《文徵明书画简表》（北京，1985），页1。

[22] 江兆申，《画坛》，页61；《文徵明集》，下，页1135。

[23]《文徵明集》，上，页548；江兆申，《画坛》，页122。

[24] 例如1505年的一首诗，见《文徵明集》，上，页173。

[25] Richard Edwards, *The Art of Wen Cheng-ming (1470—1559)* (Ann Arbor, MI, 1976), no. X, pp. 60—63.

[26]《文徵明集》，上，页174。

[27] Edwards, *Art of Wen Cheng-ming*, no.II, pp. 28—30；《文徵明集》，下，页1082—1083。

[28] Marilyn and Shen Fu, *Studies in Connoisseurship: Chinese Paintings from the Arthur M. Sackler Collection in New York and Princeton* (Princeton, NJ, 1973), pp. 86—95.

[29] Yunxiang Yan, *The Flow of Gifts: Reciprocity and Social Networks in a Chinese Village* (Stanford, CA, 1996), pp. 49—52.

[30]《文徵明集》，上，页143。

[31] 江兆申，《画坛》，页59、69。

[32]《文徵明集》，下，页1258。序文署款于1534年的这一部分，恐为伪托，因为当时徐祯卿已谢世多年。

[33]《文徵明集》，上，页570—571。

[34] 同上书，页522、548—549。

[35] 同上书，页678—681。

[36] Craig Clunas, *Fruitful Sites: Garden Culture in Ming Dynasty China* (London, 1996), p. 19.

[37] Yoshikawa Kōjirō, *Five Hundred Years of Chinese Poetry, 1150—1650*, trans. Timothy Wixted, Princeton Library of Asian Translations (Princeton, NJ, 1989), p.150.

[38] Robert E. Harrist Jr and Wen C. Fong, eds, *The Embodied Image: Chinese Calligraphy from the John B. Elliott Collection* (Princeton, NJ, 1999), pp. 68—72, 158—161.

[39]《文徵明集》，下，页1375。

[40] 如《文徵明集》，上，页563；下，页1341、1376。

[41]《文徵明集》，下，页1653。

[42]《文徵明集》，上，页137、141。

[43] 同上书，页70、433。

[44]《文徵明集》，下，页1441。

[45]《文徵明集》，上，页406。

[46] Edwards, *Art of Wen Cheng-ming*, pp. 69—72.

[47] 江兆申，《画坛》，页156、209、193；《文徵明集》，下，页1356。

[48]《文徵明集》，上，页756—759。钱同爱去世后，何良俊撰文补充若干细节，如钱家累代皆为小儿医学专家，又提到钱同爱少时特喜召妓相伴，文徵明对此则避之唯恐不及，两人虽性情迥异，友谊却得以长存。何良俊，《四友斋丛说》，页237。

[49] 王鏊等修，《姑苏志》，中国史学丛书（台北，1965），册1，页9。

[50] 江兆申，《画坛》，页69。

[51] 江兆申，《文徵明画系年》（东京，1976），图录编号4，页13—14（中文解说）、页3—4（英文解说）。

[52]《文徵明集》，上，页544—545。

[53]《文徵明集》，下，页1436。

[54]《文徵明集》，上，页735—737。

[55] 相关讨论见 Germaine L. Fuller, 'Spring in Chiang-Nan : Pictorial Imagery and Other Aspects of Expression in Eight Wu School Paintings of a Traditional Literary Subject', unpublished PhD thesis, University of Chicago, 1984。

[56] 参与出版这本《江南春词集》的名单，见 Fuller, 'Spring in Chiang-Nan', pp. 65—66。

[57] 徐祯卿，《新倩籍》，收于《纪录汇编》，卷121。关于这个文本，见 Wolfgang Franke, *An Introduction to the Sources of Ming History* (Kuala Lumpur and Singapore, 1968), 3.6.3。

[58] 阎秀卿，《吴郡二科志》，收于《纪录汇编》，卷121。

[59]《文徵明集》，上，页705—708。

[60] 同上书，页96。

[61] 同上书，页260。

[62] 同上书，页652—655。顾兰于1517年后曾担任两地的知县，又文徵明撰文当时他已退休"二十年余"，故此文必定成于16世纪40年代以后。

[63]《文徵明集》，下，页1444。这里提到的墓地乃文徵明"代笔"朱朗的墓。

[64]《文徵明集》，上，页136。

[65] 同上书，页224。

[66] Alfred Gell, *Art and Agency: An Anthropological Theory* (Oxford, 1998), pp.16, 22.

[67] 江兆申，《画坛》，页73。

[68] Edwards, *Art of Wen Cheng-ming*, no. XI, pp. 64—66.

[69]《文徵明集》，上，页536—537。关于黄云的官职，见《明人传记资料索引》，中华书局本（北京，1987），页658，该书引用了有关其生平的唯一资料《昆山人物志》。志中他被描述为"家贫喜读书"，但一个能拥有倪瓒书法作品的人，只能说是相对较贫穷而已。

[70]《文徵明集》，上，页 100—101（诗）、686—687（墓志铭）、572（祭文）。

[71]《文徵明集》，上，页 716—718。

[72] 1508 年他与文徵明、钱同爱、朱凯及陈道复同游天平山。文徵明于 1510 年和 1511 年曾作诗相赠，同游者还有蔡羽及门生王宠（1494—1533）、王守两兄弟（第 7 章有更充分的讨论）。1517 年他与文徵明同在治平寺（《文徵明集》，上，页 271）；有文献记载他于 1531 年及（可能）于 1544 年、1558 年，偕同文徵明出游（1531 年是去造访钱同爱）。见 Edwards, *Art of Wen Cheng-ming*, no. X, pp. 60—63。江兆申，《画坛》，页 156、209、270。我对 1544 年那一条的记载持疑，因其出自于较晚期的著录，所记之同行者亦与 1508 年的相同。

[73]《文徵明集》，下，页 1437。

[74]《文徵明集》，上，页 743—751。

[75] 同上书，页 446—447。1513 年的第二篇序言可能也与同一事件有关，见《文徵明集》，下，页 1386。

[76]《文徵明集》，下，页 818、1437。

[77] Edwards, *Art of Wen Cheng-ming*, XVIII／6, p. 90.

[78]《文徵明集》，下，页 1655。

4 官　场

[1] Anne de Coursey Clapp, *Wen Cheng-ming: The Ming Artist and Antiquity*, Artibus Asiae Supplementum, 34 (Ascona, 1975), p. 9.

[2] Richard Edwards, *The Art of Wen Cheng-ming (1470—1559)* (Ann Arbor, MI, 1976), p. 1.

[3] 见 Edwards, *Art of Wen Cheng-ming*, p. 14。

[4] 石守谦，《嘉靖新政与文徵明画风之转变》，收于《风格与世变：中国绘画史论集》，美术考古丛刊 4（台北，1996），页 261—298（页 263—266）。又见萧燕翼，《有关文徵明辞官的两通书札》，收于《故宫博物院刊》，1995 年第 4 期，页 45—50。

[5] 关于科举制度的代表作，见 Benjamin Elman, *A Cultural History of Civil Examinations in Late Imperial China* (Berkeley, Los Angeles and London, 2000)。

[6] Charles O. Hucker, 'Ming Government', in Frederick W. Mote and Denis Twitchett, eds., *The Cambridge History of China,* VIII: *The Ming Dynasty, 1368—1644, Part II* (Cambridge, 1998), pp. 9—105 (pp. 29—30). 其他正途则是由吏、员类的职务晋升。

[7] Hucker, 'Ming Government', pp. 31—33.

[8] Hucker, 'Ming Government', pp.36—37.

[9] 资料见文含，《历世生配卒葬志》，《文氏族谱》，1 卷，曲石丛书本（苏州，出版年不详）。

[10] 文徵明在其兄的墓志铭中虽云："少则同业，长同游学官。"却未提及从事举业的企图。见《文徵明集》，上，页 710—712。

[11] 例见《文徵明集》，上，页 506。

[12] Benjamin A. Elman, 'The Formation of "Dao Learning" as Imperial Ideology during the Early

[12] (接上)Ming Dynasty', in Theodore Huters, R. Bin Wong and Pauline Yu, eds, *Culture and State in Chinese History: Conventions, Accommodations, and Critiques* (Stanford, CA, 1997), pp. 58—82 (pp. 70—71).

[13] Andrew Plaks, 'The Prose of Our Time', in Willard J. Peterson et al., eds, *The Power of Culture: Studies in Chinese Cultural History* (Hong Kong, 1994), pp. 206—217.

[14] Plaks, 'Prose of Our Time', p. 217.

[15] Clapp, *Wen Cheng-ming*, p. 2；石守谦,《嘉靖新政》,页270。信件本文见《文徵明集》,上,页581—583。关于王鏊在科举制度发展过程的重要性,见Elman, *Cultural History of Civil Examinations*, pp. 385—391。

[16]《文徵明集》,下,页1485。此信可能作于1523—1526年的北京时期。

[17] 然关于落榜与焦虑,见Elman, *Cultural History of Civil Examinations*, pp. 295—370。

[18] 广州铁路局广州工务段工人理论组／中山大学中文系汉语专业编,《三字经批注》(广州,1974),页37。

[19]《文徵明集》,下,页1559—1561。

[20]《文徵明集》,上,页735—737。1534年,六十多岁的蔡羽终于被推举进入太学,当时的吏部尚书在少时便已闻其名,遂为他在南京翰林院安排了一个闲缺。

[21]《文徵明集》,上,页460。这样的例子不少：如钱同爱在1501—1516年应考六次,无一成功(《文徵明集》,上,页756—759)；另一个长洲县学的陆焕也落榜多次,未尝及第(《文徵明集》,下,页1494—1497)；文徵明通过都穆而结交的李瀛也是如此(《文徵明集》,上,页691—693)。邻近的吴县文人亦然。袁翼(1481—1541)在1504—1516年至少落榜四次,另一个杨复春(1480—1538)甚至落榜五次(《文徵明集》,上,页737—739；下,页1519—1521)。戴冠(1442—1512)在1491年被举为贡生前,考了八次乡试,从未中举(《文徵明集》,上,页640—642)。华珵(1438—1514),也是在被举为贡生前,七应乡试不第(《文徵明集》,上,页642—644)。

[22]《文徵明集》,上,页776—780。

[23] 同上书,页713—715。

[24] 同上书,页597—602。钱贵虽已中举,却七赴会试无功；王涣与顾履方(1497—1546)亦然(《文徵明集》,上,页705—708、716—718、731—734)。顾兰也是于1499—1517年间七度进士榜上无名,后被举为贡生(《文徵明集》,上,页652—655)。另一个送至北京的贡生华麟祥,之前亦是在七试不第后,怅然返乡(《文徵明集》,下,页1577—1580)。

[25] 如薛淋(1489—1530),《文徵明集》,下,页1504—1507；或秦锃(1466—1544),见《文徵明集》,下,页1545—1548。

[26]《文徵明集》,上,页708—710。

[27] 同上书,页759—762。

[28]《文徵明集》,下,页1301。文徵明的确记录了在友人暨同窗陆世明家中见到钱仁衡一事,见《文徵明集》,上,页460。

[29]《文徵明集》,上,页444—445。

[30] 同上书,页756—759。另一篇《侍御陈公石峰记》也是写给陈琳,见《文徵明集》,上,页479—480。

[31] 同上书,页450—451。文徵明也在寄给之前同窗、后任高安县令的周振之的文章里,重复类

似的感触:"国家入仕之制虽多途,而惟学校为正",见《文徵明集》,上,页462。

[32]《文徵明集》,上,页571—572。

[33] 同上书,页492—493。

[34]《文徵明集》,下,页1292。

[35] 对长洲县治的分析乃根据李铭皖等修,《苏州府志》,1883年刊本,中国方志丛书,华中地方,第5号,全6册(台北,1970),册3,卷54,页1440—1441。《明史》一共列了1144个县,见Hucker, 'Ming Government', p. 15。

[36] Hucker, 'Ming Government', p. 42.

[37] 见李铭皖等修,《苏州府志》,卷52,页1434—1435。虽无必经的仕途轨迹,仍然有些模式可循。其中有十人在此之前是担任监察御史,七人曾任中央各部郎中,还有六人则由其他较无名望的府治转调而来(苏州在当时被视为肥缺)。在此职位之后,有十三人获得晋升,五人遭罢黜,还有四人丁父母丧而离官(之后应该可复职)。获拔擢者多被任命参政,是省级单位的第二号人物。文徵明的父亲若非在受命为温州知府不久后即西逝,这些都是他接下来可能期待的职位,甚或更高。

[38]《文徵明集》,下,页1453。

[39]《文徵明集》,上,页455—456。

[40] 同上书,页702—704。

[41] 同上书,页716—718。

[42] 我对这些事件的讨论有赖于石守谦,《嘉靖新政》,特别是页268—273。

[43] 石守谦,《嘉靖新政》,页271;《文徵明集》,上,页67。

[44]《文徵明集》,上,页77、453—454。我相信后一笔资料的年代在1522年左右,然文徵明在文内说林当时已经"六十余"。

[45] 若欲在不把宦官视为必然为患的脉络里讨论刘瑾的仕途,见 Shi-shan Henry Tsai, *The Eunuchs in the Ming Dynasty* (Albany, NY, 1996)。

[46]《文徵明集》,上,页444。

[47]《文徵明集》,上,页597—602。文徵明于1518年为明朝官员、也是吴宽同年的张玮(1452—1517)所作的墓志铭,开头便称他因与刘瑾为敌而下狱免官,在狱中历尽煎熬(这不见得只是个行文手法,当时很多官员都遭凌虐)(《文徵明集》,上,页687—690)。刘缨也在刘瑾手下尝过牢狱之灾,此外,根据文徵明的描述,沈林则是因为第一次会见刘瑾时忘了携带伴手礼而遭黜为平民(《文徵明集》,上,页610—620、603—610)。其他文徵明特别提到"反刘瑾"的还有:张简(1465—1535),《文徵明集》,上,页508;周伦,《文徵明集》,上,页665—671;何昭(1460—1535),《文徵明集》,上,页780—786。其他与刘瑾为敌、但文徵明并未在文中特别提及的有:顾潜,《文徵明集》,下,页1082;杨一清,《文徵明集》,下,页919。

[48] *Dictionary of Ming Biography, 1368—1644*, vol. 1, p. 652.

[49] 石守谦,《嘉靖新政》,页272。

[50] 同上。文中指出李氏在苏州的时间是1521年10月至1522年4月,而此信称之"李宫保",意指其官衔为太子少保,可见这已是嘉靖元年之后的事。其传记见《明史》,册17,卷201,页5307—5309。

[51] 信件原文见林俊，《见素集》，收于《文渊阁四库全书》，集部196，别集类，册1257（上海，1987），页259—260。潘南屏即潘辰，1493年荐为翰林待诏，修明会典，后因刘瑾而贬官。

[52] 《文徵明集》，上，页587—591。此信称林俊为司寇，故其时间点当在林俊自工部转任刑部之后。

[53] *Dictionary of Ming Biography, 1368—1644*, vol.1, p. 844.

[54] Edwards, *Art of Wen Cheng-ming*, pp. 86—93. 关于明代旅游及路线，见 Timothy Brook, *The Confusions of Pleasure: Commerce and Culture in Ming China* (Berkeley, Los Angeles and London, 1998), pp. 173—179。

[55] 江兆申，《文徵明与苏州画坛》（台北，1977），页86。

[56] Hucker, 'Ming Government', pp. 33—37. 国子生在完成九年的学程后也可直接参加进士考试。

[57] Hucker, 'Ming Government', pp. 34—35.

[58] 这类例子为数应该不多，因为它在百年之后才被人当作先例征引，见吴柏森等编，《明实录类纂：文教科技卷》（武汉，1992），页28；18世纪时甚至被认为值得收入正史，见《明史》，册6，卷71，页1714。

[59] 《文徵明集》，下，页1322—1323。该著录为《书画鉴影》，见 Hin-cheung Lovell, *An Annotated Bibliography of Chinese Painting Catalogues and Related Texts*, Michigan Papers in Chinese Studies, 16 (Ann Arbor, 1973), pp. 77—78. 周道振对此跋持保留态度，因其与另一则1548年题于马远画上的跋文一字不差。

[60] 《文徵明集》，下，页1387。然徐邦达怀疑这件手卷的真伪。

[61] 穆益勤编，《明代院体浙派史料》，上海人民美术出版社（上海，1985），页12。

[62] 例如，1543年为华麟祥作《有明华都事碑》，文徵明便自署"翰林待诏文徵明刻其墓上之碑曰……"，《文徵明集》，下，页1577—1580。

[63] Paul R. Katz, *Images of the Immortal: The Cult of Lü Dongbin at the Palace of Eternal Joy* (Honolulu, 1999), p. 138.

[64] 例见穆益勤编，《明代院体》，页15（"边文进"条）、22（"一时待诏"名单）。

[65] 周道振，《文徵明书画简表》（北京，1985），页35。

[66] 《文徵明集》，下，页1270。其他著名的宫廷书家包括沈度、沈粲两兄弟，见 Robert E. Harrist, Jr and Wen C. Fong, eds, *The Embodied Image: Chinese Calligraphy from the John B. Elliot Collection* (Princeton, NJ, 1999), pp. 148—149。

[67] 详细的讨论见 Craig Clunas, 'Gifts and Giving in Chinese Art', *Transactions of the Oriental Ceramic Society*, LXII (1997—1998), pp. 1—15 (p. 4)。

[68] 乔宇算是小有名气的书家，何孟春则是李东阳（曾为文徵明的母亲作墓志铭）的学生。因此，文徵明可能通过这样的网络与他建立关系。

[69] 关于早期"答谢"恩庇者与考官的政治意涵，见 Oliver Moore, 'The Ceremony of Gratitude', in Joseph P. McDermott, ed., *State and Court Ritual in China*, University of Cambridge Oriental Publications, 54 (Cambridge, 1999), pp. 197—236。

[70] 见 Lienche Tu Fang, 'Chu Hou-ts'ung', in *Dictionary of Ming Biography, 1368—1644*, vol.1, pp. 315—322。关于整个嘉靖朝的情况，见 James Geiss, 'The Chia-ching Reign, 1522—1566', in Frederick W. Mote and Denis Twitchett, eds, *The Cambridge History of China*, VII: *The Ming*

[71] 石守谦,《嘉靖新政》,页 276。诗见《文徵明集》,上,页 285。
[72] 石守谦,《嘉靖新政》,页 277—279。信作于闰四月廿五日。
[73] 除了 Geiss, 'Chia-ching Reign', pp. 443—450 之外,关于此争议的标准说法,见 Carney T. Fisher, *The Chosen One：Succession and Adoption in the Court of Ming Shizong* (Sydney, Wellington, London and Boston, 1990)。
[74] 完整的讨论见 Ann Waltner, *Getting an Heir: Adoption and the Construction of Kinship in Late Imperial China* (Honolulu, 1990),此书一开头便提到"大礼议"。
[75] 《文徵明集》,上,页 490—491。
[76] 《文徵明集》,下,页 1430; Fisher, *Chosen One*, p. 66; Geiss, 'Chia-ching Reign', p. 447。
[77] 同上书,页 1430—1431。为何孟春所作的诗,见《文徵明集》,上,页 321。文徵明列了十六个因此而死的人,而 Fisher, *Chosen One*, pp. 92—95 则列了十七个,多了丰熙。
[78] 《文徵明集》,下,页 1431—1432; Fisher, *Chosen One*, pp. 92—95。
[79] 《文徵明集》,上,页 474—475 (*Franke* 3. 2. 1)。
[80] 《文徵明集》,下,页 1660。
[81] 《文徵明集》,上,页 705—708。
[82] 同上书,页 665—671。
[83] 《文徵明集》,下,页 1567—1571；Fisher, *Chosen One*, p.90。
[84] 《文徵明集》,上,页 458—460。
[85] 《文徵明集》,下,页 1262—1263。
[86] 石守谦,《嘉靖新政》,页 286。
[87] 1526 年后所作的这类诗,见《文徵明集》,上,页 319—326。
[88] 江兆申,《画坛》,页 134。文徵明回到苏州后,很不情愿地接受聂豹的请托为他作画,此事见何良俊,《四友斋丛说》,元明史料笔记丛刊(北京,1983),页 129。
[89] 周道振,《简表》,页 34—39。
[90] 石守谦,《嘉靖新政》,特别是页 279—283。
[91] 周道振,《简表》,页 38；江兆申,《文徵明画系年》(东京,1976),图录编号 9,页 15(中文解说)、页 5(英文解说)。
[92] 《文徵明集》,下,页 1390。
[93] 黄佐,《翰林记》,20 卷,收入《岭南遗书》(1831 年版),第 7—11 本,卷 16。关于此文本,见 *Franke* 6. 2. 7。
[94] 毛奇龄,《武宗外纪》,中国历史研究资料丛书(上海,1982),页 25。Geiss, 'Chia-ching Reign', p. 432.
[95] 《文徵明集》,上,页 294—296。
[96] 同上书,页 298—304; Craig Clunas, *Fruitful Sites: Garden Culture in Ming Dynasty China* (London, 1996), pp. 60—64。
[97] Shih Shou-ch'ien,' "Calligraphy as Gift"：Wen Cheng-ming's (1470—1559) Calligraphy and the Formation of Soochow Literati Culture', in Cary Y. Liu et al., eds, *Character and Context in Chinese*

[97] *Calligraphy* (Princeton, NJ, 1999), pp. 255—283 (p. 257); Harrist and Fong, *Embodied Image*, p. 164—165. 诗的总数是周道振统计的。另一种统计结果指出有 2689 首诗，见刘莹，《文徵明诗书画艺术研究》（台北，1995），页 105。

[98] 《文徵明集》，上，页 739—742。文徵明也提到他反对刘瑾并因此降职。

[99] 《文徵明集》，下，页 1268—1270。

[100] 同上书，页 1448。

[101] 《文徵明集》，上，页 442—443。

[102] 《文徵明集》，下，页 1656。

[103] 同上书，页 1293—1295。

[104] 《文徵明集》，上，页 773—775。赵忻是 1543—1547 年的长洲县令，见李铭皖等修，《苏州府志》，卷 53，页 1441。

[105] 同上书，页 494—497。

[106] 同上书，页 470—472。

[107] 同上书，页 791—794。

[108] 同上书，页 502—504。

[109] 《文徵明集》，下，页 1272—1273。

[110] 同上书，页 1454—1455。

[111] 同上书，页 1455。

[112] 同上书，页 1457。关于"明府"作为知县的代称，见 Charles O. Hucker, *A Dictionary of Official Titles in Imperial China*(Stanford, CA, 1985), no.4014。

[113] 《文徵明集》，上，页 591—593。文徵明在此用《孟子》典（感谢 Andrew Lo 指正）。笔者目前尚未能判定大巡郭公系指何人。

[114] Clapp, *Wen Cheng-ming*, p. 12.

[115] Clunas, *Fruitful Sites*, pp. 132—133.

[116] 《文徵明集》，上，页 435—436。

[117] Katharine Carlitz, 'Shrines, Governing-Class Identity and the Cult of Widow Fidelity in Mid-Ming Jiangnan', *Journal of Asian Studies*, LVI(1997), pp. 612—640(pp. 631—634).

[118] Clunas, *Fruitful Sites*, pp. 132—133.

[119] 何良俊，《四友斋丛说》，页 129、131，另页 157 记王廷宴请文徵明及著名的反张璁党人士徐阶（1503—1583）。

[120] 《文徵明集》，下，页 1451—1453。文薛两人交游更直接的证据，见薛蕙书于文徵明画上的题跋。《明代吴门绘画》（香港，1990），图录编号 18，页 217。

5 "吾吴"与当地人的义务

[1] John W. Dardess, *A Ming Society: T'ai-ho County, Kiangsi, Fourteenth to Seventeenth Centuries*(Berkeley, Los Angeles and London, 1996), pp. 9—44，精辟地解释了土地与山水景观

如何支持非城居文人的生活。

〔2〕例如《文徵明集》，下，页1567。

〔3〕《文徵明集》，上，页759—762。为其友袁袠而作。

〔4〕文徵明应是操吴语，但也懂得称为"官话"或"正音"的全国通用标准语。W.South Coblin, 'A Diachronic Study of Ming Guanhua Phonology', *Monumenta Serica*, XLVIII (2000), pp. 267—335 便认为双语在当时很普及，类似的主张亦见 Ping Chen, *Modern Chinese: History and Sociolinguistics* (Cambridge, 1999), pp. 10—11。何良俊，《四友斋丛说》，元明史料笔记丛刊（北京，1983），页132，注意到王宠"不喜作乡语，每发口必'官话'"。可见当时文人多操吴语，此事才值得一提。

〔5〕关于庆寿寺，见 Susan Naquin, *Peking: Temples and City Life, 1400—1900* (Berkeley, Los Angeles and London, 2000), p. 51, n. 108 与 p. 148。该寺与其双塔可见于侯仁之，《北京历史地图集》（北京，1985），页73，5B。感谢 Susan Naquin 建议我将姚广孝与文徵明合而讨论。

〔6〕《文徵明集》，上，页309。提到的寺院有：治平寺、竹堂寺、东禅寺、马禅寺、天王寺、宝幢寺和昭庆寺。

〔7〕《文徵明集》，上，页313。

〔8〕《文徵明集》，下，页1390。

〔9〕《文徵明集》，上，页333。

〔10〕《文徵明集》，下，页1519—1521。

〔11〕成于1006年的《益州名画录》应是最早以特定地域画家为讨论对象的文献（在这个例子是四川）。见 Susan Bush and Hsio-yen Shih, *Early Chinese Texts on Painting* (Cambrige, MA, and London, 1985), p. 366。

〔12〕关于"吴派"一词的历史及董其昌如何开始使用之（应是"吴门画派"一词，然20世纪以来常简称为"吴派"），见单国强，《"吴门画派"名实辨》，收入故宫博物院编，《吴门画派研究》（北京，1993），页88—95；与周积寅，《"吴门画派"与"明四家"》，前引书，页96—103。

〔13〕关于苏州，见 Frederick W. Mote, 'A Millennium of Chinese Urban History：Form, Time, and Space Concepts in Soochow', *Rice University Studies*, LIX/4 (1973), pp. 35—65; Michael Marmé, 'Population and Possibility in Ming (1368—1644)Suzhou: A Quantified Model', *Ming Studies*, XII (Spring 1981), pp. 29—64; Michael Marmé, 'Heaven on Earth: The Rise of Suzhou, 1127—1550', in Linda Cooke Johnson ed., *Cities of Jiangnan in Late Imperial China* (Albany, NY, 1993), pp. 17—46; Yinong Xu, *The Chinese City in Time and Space: The Development of Urban Form in Suzhou* (Honolulu, 2000)。

〔14〕《文徵明集》，上，页648—652。

〔15〕单国强，《"吴门画派"名实辨》，页90。州为太仓，七县为吴、长洲、昆山、常熟、吴江、嘉定及崇明。

〔16〕单国强，《"吴门画派"名实辨》，页93。另一个"三吴"的释法为吴郡、吴兴与会稽。

〔17〕《文徵明集》，下，页1503—1504。

〔18〕《文徵明集》，上，页713—715。

〔19〕同上书，页762—767。

〔20〕同上书，页791—794。

〔21〕同上书，页672—674。

〔22〕 Germaine L. Fuller, 'Spring in Chiang-Nan: Pictorial Imagery and Other Aspects of Expression in Eight Wu School Paintings of a Traditional Literary Subject', unpublished PhD thesis, University of Chicago, 1984.

〔23〕 Fuller, 'Spring in Chiang-Nan', pp. 239, 264.

〔24〕 Mote, 'Millennium of Chinese Urban History', p. 37.

〔25〕 "吾苏"的用例，见《文徵明集》，上，页678。

〔26〕《文徵明集》，上，页771—773。

〔27〕 同上书，页718—720。

〔28〕 据《文徵明集》，其设籍之地为：李应祯长洲（苏州府）、陆容昆山（苏州府）、庄昶江浦（应天府）、吴宽长洲（苏州府）、谢铎太平（泰州府，浙江）、沈周长洲（苏州府）、王徽南京（应天府）、吕䒺嘉兴（嘉兴府，浙江）。

〔29〕《文徵明集》，上，页267。

〔30〕 Richard Edwards, *The Art of Wen Cheng-ming (1470—1559)* (Ann Arbor, MI, 1976), no. XXX, pp. 119—122. 关于这件作品的道教意涵及其附诗，见 Stephen Little with Shawn Eichman, ed., *Taoism in the Arts of China* (Chicago, 2000), pp. 374—375 的说明。

〔31〕《文徵明集》，下，页1562。

〔32〕《文徵明集》，上，页447。

〔33〕 同上书，页464。

〔34〕 同上书，页455—456。

〔35〕 同上书，页232。

〔36〕 同上书，页260。

〔37〕 例见《文徵明集》，上，页321以降。

〔38〕 这成了石守谦，《〈雨余春树图〉与明代中期苏州之送别图》，收于《风格与世变：中国绘画史论集》，美术考古丛刊4（台北，1996），页229—260 的主题。

〔39〕《文徵明集》，下，页1095。

〔40〕 同上书，页1401。

〔41〕 同上书，页1111。

〔42〕 同上书，页1389。

〔43〕 同上书，页1202。关于"三友"的历史，见 Maggie Bickford, 'Three Rams and Three Friends: The Working Lives of Chinese Auspicious Motifs', *Asia Major*, 3rd ser., XII/1(1999), pp. 127—158。

〔44〕《文徵明集》，上，页457—458。

〔45〕《文徵明集》，下，页1257。

〔46〕《文徵明集》，上，页497—502。关于此地，见 Craig Clunas, *Fruitful Sites: Garden Culture in Ming Dynasty China* (London, 1996), pp. 112, 143—144, 147。

〔47〕 范宜如，《吴中地志书写——以文徵明诗文为主的观察》，《中国学术年刊》，第21期（2000），页389—418。

〔48〕《文徵明集》，上，页230。

［49］范宜如，《吴中地志书写》，页405—408。

［50］《文徵明集》，下，页1213。

［51］同上书，页1256。

［52］Edwards, *Art of Wen Cheng-ming*, pp. 60—63.

［53］《文徵明集》，上，页739—742。

［54］《文徵明集》，下，页1263—1266。

［55］同上书，页1266—1268。

［56］《文徵明集》，上，页558—559。

［57］同上书，页528。

［58］同上书，页529。关于顾德辉，见David Sensabaugh, 'Guests at Jade Mountain：Aspects of Patronage in Fourteenth Century K'un-shan', in Chu-tsing Li, ed., *Artists and Patrons: Some Social and Economic Aspects of Chinese Painting* (Lawrence, KS, 1989), pp. 93—100。

［59］陈汝言的作品，可见于Little, ed., *Taoism in the Arts of China*, pp. 368—369。

［60］《文徵明集》，上，页564—566。

［61］同上书，页563。另一件为祝允明作品所题跋文，见《文徵明集》，下，页1375。

［62］同上书，页593—597。

［63］同上书，页735—737。

［64］《文徵明集》，下，页1567—1571。

［65］James Cahill, *Parting at the Shore: Chinese Painting of the Early and Middle Ming Dynasty, 1368—1580* (New York and Tokyo, 1978), p. 214, fig. 113.

［66］《文徵明集》，下，页1388。此图今下落不明，图版见Anne de Coursey Clapp, *Wen Cheng-ming: The Ming Artist and Antiquity*, Artibus Asiae Supplementum, 34(Ascona, 1975), fig. 13。

［67］一则1546年的题跋便自谓"吾不学佛"，《文徵明集》，下，页1407。Timothy Brook, *Praying for Power: Buddhism and the Formation of Gentry Society in Late-Ming China* (Cambridge, MA, and London, 1993) 对当时仕绅阶层借此类活动以支持佛教的现象有完整讨论。

［68］《文徵明集》，下，页1274—1275。

［69］同上书，页1042。

［70］同上书，页1308。

［71］同上书，页1280—1282。据周道振，还有件文徵明作于1549年、现已佚失的《兴福寺碑》。此寺位于洞庭东山，民国时期的《吴县志》有载。见《文徵明集》，下，页1608—1609。

［72］《文徵明集》，上，页467—468。与萧恪（1358—1411）相比，是"地以人而胜"，见Dardess, *Ming Society*, p. 35。

［73］同上书，页794—797。

［74］现存有三通书简，前两封谢其所赠之礼及膏丸，云："小扇拙笔将意，不足为报也。"第三通则再度谢其赠礼，为自己因病而有负所托致歉，并表示会尽快着手进行。《文徵明集》，下，页1481。

［75］关于明朝之建立，见Edward L.Dreyer, 'Military Origin of Ming China', in Frederick W. Mote and Denis Twitchett, eds, *The Cambridge History of China*, VII: *The Ming Dynasty, 1368—1644, Part I*

(Cambridge, 1988), pp. 58—106 (pp. 92—94)。

[76]《文徵明集》，上，页710—712。

[77] 同上书，页674—676。

[78] 同上书，页687—690。

[79]《文徵明集》，下，页1515—1517。

[80] 同上书，页1509—1511。

[81]《文徵明集》，上，页708—710。

[82] 同上书，页756—759。

[83]《文徵明集》，下，页1499—1501。

[84] 同上书，页1353—1354。

[85]《文徵明集》，上，页482—484。

[86] Dardess, *Ming Society*, pp. 112—138 明确说明泰和地区 "同宗共祖" (common-descent groups) 与较严谨的族（lineages）于此际所发展出的差别。这里使用的名词来自 Patricia B. Ebrey, and James L.Watson, eds, *Kinship Organization in Late Imperial China 1000—1940* (Berkeley, CA, and London, 1986)。

[87]《文徵明集》，上，页466—467。

[88] 同上书，页544—545。

[89] 同上书，页787—788。

[90]《文徵明集》，下，页1278—1279。

[91]《文徵明集》，上，页788—791。

[92] 同上书，页143。

[93] Craig Clunas, 'Artist and Subject in Ming Dynasty China', *Proceedings of the British Academy*, CV (2000), pp. 43—72.

[94] Clunas, *Fruitful Sites*, p. 115.

[95]《拙政园记》见《文徵明集》，下，页1275—1278。

[96] Edwards, *Art of Wen Cheng-ming*, no. XIII, pp. 69—71.

[97]《文徵明集》，下，页1303—1305。

[98] 关于这类型的画，见刘九庵，《吴门画家之别号图鉴别举例》，故宫博物院编，《吴门画派研究》（北京，1993），页35—46。

[99]《文徵明集》，上，页76。

[100] 刘九庵，《吴门画家之别号图》，页44。

[101]《文徵明集》，下，页1387—1388。

[102] 同上书，页892。

[103] 同上书，页1302—1303。深入的讨论，见 Anne de Coursey Clapp, *The Painting of T'ang Yin* (Chicago and London, 1991), p. 60。

[104] 见刘九庵，《吴门画家之别号图》，页44。此文也列出文徵明所作的别号图，有的今日尚存，有的则已佚失。

[105]《文徵明集》，下，页972。

[106]《文徵明集》，下，页1489。

[107] 同上书，页1456。"三峰"指的很可能是朱三峰，朱希周的弟弟。朱希周是1496年状元，退休后仍为苏州之闻人；文徵明显然听过其名，却不一定与他有所往还。（文徵明曾称他"混然一纯德人也"，罕有缺失，见何良俊，《四友斋丛说》，页86。）朱三峰是文徵明门人陆治的赞助人，陆治有两幅图即为朱所画，见 Mayching Kao, ed., *Paintings of the Ming Dynasty from the Palace Museum* (Hong Kong, 1988), pp.118—121。

6 "友"、请托人、顾客

[1] 关于以隐逸著称的文化人物，见 Wolfgang Bauer, 'The Hidden Hero: Creation and Disintegration of the Ideal of Eremitism,' in Donald Munro, ed., *Individualism and Holism: Studies in Confucian and Toaist Values* (Ann Arbor, MI, 1985), pp. 161—164, 亦见 Aat Vervoorn, *Men of the Cliffs and Caves: The Development of the Chinese Eremitic Traditions to the End of the Han Dynasty* (Hong Kong, 1990)。对于隐居理想与文徵明1527年后画风的关系之细致讨论，见 Shih Shou-ch'ien, 'The Landscape Painting of Frustrated Literati: The Wen Cheng-ming Style in the Sixteenth Century', in Willard J.Peterson et al., eds, *The Power of Culture: Studies in Chinese Cultural History* (Hong Kong,1994), pp. 218—246。

[2] Anne de Coursey Clapp, *Wen Cheng-ming: The Ming Artist and Antiquity*, Artibus Asiae Supplementum, 34 (Ascona, 1975), p. 12.

[3] Richard Edwards, 'Wen Cheng-ming', in *Dictionary of Ming Biography, 1368—1644*, vol. 2, p. 1472.

[4] Clapp, *Wen Cheng-ming*, p. 11.

[5]《文徵明集》，上，卷29—35；下，卷29—32。这些文章的标题主要是"墓志铭"，但也有其他如"墓表""墓碑""神道碑"和"阡碑"等题。

[6]《文徵明集》，上，卷25—28；下，卷28。

[7]《文徵明集》，上，页780—786。

[8] 同上书，页676—678。

[9]《文徵明集》，下，页1502—1503。

[10] 同上书，页1507—1509。

[11] 同上书，页1521—1523。

[12] 同上书，页1529—1531。

[13] 同上书，页1548—1550。

[14] 同上书，页1490—1492。

[15] 同上书，页1492—1494。死者的丈夫可能与顾从义（1523—1588）及御医顾定芳之子顾从仁同辈。

[16] 同上书，页1536—1538。

[17] 金华地区文管会／兰溪县文管会，《兰溪发现文徵明书写的墓志》，《文物》（1980），第10期，页79。

[18] 现藏故宫博物院的文徵明《洛原草堂图》有唐龙跋，证明两人至少有共同的朋友。故宫博

〔19〕 此画是为存斋所作。见刘九庵编，《宋元明清书画家传世作品年表》，上海书画出版社（上海，1997），页219。亦见刘纲纪，《文徵明》，明清中国画大师研究丛书（长春，1996），页276。

〔20〕 江兆申，《文徵明与苏州画坛》（台北，1977），页264—265。

〔21〕 Howard Rogers and Sherman E. Lee, *Masterworks of Ming and Qing Painting from the Forbidden City* (Lansdale, PA, 1988), p. 129.

〔22〕 江兆申，《文徵明画系年》（东京，1976），页17—18（中文解说）、页9（英文解说）。

〔23〕 全文英译见 Wang Fangyu and Richard M. Barnhart, *Master of the Lotus Garden: The Life and Art of Bada Shanren (1626—1705)* (New Haven, CT, and London, 1990), pp. 280—285，及 Jonathan Hay, *Shitao: Painting and Modernity in Early Qing China*, Res Monographs on Anthropology and Aesthetics (Cambridge, 2001), pp. 331—336。

〔24〕 有关这些信札的结集，见张鲁泉、傅鸿展主编，《故宫藏明清名人书札墨迹选·明代》，2册（北京，1993）。

〔25〕 例如 Genevieve Warwick, *The Arts of Collecting: Padre Sebastiano Resta and the Market for Drawings in Early Modern Europe* (Cambridge, 2000), pp. 130—131。

〔26〕《文徵明集》，下，页1479。

〔27〕 Richard Edwards, *The Art of Wen Cheng-ming(1470—1559)* (Ann Arbor, MI, 1976), no. XLVI, p.161.

〔28〕 Quitman E. Phillips, *The Practices of Painting in Japan, 1475—1500* (Stanford, CA, 2000), p. 45.

〔29〕《文徵明集》，下，页1478。

〔30〕 同上书，页1433。

〔31〕 同上书，页1434。

〔32〕 同上书，页1444。

〔33〕 同上书，页1476。

〔34〕 同上书，页1435。

〔35〕 同上书，页1477。

〔36〕 同上书，页1489。

〔37〕 同上书，页1477。

〔38〕 同上书，页1473。

〔39〕 同上书，页1447。

〔40〕 同上书，页1080。

〔41〕 江兆申，《画坛》，页152、171。

〔42〕《文徵明集》，下，页1474。

〔43〕 Timon Screech, *The Shogun's Painted Culture: Fear and Creativity in the Japanese States, 1760—1829* (London, 2000), p. 186. 文徵明在收信人不详的另一札中，以较长的篇幅对于他无法准时交付受委托的作品而致歉，见《文徵明集》，下，页1488。

〔44〕《文徵明集》，下，页1464。

〔45〕 同上书，页1481。

〔46〕 同上书，页1435。

[47]同上书，页1453。

[48]《文徵明集》，下，页1455。

[49]同上书，页1482。记游诗见《文徵明集》，上，页422。

[50]同上书，页1457。

[51]《文徵明集》，上，页564—566。这显示王庭与陈家联姻，而该画是通过其妻才传到他手中。

[52]《文徵明集》，下，页1443。

[53] Kwan S.Wong, 'Hsiang Yüan-Pien and Suchou Artists', in Chu-tsing Li, ed., *Artists and Patrons: Some Social and Economic Aspects of Chinese Painting* (Lawrence, KS, 1989), pp. 155—158. 关于其世系和相关讨论，见 Wang Shiqing, 'Tung Ch'i-ch'ang's Circle', in Wai-kam Ho and Judith G. Smith, eds, *The Century of Tung Ch'i-ch'ang 1555—1636* (Seattle, WA, and Kansas City, MO, 1992), II, pp. 459—483 (p. 470)。

[54]《文徵明集》，下，页1473。这件书诗卷藏于北京市文物商店，见刘九庵，《宋元明清书画家》，页207。

[55]《明代吴门绘画》，图19，页217。

[56] Edwards, *Art of Wen Cheng-ming*, no. XXXVII, pp. 138—139. 画跋清楚指明受画者姓郑。

[57] Edwards, *Art of Wen Cheng-ming*, no. XXXIV, pp.132—133; no. LIII, pp. 183—187.

[58]刘九庵，《宋元明清书画家》，页176。

[59] Edwards, *Art of Wen Cheng-ming*, no. XXX, pp.119—123.

[60] Edwards, *Art of Wen Cheng-ming*, no. XXXIX, pp. 144—145, *Eight Dynasties of Chinese Painting: The Collection of the Nelson Gallery-Atkins Museum, Kansas City, and The Cleveland Museum of Art*, with essays by Wai-kam Ho, Sherman E. Lee, Laurence Sickman and Marc F. Wilson (Cleveland, OH, 1980), pp. 204—206. 关于周凤来，见 Ellen Johnston Laing'Ch'iu Ying's Three Patrons', *Ming Studies,* VIII(Spring 1979), pp. 49—56。关于《心经》，见 Pauline Yu, Peter Bol, Stephen Owen and Willard Peterson, eds, *Ways with Words: Writing about Reading Texts from Early China* (Berkeley, Los Angeles and London, 2000), chapter 4。

[61]《文徵明集》，下，页1475。

[62]同上书，页1517—1519。

[63]同上书，页1574—1577。

[64]同上书，页1562—1563。

[65]同上书，页1143。

[66]同上书，页1471—1472。

[67]《文徵明集》，上，页787—788。文徵明为华氏坟茔所作的阡碑没有纪年。

[68]《文徵明集》，下，页1374—1375。

[69]《文徵明集》，上，页642—644。

[70]关于印书商华珵，见 Tsuen-hsuin Tsien, 'Hua Sui', in *Dictionary of Ming Biography*, I, pp. 647—649；亦见钱存训，《纸张与印刷》，见 Joseph Needham, *Science and Civilisation in China*, V: *Chemistry and Chemical Technology, Part I, Paper and Prining* (Cambridge, 1985), pp. 211—215。

[71]《文徵明集》，下，页1358。

﹝72﹞ Marc Wilson and Kwan S. Wong, *Friends of Wen Cheng-ming: A View from the Crawford Collection* (New York, 1974), p. 30，该书作者很久以前便呼吁必须"仔细审察"这段关系。关于华云对唐寅的赞助，见 Anne de Coursey Clapp, *The Painting of T'ang Yin* (Chicago and London, 1991), pp. 39—43。

﹝73﹞ 关于翁万戈收藏的这部画册，见江兆申，《画坛》，页 95；跋文见《文徵明集》，下，页 817。有关王守仁在 1519 年过访弟子华云，并为题华云稍早委托唐寅所作的画册一事，见江兆申，《画坛》，页 113。除了赞助唐寅之外，华云也买过人物画家仇英的作品，且 1527 年仇英曾为作《维摩说法图》，见江兆申，《画坛》，页 141。

﹝74﹞ 刘九庵，《宋元明清书画家》，页 195。诗文见《文徵明集》，下，页 972。

﹝75﹞《文徵明集》，下，页 1111。

﹝76﹞ 同上书，页 1577—1580。

﹝77﹞ Edwards, *Art of Wen Cheng-ming*, no. XLIII, pp. 154—155; Wilson and Wong, *Friends of Wen Cheng-ming*, no. 14, pp. 84—87.

﹝78﹞ 江兆申，《画坛》，页 217; *Kaikodo Journal*, V(Autumn 1997), no. 11, pp. 104—105, 300。

﹝79﹞《文徵明集》，下，页 980、982。

﹝80﹞ Edwards, *Art of Wen Cheng-ming*, no. XLVII, pp. 162—164; Wilson and Wong, *Friends of Wen Cheng-ruing*, no.15, pp. 88—91.

﹝81﹞《文徵明集》，下，页 1446。

﹝82﹞ 江兆申，《画坛》，页 238。关于这幅画的各种版本，见 Wilson and Wong, *Friends of Wen Cheng-ming*, p. 90。

﹝83﹞《文徵明集》，下，页 992—993。

﹝84﹞ 同上书，页 1360。

﹝85﹞ Alfred Gell, *Art and Agency: An Anthropological Theory* (Oxford, 1998), p. 81.

﹝86﹞ Shih Shou-ch'ien,' "Calligraphy as Gift": Wen Cheng-ming's (1470—1559) Calligraphy and the Formation of Soochow Literati Culture', in Cary Y.Liu et al., eds, *Character and Context in Chinese Calligraphy* (Princeton, NJ, 1999), pp. 255—283(p. 269).

﹝87﹞《文徵明集》，下，页 1328—1329。

﹝88﹞ 同上书，页 1329—1330。

﹝89﹞ 同上书，页 1330、1331—1332、1334—1335。见 Shen C. Y. Fu, 'Huang Ting-chien's Cursive Script and its Influence', in Alfreda Murck and Wen C. Fong, eds, *Words and Images: Chinese Poetry, Painting and Calligraphy* (New York, 1991), pp. 107—122(pp.117—120)。

﹝90﹞《文徵明集》，下，页 1339。

﹝91﹞ 同上书，页 1446。

﹝92﹞ 同上书，页 1555—1556。

﹝93﹞ 刘九庵，《宋元明清书画家》，页 210。江兆申，《画坛》，页 264 著录了同一件作品，但列于较晚的题跋年份条目之下。

﹝94﹞ 我认为这是使用流行用语"癖"的较早期例子，关于"癖"的经典论文，见 Judith Zeitlin, 'The Petrified Heart: Obsession in Chinese Literature, Art and Medicine', *Late Imperial China*, XII／1(1991), pp. 1—26。

﹝95﹞《文徵明集》，下，页 1303—1305。

［96］James Cahill, 'Chinese Painting: Innovation after "Progress" Ends', in Howard Rogers, ed., *China 5,000 Years: Innovation and Transformation in the Arts* (New York, 1998), pp. 174—192(p.184). 关于上海本及其他诸本的真伪问题，见许忠陵，《记"全国重要书画赝品展"的三件作品》，收于《故宫博物院院刊》，1996 年第 2 期，页 56—60。

［97］Alice R. M. Hyland, 'Wen Chia and Suchou Literati', in Chu-tsing Li, ed., *Artists and Patrons: Some Social and Economic Aspects of Chinese Painting* (Lawrence, KS, 1989), pp. 127—138 (pp. 127—128).

［98］见 Chaoying Fang,'Yuan Chih'及 'Yuan Chiung', in *Dictionary of Ming Biography*, II, pp. 1626—1629。

［99］江兆申，《画坛》，页 150。

［100］《文徵明集》，下，页 1107。

［101］同上书，页 1459—1462。

［102］江兆申，《画坛》，页 156、161。Clapp, *Wen Cheng-ming* 有附图（fig. 10）并论述一件同名称及年代的作品（今藏处不明）。关于这个主题，见 Richard Barnhart 'Rediscovering an Old Theme in Ming Painting', *Orientations*, XXVI／8 (September 1985), pp. 52—61。

［103］《文徵明集》，下，页 1462—1463。

［104］江兆申，《画坛》，页 151—152。Germaine L. Fuller, 'Spring in Chiang-Nan: Pictorial Imagery and Other Aspects of Expression in Eight Wu School Paintings of a Traditional Literary Subject', unpublished PhD thesis, University of Chicago, 1984, pp. 38—43.

［105］江兆申，《画坛》，页 222。Fuller, 'Spring in Chiang-Nan', p. 268. 江兆申，《系年》，图录编号 28，页 19—20（中文解说）、页 9—10（英文解说）。

［106］《文徵明集》，下，页 1665。

［107］《文徵明集》，上，页 759—762。

［108］现藏故宫博物院。刘九庵，《宋元明清书画家》，页 198。

［109］《文徵明集》，下，页 1462。

［110］江兆申，《画坛》，页 159。

［111］《文徵明集》，下，页 1007。文徵明与袁家人的接触可能更频繁。现存有三封文徵明"致继之"札，由收信人的字判断，这位"继之"可能也是与袁表等人同辈的袁家成员。第一札附上小扇一把，以"聊见鄙情"；第二札则送上"小诗拙画……奉供舟中清玩"；而最后一札是感谢继之"嘉赐"。见《文徵明集》，下，页 1463。

7 弟子、帮手、仆役

［1］多亏与堪萨斯大学的 Marsha Haufler 教授讨论，此见解方得产生。

［2］《明史》，卷 287，页 7363—7364。

［3］故宫博物院，《明代吴门绘画》（香港，1990），全书参见。

［4］陈淳之名有两种读法，一为ㄔㄨㄣ2（chun2）、一为ㄕㄨㄣ2（shun2）。此处参照 *Dictionary of Ming Biography* 及《新华字典》（北京，1971）而取前者。关于陈淳，见 James Cahill, *Parting at the Shore: Chinese Painting of the Early and Middle Ming Dynasty, 1368—1580* (New York and

Tokyo, 1978), pp. 245—246；Howard Rogers and Sherman E. Lee, *Masterworks of Ming and Qing Painting from the Forbidden City* (Lansdale, PA, 1988), pp. 139—140；《明代吴门绘画》，页 106—111 及页 228—229；萧平，《陈淳》，明清中国画大师研究丛书（长春，1996）。

[5]《文徵明集》，上，页 394、10。关于陈淳作为文徵明门生的其他讨论，见 Rogers and Lee, *Masterworks*, pp. 139—140。

[6]《文徵明集》，上，页 69。

[7] 江兆申，《文徵明与苏州画坛》（台北，1977），页 75。

[8] 江兆申，《画坛》，页 82、93、96; Richard Edwards, *The Art of Wen Cheng-ming (1470—1559)* (Ann Arbor, MI, 1976), no. X, pp. 60—63；《文徵明集》，上，页 29、242。

[9] 江兆申，《画坛》，页 209—210。题识见《文徵明集》，下，页 1158。

[10]《文徵明集》，下，页 1670；Robert E. Harrist, Jr and Wen C. Fong, eds, *The Embodied Image: Chinese Calligraphy from the John B. Elliot Collection* (Princeton, NJ, 1999), pp. 208—209。原文（陈淳邀请文徵明参加其女之婚礼）的英译见 Qianshen Bai, 'Chinese Letters：Private Words Made Public', in *ibid.*, pp. 380—399(p. 393)。

[11]《文徵明集》，下，页 1466。

[12]《文徵明集》，上，页 206—207。第一信可能也是差不多这时期所作，因为文徵明仍署名为"壁"；这是他的原名，1511 年左右改以字"徵明"署款之前所用。

[13]《文徵明集》，上，页 511—513。

[14] 江兆申，《画坛》，页 106；《文徵明集》，上，页 271；江兆申，《画坛》，页 109。图（无论真赝）见 Anne de Coursey Clapp, *Wen Cheng-ming: The Ming Artist and Antiquity*, Artibus Asiae Supplementum, 34 (Ascona, 1975), pp. 46—47，及 Cahill, *Parting at the Shore*, p. 214。

[15] Edwards, *Art of Wen Cheng-ming*, no. XVIII/4, p. 88.

[16] 江兆申，《画坛》，页 204。

[17]《文徵明集》，下，页 1449。

[18] 江兆申，《画坛》，页 122。《珊瑚网画录》中有一诗作于 1543 年，记与王宠游洞庭山事，然周道振指出，时王宠早已弃世十年，故若非手民之误，即诗为赝作；《文徵明集》，下，页 974。此次出游另有一图为记，见于更晚出之著录，江兆申倾向将之视为伪本，见《画坛》，页 205。

[19] 石守谦，《嘉靖新政与文徵明画风之转变》，收于《风格与世变：中国绘画史论集》，美术考古丛刊 4（台北，1996），页 261—298（页 273）。另一首王宠作与文徵明的诗，见《文徵明集》，下，页 1665。

[20] 题识全文见江兆申，《文徵明画系年》（东京，1976），页 15（中文解说）。关于此画之讨论，见 Wen Fong and James C. Y. Watt, eds, *Possessing the Past: Treasures from the Palace Museum, Taipei* (New York, 1996), pp. 388—392。

[21] 其讨论见 Fong and Watt, *Possessing the Past*, pp. 390—394。

[22] 此看法见 Shih Shou-ch'ien, 'The Landscape Painting of Frustrated Literati: The Wen Cheng-ming Style in the Sixteenth Century', in Willard J. Peterson et al., eds, *The Power of Culture: Studies in Chinese Cultural History* (Hong Kong, 1994), pp. 218—246(p. 231)。

[23]《文徵明集》，下，页 1497—1499。

[24] 江兆申，《画坛》，页 140。

[25] Edwards, *Art of Wen Cheng-ming*, no. XXVI, pp. 112—113. 诗见《文徵明集》，下，页 953。

[26] 石守谦，《〈雨余春树图〉与明代中期苏州之送别图》，收于《风格与世变：中国绘画史论集》，美术考古丛刊 4（台北，1996），页 229—260（页 259）; Edwards, *Art of Wen Cheng-ming*, p. 104。

[27] Craig Clunas, 'Artist and Subject in Ming Dynasty China', *Proceedings of the British Academy*, CV(2000), pp. 43—72(p. 54).

[28]《文徵明集》，下，页 1102。

[29]《文徵明集》，上，页 713—715。注意，*Dictionary of Ming Biography* 将之误为王榖祥之子娶唐寅之女为妻。

[30] Harrist and Fong, *Embodied Image*, pp. 170—171.

[31] Marc Wilson and Kwan S. Wong, *Friends of Wen Cheng-ming: A View from the Crawford Collection* (New York, 1974), pp. 106—107.

[32] 关于作为画家的王宠，见 Cahill, *Parting at the Shore*, pp. 244—245。

[33]《文徵明集》，上，页 233、237—238; Edwards, *Art of Wen Cheng-ming*, no.XII, p. 68; 江兆申，《画坛》，页 95。

[34] 江兆申，《画坛》，页 99；《文徵明集》，上，页 262（1514 年诗）；江兆申，《画坛》，页 109（1518 年出游）。

[35] 江兆申，《画坛》，页 143；《文徵明集》，下，页 1203。

[36] 例见《文徵明集》，上，页 236—238、244；下，页 1102。

[37]《文徵明集》，下，页 1356。

[38] 同上书，页 1442。

[39] 萧燕翼，《陆士仁、朱朗伪作文徵明绘画的辨识》，收于《故宫博物院院刊》，1999 年第 1 期，页 27—35（页 34），引周道振而谓其交情始于"约 1518 年"，然并未提供更确切的出处。关于作为书家的王宠，见 Harrist and Fong, *Embodied Image*, pp. 172—173。

[40] 图见 Edwards, *Art of Wen Cheng-ming*, no. XXIV, pp. 106—108；江兆申，《画坛》，页 144、167。

[41] 江兆申，《系年》，页 17（中文解说）、页 8（英文解说）。

[42] 杨新编，《文徵明精品集》（北京，1997），图 60、63。刘纲纪，《文徵明》，明清中国画大师研究丛书（长春，1996），页 310，引傅熹年之见，谓后图"很可疑"。

[43] 江兆申，《画坛》，页 190、199。王宠有诗成于这些场合，见《文徵明集》，下，页 1666。

[44] 同上书，页 203。

[45] 同上书，页 245。徐邦达，《古书画伪讹考辨》，全 4 册（南京，1984），第 2 册，页 128，认为该件作品为明代时伪作。

[46] 江兆申，《画坛》，页 219。

[47] 同上书，页 235。

[48]《文徵明集》，下，页 1444。

[49] 同上书，页 1531—1534。

[50] 关于《存菊图》真赝的细致讨论，见徐邦达，《古书画伪讹考辨》，第 2 册，页 125—127；又见刘九庵，《吴门画家之别号图鉴别举例》，收于故宫博物院编，《吴门画派研究》（北京，

1993），页 35—46（页 44）。

[51]《文徵明集》，下，页 1295—1297。

[52] 江兆申，《画坛》，页 151、161（1532 年重题）、154。后一件《品茶图》上的诗，见《文徵明集》，下，页 1101。

[53] 江兆申，《画坛》，页 215。

[54] 刘九庵，《宋元明清书画家》，页 213。

[55] 与此名有关之文本的复杂历史，见 Hin-cheung Lovell, *An Annotated Bibliography of Chinese Painting Catalogues and Related Texts*, Michigan Papers in Chinese Studies, 16 (Ann Arbor, MI, 1973), pp. 21—22, 59—60。如此信为真，文徵明言及此文本的作者，可以是朱存理或都穆，两人都是文徵明圈子里的人物。

[56]《文徵明集》，下，页 1466—1468。

[57] 萧燕翼，《陆士仁伪作文徵明书法的鉴考》，收于《故宫博物院院刊》，1997 年第 3 期，页 46—54；萧燕翼，《陆士仁、朱朗伪作文徵明绘画的辨识》，收于《故宫博物院院刊》，1999 年第 1 期，页 27—35。

[58]《文徵明集》，下，页 1468—1471。

[59] 关于陆治，见 Cahill, *Parting at the Shore*, pp. 239—244; Rogers and Lee, *Masterworks*, pp. 133—134；及 Louise Yuhas, 'The Landscape Art of Lu Chih, 1494—1576', unpublished PhD diss., University of Michigan, 1979。

[60] Thomas Lawton, *Chinese Figure Painting*, Freer Gallery of Art Fiftieth Anniversary Exhibition II (Washington, DC, 1973), pp. 63, 69. 江兆申，《画坛》，页 216。

[61] Cahill, *Parting at the Shore*, pp. 248—249; Rogers and Lee, *Masterworks*, pp. 134—135；《明代吴门绘画》，页 142—148、236—237; Alice R. M. Hyland, 'Wen Chia and Suchou Literati', in Chu-tsing Li, ed., *Artists and Patrons: Some Social and Economic Aspects of Chinese Painting* (Lawrence, KS, 1989), pp. 127—138; Alice Rosemary Merrill, 'Wen Chia (1501—1583): Derivation and Innovation', unpublished PhD diss., University of Michigan, 1981.

[62]《文徵明集》，下，页 1485—1486。

[63] 同上书，页 1094、1102。

[64] 江兆申，《画坛》，页 264；《文徵明集》，上，页 361。

[65] Clapp, *Wen Cheng-ming*, p. 39; Rogers and Lee, *Masterworks*, p. 137.

[66] 徐邦达，《古书画伪讹考辨》，第 2 册，页 122。出处是陈焯，《湘管斋寓赏编》（1762 年序），卷 4; Lovell, *An Annotated Bibliography*, p. 61。James Cahill, *The Painter's Practice: How Artists Lived and Worked in Traditional China*(New York, 1994), p. 139 对此事件有所讨论。

[67]《文徵明集》，下，页 1466。

[68] Clapp, *Wen Cheng-ming*, p. 39; Cahill, *Parting at the Shore*, pp. 252—253；《明代吴门绘画》，页 128—130、233—234。

[69] 江兆申，《画坛》，页 205。

[70] Cahill, *Parting at the Shore*, p. 217 及 *Painter's Practice*, p. 136；萧燕翼，《陆士仁、朱朗伪作文徵明绘画的辨识》。朱朗个人作品，见《明代吴门绘画》，页 132—134、234。

［71］江兆申，《画坛》，页 160、172。

［72］《文徵明集》，下，页 1488（感谢某人参与朱氏葬礼），及《文徵明集》，下，页 1445（致顾兰，讨论坟地）。

［73］江兆申，《画坛》，页 260。

［74］《文徵明集》，下，页 1468。

［75］徐邦达，《古书画伪讹考辨》，第 2 册，页 122。

［76］Edwards, *Art of Wen Cheng-ming*, no. XVIII／8, pp. 91—92.

［77］Joseph P. McDermott, 'Bondservants in the T'ai-hu Basin during the Late Ming：A Case of Mistaken Identities', *Journal of Asian Studies*, XL／4(1981), pp. 675—701.

［78］《文徵明集》，下，页 1480—1481。

［79］江兆申，《画坛》，页 116、219。Marshall P.S. Wu, *The Orchid Pavillion Gathering: Chinese Painting from the University of Michigan Museum of Art*(Ann Arbor, MI, 2000), 1, pp. 68—71. Ellen Johnston Laing, 'Problems in Reconstructing the Life of Qiu Ying', *Ars Orientalis,* XXIX(1999), pp. 70—89，质疑传说中文徵明曾央仇英为其 1517 年《湘君湘夫人图》（见【图8】）敷色的故事。

［80］《文徵明集》，下，页 834。

［81］例见《文徵明集》，下，页 1156—1157（有四件，其中一件可能作于 1522 年）、页 1337（1532年）、996（1552 年）、1125（1552 年）、1358、1360—1361、1379。

［82］例如 Ellen Johnston Laing, 'Five Early Paintings by Ch'iu Ying',《台湾大学美术史研究集刊》，4（1997），页 223—251。

8　艺术家、声望、商品

［1］苏华萍，《吴县洞庭山明墓出土的文徵明书画》，收于《文物》，1977 年第 3 期，页 65—68。

［2］何良俊，《四友斋丛说》，元明史料笔记丛刊（北京，1983），页 125。关于何良俊作为重要理论家的讨论，及其对于"业余"和"职业"画家的看法，见 Richard Barnhart, 'The "Wild and Heterodox School" of Ming Painting', in Susan Bush and Christian Murck, eds, *Theories of the Arts in China* (Princeton, NJ, 1983), pp. 365—396 (pp. 375—378)。

［3］Prasenjit Duara, 'Superscribing Symbols: The Myth of Guandi, Chinese God of War', *Journal of Asian Studies*, XLVII(1988), pp. 778—795.

［4］Heike Kotzenberg, *Bild und Aufschrift in der Malerei Chinas: Unter besonder Berücksichtigung der Literatenmaler der Ming-Zeit T'ang Yin, Wen Cheng-ming und Shen Chou* (Wiesbaden, 1981).

［5］Anne de Coursey Clapp, *Wen Cheng-ming: The Ming Artist and Antiquity*, Artibus Asiae Supplementum, 34 (Ascona, 1975), p. 18. Anne Clapp 注意到文徵明对宋院画的关注。

［6］陆粲，《陆子余集》，四库全书，集部 6，别集 5，册 1274（上海，1987），页 592—594。

［7］皇甫汸，《皇甫司勋集》，四库全书，集部 6，别集 5，册 1275（上海，1987），页 801—802。

［8］《文徵明集》，下，页 1340。

［9］同上书，页 1356。

[10]《文徵明集》，下，页1375。

[11] Clapp, *Wen Cheng-ming*, pp. 17—25.

[12]《文徵明集》，下，页1328。

[13] 同上书，页1317。

[14]《文徵明集》，上，页519、522、524、542。关于这类作品的一个可能来源，见Steven D. Owyoung, 'The Formation of the Family Collection of Huang Tz'u and Huang Lin', in Chu-tsing Li, ed., *Artists and Patrons: Some Social and Economic Aspects of Chinese Painting* (Lawrence, KS, 1989), pp. 101—126(p. 116)。

[15]《文徵明集》，下，页1351、1372。

[16] Jason Chi-sheng Kuo, 'Huichou Merchants as Art Patrons in the Late Sixteenth and Early Seventeenth Centuries', in Chu-tsing Li, ed., *Artists and Patrons*, pp. 177—188(p. 181).

[17]《文徵明集》，下，页1317。

[18]《文徵明集》，上，页521—522。

[19] 同上书，页551。

[20]《文徵明集》，下，页1329—1330。

[21]《文徵明集》，上，页523、544。

[22]《文徵明集》，下，页1318。

[23] 同上书，页1389。

[24] Chuan-hsing Ho, 'Ming Dynasty Soochow and the Golden Age of Literati Culture', in Robert E. Harrist Jr. and Wen C. Fong, eds, *The Embodied Image: Chinese Calligraphy from the John B. Elliott Collection* (Princeton, NJ, 1999), pp.320—341 (pp. 335—337)；张彦生，《善本碑帖录》，考古学专刊，乙种，第19号（北京，1984），页187—188。

[25] 关于这件作品的相关研究，见Roger Goepper, 'Methods for a Formal Analysis of Chinese Calligraphy-Taking Sun Kuo-t'ing's Shu-p'u as an Example'。

[26] 完整的内容见《书道全集17：中国12·元明》（东京，1956），页26。

[27] 该文见《文徵明集》，下，页1618—1624。

[28] 这与文徵明本人在文森"行状"中所写的内容有所出入。在文森的"行状"中，文徵明称文定聪（即文惠之父）为最早落籍于长洲的文家成员。

[29] 有则较晚期的史料指称，文洪的财富来自于贩酒，但这并未得到来自文家内部史料的证实。《明诗纪事》，张慧剑，《明清江苏文人年表》（上海，1986），页90引述。

[30] 关于这一令人费解的事件，见Craig Clunas, 'Text, Representation and Technique in Early Modern China', in Karine Chemla, ed., *History of Science, History of Text* (2005), pp. 107—122。

[31] 黄佐，《将仕佐郎翰林院待诏衡山文公墓志》，出自《文徵明集》，下，页1629—1635。

[32]《记中丞俞公孝感》一文的受赠者，见《文徵明集》，上，页485—488。

[33] 王世贞，《文先生传》，见《文徵明集》，下，页1624—1629。作者于文中自述此文写于文徵明死后（1559）"十五载"，又提及文徵明之子文彭仍在世，由此可以推断本文的年代。

[34] 关于王世贞，除了*Dictionary of Ming Biography*之外，又见Kenneth James Hammond, 'Beyond Archaism: Wang Shizhen and the Legacy of the Northern Song', *Ming Studies*, XXXVI (1996), pp. 6—

28; Yoshikawa Kōjirō, *Five Hundred Years of Chinese Poetry, 1150—1650*, trans. Timothy Wixted, Princeton Library of Asian Translations (Princeton, NJ, 1989), pp. 160—169。Louise Yuhas, 'Wang Shih-Chen as Patron', in Chu-tsing Li, ed., *Artists and Patrons*, pp. 139—153 (p.140) 指出，王世贞与苏州文人来往的主要时期始于文徵明谢世后，而王、文二人只在1553年见过一次面。

[35] 周道振将这首诗定为1553年之作，然文徵明的诗题称王世贞为"主事"，而根据Hammond的研究，王世贞在1553年时已是员外郎。关于当作礼物的书法作品（只出现在王世贞的著作），见 Shih Shou-ch'ien, '"Calligraphy as Gift": Wen Cheng-ming's (1470—1559) Calligraphy and the Formation of Soochow Literati Culture', in Cary Y. Liu et al., eds, *Character and Context in Chinese Calligraphy* (Princeton, NJ, 1999), pp. 255—283 (p. 273)。

[36] 文含，《文氏族谱》，1卷，曲石丛书本（苏州，出版年不详），《历世生配卒葬志》，页2b。

[37] 在几个16、17世纪的文学史家眼中，文徵明的长寿对其声望极为重要。见 Jr-lien Tsao, 'Remembering Suzhou: Urbanism in Late Imperial China', unpublished PhD diss., University of California, Berkeley, 1992, pp. 18—21。

[38] 目前关于这个课题的研究成果已颇具规模。最基础的研究见 Frederic Wakeman Jr, *The Great Enterprise: The Manchu Reconstruction of Imperial Order in Seventeenth-century China*, 2 vols (Berkeley, Los Angeles and London, 1985), pp. 87—126, 以及 Shih Shou-ch'ien, 'The Landscape Painting of Frustrated Literati: The Wen Cheng-ming Style in the Sixteenth Century', in Willard J. Peterson et al., ed, *The Power of Culture: Studies in Chinese Cultural History* (Hong Kong, 1994), pp. 218—246。关于王世贞对世风日下的看法，见 Kenneth James Hammond, 'The Decadent Chalice: A Critique of Late Ming Political Culture', *Ming Studies*, XXXIX(1998), pp. 32—49。

[39] 《明史》，卷287，页7361—7362。亦可见《文徵明集》，下，页1616—1618。

[40] Craig Clunas, *Superfluous Things: Material Culture and Social Status in Early Modern China* (Cambridge, 1991), pp. 174—175.

[41] 王穉登，《吴郡丹青志》，页3，收于于安澜编，《画史丛书》，全5册（上海，1982），册4。

[42] Craig Clunas, *Pictures and Visuality in Early Modern China* (London, 1997), pp. 138—148.

[43] 顾炳，《顾氏画谱》，文物出版社影印出版（北京，1983），无页码。

[44] 姜绍书，《无声诗史》，卷2，页27—28，收于于安澜编，《画史丛书》，全5册（上海，1982），册5。

[45] 徐沁，《明画录》，卷3，页40—41，收于于安澜编，《画史丛书》，全5册（上海，1982），册3。

[46] 专务中国绘画的大量著作至今仍多被当作资料利用，而较少被当作文本予以分析，目前尚未出现如 Patricia Rubin, *Giorgio Vasari: Art and History* (New Haven, CT, and London, 1995) 这类著作，甚至也没有像 Ernst Kris 及 Otto Kurz 或 Rudolf Wittkower 及 Margot Wittkower 等人所著，讨论文本如何建构早期现代欧洲艺术家概念的经典著作。

[47] 尤其可见 Wai-kam Ho, 'Tung Ch'i-ch'ang's New Orthodoxy and the Southern School Theory', in Christian F. Murck, ed., *Artists and Traditions: Uses of the Past in Chinese Culture* (Princeton, NJ, 1976), pp. 113—129; Susan E. Nelson, 'Late Ming Views of Yuan Painting', *Artibus Asiae*, XLIV (1983), pp. 200—212。

[48] 郎瑛，《七修类稿》，2册，读书劄记丛刊第二集（台北，1984），上，页373。

[49] 郎瑛，《七修类稿》，下，页662。

[50] 《文徵明集》，下，页1668—1669。关于何良俊，除了 *Dictionary of Ming Biography, 1368—1644*

的条目之外，见 John Meskill, *Gentlemanly Interests and Wealth on the Yangtze Delta,* Association for Asian Studies Monograph and Occasional Paper Series 49 (Ann Arbor, 1994), pp. 34—40。

[51] 《文徵明集》，上，页 472—474。另一方对于此事的看法，见何良俊，《四友斋丛说》，页 130。

[52] 《文徵明集》，下，页 991、1036。

[53] 何良俊，《四友斋丛说》，页 86。

[54] 同上书，页 125。

[55] 例见《文徵明集》，上，页 446、743–751；下，页 818、1386、1437。

[56] Clunas, *Superfluous Things*, pp. 46—49；郭立诚，《赠礼画研究》。

[57] 何良俊，《四友斋丛说》，页 128。

[58] 同上书，页 129。

[59] 同上书，页 130。

[60] 同上书，页 157。

[61] 同上书，页 157—158。

[62] R. B. Mather, *Shih-shuo Hsin-yu: A New Account of Tales of the World* (Minneapolis, MN, 1976).

[63] 李绍文，《皇明世说新语》(台北，1985)，页 57、100、128、184、244、287、342、422、449、476、498。

[64] 王圻，《三才图会》，上海古籍出版社据明万历王思义校正本影印，全 3 册（上海，1988），册 1，页 728。

[65] 关于文徵明在诗赋方面的讨论，见 Jonathan Chaves, '"Meaning beyond the Painting." The Chinese Painter as Poet', in Alfreda Murck and Wen C. Fong, eds, *Words and Images: Chinese Poetry, Painting and Calligraphy* (New York, 1991), pp. 431—458 (pp. 450—458), 及 Jonathan Chaves, *The Chinese Painter as Poet* (New York, 2000)，亦见刘莹，《文徵明诗书画艺术研究》（台北，1995）。

[66] 有关文徵明伪作的出版品，见杨仁恺主编，《中国古今书画真伪图典》（沈阳，1997），页 42—47。

[67] 顾复，《平生壮观》(1692 年序)，卷 5，转引自徐邦达，《古书画伪讹考辨》（南京，1984），第 2 册，页 122。

[68] 同上。

[69] Clunas, *Superfluous Things*, pp. 60—68.

[70] 《佩文斋书画谱》，卷 42，《书家传》，转引自徐邦达，《古书画伪讹考辨》，第 2 册，页 122。

[71] Andrew Plaks, 'Shui-hu chuan and the Sixteenth-century Novel Form: An Interpretive Reappraisal', *Chinese Literature: Essays, Articles Reviews*, II (1980), pp. 3—53(p. 15) 接受詹景凤的说法，认为确有此事，但我在此力持保留意见。

[72] Craig Clunas, 'The Informed Eye：An Authentic Fake Chinese Painting', *Apollo*, CXXI (1990), pp. 177—178.

[73] 例见 Harrist and Fong, eds, *Embodied Image*, pp. 380—399, 98—99。亦见 Thomas Lawton, *Chinese Figure Painting,* Freer Gallery of Art Fiftieth Anniversary Exhibition II (Washington, DC, 1973), pp. 33、51。

[74] 这个争论仍然持续，见 Richard Barnhart, James Cahill, Maxwell Hearn, Stephen Little and Charles

Mason, 'The Tu Chin Correspondence, 1994—1995', *Kaikodo Journal*, V (Autumn 1997), pp. 8—45; Howard Rogers, 'Second Thoughts on Multiple Recensions', *Kaikodo Journal*, V(Autumn 1997), pp. 46—62; Richard Barnhart, 'A Recent Freer Acquisition and the Question of Workshop Practices', *Ars Orientalis*, XXVIII(1998), pp. 81—82; Stephen Little, 'Du Jin's *Enjoying Antiquities*: A Problem in Connoisseurship', in Judith G. Smith and Wen C. Fong, eds, *Issues of Authenticity in Chinese Painting* (New York, 1999), pp. 189—220; Maxwell K. Hearn, 'An Early Ming Example of Multiples: Two Versions of *Elegant Gathering in the Apricot Garden*', in *ibid*., pp. 221—258。

[75] Lothar Ledderose, *Ten Thousand Things: Module and Mass Production in Chinese Art* (Princeton, NJ, 2000), pp. 187—213.

[76] 江兆申,《文徵明与苏州画坛》(台北,1977),页 82; Richard Edwards, *The Art of Wen Cheng-ming(1470—1559)* (Ann Arbor, MI, 1976), pp. 60—63.

[77] 杨新编,《文徵明精品集》,图 18。

[78] 同上书,图 36。

[79] 徐邦达,《古书画伪讹考辨》,第 2 册,页 126—127。

[80] 李日华在 Chu-tsing Li and James C. Y. Watt, eds, *The Chinese Scholar's Studio: Artistic Life in the Late Ming Period* (New York, 1987) 一书中是关键人物。亦见 Craig Clunas, 'The Art Market in 17th Century China: The Evidence of The Li Rihua Diary', in *History of Art and History of Ideas*, I (2003), pp. 201—224, 以及 Craig Clunas, 'Commodity and Context: The Work of Wen Zhengming in the late Ming Art Market', in John M. Rosenfield, ed., *The History of Painting in East Asia: Essays on Scholarly Method* (Taipei, 2008)。日记全文见李日华,《味水轩日记》,宋明清小品文集辑注,第 2 辑,上海远东出版社(上海,1996)。在 Hin-cheung Lovell, *An Annotated Bibliography of Chinese Painting Catalogues and Related Texts,* Michigan Papers in Chinese Studies, 16 (Ann Arbor, MI, 1973) 一书中提到接续《味水轩日记》之后、涵盖 1624—1635 年间的"日记",其实是后来考订的笔记,而非真正逐日的记录。

[81] 李日华,《味水轩日记》,页 417。

[82] Susan E. Nelson, 'Revisiting the Eastern Fence: Tao Qian's Chrysanthemums', *Art Bulletin*, LXXXIII /3 (2001), pp. 437—460.

[83] 李日华,《味水轩日记》,页 454。其他提及文徵明伪作之处,见前引书,页 187、237、340。"戴生"指的是以苏州为根据地的商人戴彛宾。

[84] 关于"夏贾",见 Clunas, 'The Art Market in 17th Century China'。

[85] 李日华,《味水轩日记》,页 61、182。

[86] 李日华,《味水轩日记》,页 54(礼物)、436、518、552(购买)、437、484(典当)。

[87] 李铭皖等修,《苏州府志》,1883 年刊本,中国方志丛书,华中地方,第 5 号,全 6 册(台北,1970),卷 52。

[88] 李日华,《味水轩日记》,页 531。

[89] 同上书,页 219。

[90] 同上书,页 125。文徵明书信被贩售的另一个例子,见《味水轩日记》,页 409。

[91] 同上书,页 58、238、479、484、490。

[92] 李晔，《味水轩日记》，页260、402。前者是文徵明为搭配沈周"落花诗"组所作的图。

[93] Wai-kam Ho and Dawn Ho Delbanco, 'Tung Ch'i-ch'ang and the Transcendence of History and Art', in Wai-kam Ho and Judith G. Smith, eds, *The Century of Tung Ch'i-ch'ang 1555—1636* (Seattle, WA, and Kansas City, MO, 1992), I, pp. 2—41 (pp. 17—18); Xu Bangda, 'Tung Ch'i-ch'ang's Calligraphy', in *ibid.*, I, pp. 104—132 (p. 107). 关于董其昌题文徵明作品的列举，见刘晞仪，《董其昌书画鉴藏题跋年表》，收入《味水轩日记》，II，页487—575（页559）。

后　记

[1] Michael Podro, *The Manifold of Beauty: Theories of Art from Kant to Hildebrand* (Oxford, 1972), pp. 7—35.

[2] 关于此焦虑，见 Alexis Joachimides, 'The Museum's Discourse on Art：The Formation of Curatorial Art History in Turn of the Century Berlin', in Susan A. Crane, ed., *Museums and Memory* (Stanford, CA, 2000), pp. 200—220。

[3] Ludwig Bachhofer, *A Short History of Chinese Art* (London, 1946), p. 127.

[4] James Cahill, *Chinese Painting* (Geneva, 1960), p. 131.

[5] Genevieve Warwick, *The Arts of Collecting: Padre Sebastiano Resta and the Market for Drawings in Early Modern Europe* (Cambridge, 2000), p. 125.

[6] Donald Preziosi, *Rethinking Art History: Meditations on a Coy Science* (New Haven, CT, 1989), p. 31.

[7] Roy Porter, 'Introduction', in Roy Porter, ed., *Rewriting the Self: Histories from the Renaissance to the Present* (London and New York, 1997), pp. 1—14.

[8] Marilyn Strathearn, *The Gender of the Gift: Problems with Women and Problems with Society in Melanesia* (Berkeley, Los Angeles and London, 1988), p. 12.

[9] 去除社会之本位主义（de-parochializing）的工作，可见于一些收录在 Theodore Huters, R. Bin Wong and Pauline Yu, eds., *Culture and State in Chinese History: Conventions, Accommodations and Critiques* (Stanford, CA, 1997) 的文章中。

[10] David L. Hall and Roger T. Ames, *Thinking from the Han: Self, Truth and Transcendence in Chinese and Western Culture* (Albany, NY, 1998), p. 40. Craig Clunas, 'Artist and Subject in Ming Dynasty China', *Proceedings of the British Academy,* CV (2000), pp. 43—72.

参考书目

中、日文参考书目

白谦慎,《十七世纪六十、七十年代山西的学术圈对傅山学术与书法的影响》,收于《美术史研究集刊》,第 5 期(1998),页 183—217

——,《傅山与魏一鳌——清初明遗民与仕清汉族官员关系的个案研究》,收于《美术史研究集刊》,第 3 期(1996),页 95—139

范宜如,《吴中地志书写——以文徵明诗文为主的观察》,收于《中国学术年刊》,第 21 期(2000),页 389—418

故宫博物院,《明代吴门绘画》(香港,1990)

顾炳,《顾氏画谱》,文物出版社影印出版(北京,1983)

广州铁路局广州工务段工人理论组／中山大学中文系汉语专业编,《三字经批注》(广州,1974)

郭立诚,《赠礼画研究》

韩昂,《图绘宝鉴》,收于于安澜编,《画史丛书》,全 5 册(上海,1982),册 2

何良俊,《四友斋丛说》,元明史料笔记丛刊(北京,1983)

侯仁之,《北京历史地图集》(北京,1985)

皇甫汸,《皇甫司勋集》,四库全书,集部 6,别集 5,册 1275(上海,1987)

黄佐,《翰林记》,20 卷,收入《岭南遗书》(1831 年版),第 7—11 本

江兆申,《文徵明与苏州画坛》(台北,1977)

——,《文徵明画系年》(东京,1976)

姜绍书,《无声诗史》,收于于安澜编,《画史丛书》,全 5 册(上海,1982),册 3

金华地区文管会／兰溪县文管会，《兰溪发现文徵明书写的墓志》，《文物》（1980），第10期，页79

郎瑛，《七修类稿》，读书劄记丛刊第二集，2册（台北，1984）

李东阳，《怀麓堂集》，四库全书，集6，别集5，册1250（上海，1987）

李铭皖等修，《苏州府志》，1883年刊本，中国方志丛书，华中地方，第5号，全6册（台北，1970）

李日华，《味水轩日记》，宋明清小品文集辑注，第2辑，上海远东出版社（上海，1996）

李绍文，《皇明世说新语》（台北，1985）

林俊，《见素集》，四库全书，集部196，别集类，册1257（上海，1987）

刘纲纪，《文徵明》，明清中国画大师研究丛书（长春，1996）

刘九庵，《吴门画家之别号图鉴定举例》，收于故宫博物院编，《吴门画派研究》（北京，1993），页35—46

——，《宋元明清书画家传世作品年表》，上海书画出版社（上海，1997）

刘晞仪，《董其昌书画鉴藏题跋年表》，收入 The Century of Tung Ch'i-ch'ang 1555—1636, ed. Wai-kam Ho and Judith G. Smith, 2 vols(Seattle, WA, and London, 1992)，II, pp. 487—575

刘莹，《文徵明诗书画艺术研究》（台北，1995）

陆粲，《庚巳编》，元明史料笔记丛刊（北京，1987）

——，《陆子余集》，四库全书，集部6，别集5，册1274（上海，1987）

毛奇龄，《武宗外纪》，中国历史研究资料丛书（上海，1982）

穆益勤编，《明代院体浙派史料》，上海人民美术出版社（上海，1985）

阮荣春，《沈周》，明清中国画大师研究丛书（长春，1996）

单国强，《"吴门画派"名实辨》，收入故宫博物院编，《吴门画派研究》（北京，1993），页88—95

石守谦，《〈雨余春树图〉与明代中期苏州之送别图》，收于《风格与世变：中国绘画史论集》，美术考古丛刊4（台北，1996），页229—260

——，《嘉靖新政与文徵明画风之转变》，收于《风格与世变：中国绘画史论集》，美术考古丛刊4（台北，1996），页261—298

《书道全集17：中国12元·明》（东京，1956）

苏华萍，《吴县洞庭山明墓出土的文徵明书画》，《文物》，1977年第3期，页65—68

台北故宫博物院编,《吴派画九十年展》(台北,1975)

《明人传记资料索引》,中华书局本(北京,1987)

谭其骧,《中国历史地图集:元—明时期》(上海,1982)

王鏊等修,《姑苏志》,中国史学丛书,2 册(台北,1965)

王圻,《三才图会》,上海古籍出版社据明万历王思义校正本影印,3 册(上海,1988)

王世贞,《明诗评》,4 卷,收于《纪录汇编》,卷 120,第 38 本

王穉登,《吴郡丹青志》,收于于安澜编,《画史丛书》,全 5 册(上海,1982),册 4

文含,《文氏族谱》,1 卷,曲石丛书本(苏州,出版年不详)

文徵明,《甫田集》,35 卷,明代艺术家集汇刊,2 册(台北,1968)

——著,周道振辑校,《文徵明集》,2 册(上海,1987)

吴宽,《家藏集》,四库全书,集 6,别集 5,册 1255(上海,1987)

吴讷,《文章辨体序说》,收于于北山编,《中国古典文学理论批评专著选集》(北京,1962)

萧平,《陈淳》,明清中国画大师研究丛书(长春,1996)

萧燕翼,《有关文徵明辞官的两通书札》,《故宫博物院院刊》,1995 年第 4 期,页 45—50

——,《陆士仁、朱朗伪作文徵明绘画的辨识》,《故宫博物院院刊》,1999 年第 1 期,页 27—35

——,《陆士仁伪作文徵明书法的鉴考》,《故宫博物院院刊》,1997 年第 3 期,页 46—54

徐邦达,《古书画伪讹考辨》,全 4 册(南京,1984)

徐沁,《明画录》,收于于安澜编,《画史丛书》,全 5 册(上海,1982),册 3

徐师曾,《文体明辨序说》,收于于北山编,《中国古典文学理论批评专著选集》(北京,1962)

徐祯卿,《迪功集》,四库全书,集 6,别集 5,册 1268(上海,1987)

——,《新倩籍》,收于《纪录汇编》,卷 121,第 39 本

徐梓,《家训:父祖的叮咛》,中国传统训诲劝诫辑要(北京,1996)

许忠陵,《记"全国重要书画赝品展"的三件作品》,《故宫博物院院刊》,1996 年第 2 期,页 56—60

阎秀卿,《吴郡二科志》,收于《纪录汇编》,卷 121,第 39 本

杨仁恺主编，《中国古今书画真伪图典》（沈阳，1997）

杨新编，《文徵明精品集》（北京，1997）

泽田雅弘，《明代蘇州文氏の姻籍——吳中文苑考察への手掛かり——》，《大东文化大学纪要（人文科学）》，第 22 号（1983），页 55—71

张慧剑，《明清江苏文人年表》（上海，1986）

张鲁泉、博鸿展主编，《故宫藏明清名人书札墨迹选·明代》，2 册（北京，1993）

张廷玉编，《明史》，28 册，中华书局本（北京，1974）

张彦生，《善本碑帖录》，考古学专刊，乙种，第 19 号（北京，1984）

周道振，《文徵明书画简表》（北京，1985）

——编，《文徵明集》，2 册（上海，1987）

周积寅，《"吴门画派"与"明四家"》，收入《吴门画派研究》，故宫博物院编（北京，1993），页 96—103

西文参考书目

Alleton, Viviane, *Les Chinois et la passion des noms* (Paris, 1993)

Appadurai, Arjun, 'Introduction: Commodities and the Politics of Value', in *The Social Life of Things: Commodities in Cultural Perspective*, ed.Arjun Appadurai (Cambridge, 1986), pp. 3—63

Bachhofer, Ludwig, *A Short History of Chinese Art* (London, 1946)

Bai, Qianshen, 'Calligraphy for Negotiating Daily Life：The Case of Fu Shan (1607—1684)', *Asia Major*, 3rd series, XII/1 (1999), pp. 67—126

—, 'Chinese Letters: Private Words Made Public', in *The Embodied Image: Chinese Calligraphy from the John B. Elliott Collection*, ed. Robert E. Harrist Jr and Wen C. Fong (Princeton, NJ, 1999), pp. 380—399

Barlow, Tani, 'Introduction', in *I Myself Am a Woman: Selected Writings of Ding Ling*, ed. Tani Barlow and Gary Bjorge (Boston, MA, 1989), pp. 1—45

Barnhart, Richard, 'A Recent Freer Acquisition and the Question of Workshop Practices', *Ars Orientalis*, XXVIII (1998), pp.81—82

—, 'Rediscovering an Old Theme in Ming Painting', *Orientations*, XXVI/8 (September 1985), pp. 52—61

—, 'The "Wild and Heterodox School" of Ming Painting', in *Theories of the Arts in China,* ed. Susan Bush and Christian Murck (Princeton, NJ, 1983), pp. 365—396

—, *Wintry Forests, Old Trees: Some Landscape Themes in Chinese Painting* (New York, 1972)

Barnhart, Richard, James Cahill, Maxwell Hearn, Stephen Little and Charles Mason, 'The Tu Chin Correspondence, 1994—1995', *Kaikodo Journal,* 5 (Autumn 1997), pp. 8—45

Bauer, Wolfgang, 'The Hidden Hero: Creation and Disintegration of the Ideal of Eremitism', in *Individualism and Holism: Studies in Confucian and Taoist Values,* ed. Donald Munro (Ann Arbor, MI, 1985), pp. 161—164

—, *Der chinesische Personenname: die Bildungsgesetze und hauptsächlichsten Bedeutungsinhalte von Ming, Tzu und Hsiao Ming,* Asiatische Forschungen, 4 (Wiesbaden, 1959)

Bickford, Maggie, 'Three Rams and Three Friends: The Working Lives of Chinese Auspicious Motifs', *Asia Major,* 3rd series, XII/1 (1999), pp. 127—158

Bourdieu, Pierre, *The Logic of Practice* (Cambridge, 1990)

Brook, Timothy, ' Funerary Ritual and the Building of Lineages in Late Imperial China', *Harvard Journal of Asiatic Studies,* XLIX/2 (1989), pp. 465—499

—, *Praying for Power: Buddhism and the Formation of Gentry Society in Late-Ming China* (Cambridge, MA, and London, 1993)

—, *The Confusions of Pleasure: Commerce and Culture in Ming China* (Berkeley, Los Angeles and London, 1998)

Buettner, Brigitte,' Past Presents: New Year's Gifts at the Valois Court, ca. 1400', *Art Bulletin,* LXXXIII/4 (2001), pp. 598—625

Bush, Susan and Hsio-yen Shih, *Early Chinese Texts on Painting* (Cambridge, MA, and London,1985)

Cahill, James, 'Chinese Painting: Innovation after "Progress" Ends', in *China 5 000 Years:Innovation and Transformation in the Arts,* ed. Howard Rogers (New York, 1998), pp.174—192

—, 'Tang Yin and Wen Zhengming as Artist Types: A Reconsideration', *Artibus Asiae,*LIII/1—2 (1993), pp. 228—246

—, *Chinese Painting* (Geneva, 1960)

—, *Parting at the Shore: Chinese Painting of the Early and Middle Ming Dynasty,*

1368—1580 (New York and Tokyo, 1978)

—, *The Painter's Practice: How Artists Lived and Worked in Traditional China* (New York,1994)

Carlitz, Katharine, 'Shrines, Governing-Class Identity and the Cult of Widow Fidelity in Mid- Ming Jiangnan', *Journal of Asian Studies*, LVI (1997), pp. 612—640

Chaves, Jonathan, '"Meaning beyond the Painting" : The Chinese Painter as Poet', in *Words and Images: Chinese Poetry, Painting and Calligraphy*, ed. Alfreda Murck and Wen C.Fong (New York, 1991), pp. 431—458

—, *The Chinese Painter as Poet* (New York, 2000)

Chen, Ping, *Modern Chinese: History and Sociolinguistics* (Cambridge, 1999)

Chiang Chao-shen, 'Tang Yin's Poetry, Painting and Calligraphy in Light of Critical Biographical Events', in *Words and Images: Chinese Poetry, Painting and Calligraphy*, ed.Alfreda Murck and Wen C. Fong (New York, 1991), pp. 459—486

Chou Ju-hsi, 'The Methodology of Reversal in the Study of Wen Cheng-ming', in *Essays in Commemoration of the Golden Jubilee of the Fung Ping Shan Library*, ed. Lai Shu-tim et al. (Hong Kong, 1982), pp. 428—437

Chu Hsi's Family Rituals: A Twelfth-century Chinese Manual for the Performance of Cappings,Weddings, Funerals and Ancestral Rites, trans., with annotation and intro.,Patricia Buckley Ebrey, Princeton Library of Asian Translations (Princeton, NJ, 1991)

Clapp, Anne de Coursey, *The Painting of T'ang Yin* (Chicago and London, 1991)

—, *Wen Cheng-ming: The Ming Artist and Antiquity,* Artibus Asiae Supplementum, 34 (Ascona,1975)

Clunas, Craig, 'Artist and Subject in Ming Dynasty China', *Proceedings of the British Academy*, CV (2000), pp. 43—72

—, 'Commodity and Context: The Work of Wen Zhengming in the Late Ming Art Market', *The History of Painting in East Asia: Essays on Scholarly Method,* ed. John M. Rosenfield (Taipei, 2008), pp. 315—330

—, 'Gifts and Giving in Chinese Art', *Transactions of the Oriental Ceramic Society*,LXII(1997—1998), pp. 1—15

—, 'Text, Representation and Technique in Early Modern China', in *History of Science,History of Text*, ed. Karine Chemla (2005), pp. 107—122

—, 'The Art Market in 17th Century China: The Evidence of the Li Rihua Diary', in *History of Art and History of Ideas*, I (2003), pp. 201—224

—, 'The Informed Eye: An Authentic Fake Chinese Painting', *Apollo*, CXXI (1990), pp. 177—178

—, *Fruitful Sites: Garden Culture in Ming Dynasty China* (London, 1996)

—, *Pictures and Visuality in Early Modern China* (London, 1997)

—, *Superfluous Things: Material Culture and Social Status in Early Modern China* (Cambridge, 1991)

Coblin, W. South, 'A Diachronic Study of Ming Guanhua Phonology', *Monumenta Serica*, XLVIII (2000), pp. 267—335

Dardess, John W., *A Ming Society: T'ai-ho County, Kiangsi, Fourteenth to Seventeenth Centuries* (Berkeley, Los Angeles and London, 1996)

Davis, Natalie Zemon, *The Gift in Sixteenth-century France* (Oxford, 2000)

Dreyer, Edward L., 'Military Origins of Ming China', in *The Cambridge History of China*, VII: *The Ming Dynasty, 1368—1644, Part I*, ed. Frederick W. Mote and Denis Twitchett (Cambridge, 1988), pp. 58—106

Duara, Prasenjit, 'Superscribing Symbols: The Myth of Guandi, Chinese God of War', *Journal of Asian Studies*, XLVII (1988), pp. 778—795

Ebrey, Patricia Buckley, and James L. Watson, eds, *Kinship Organization in Late Imperial China 1000—1940* (Berkeley and London, 1986)

Edwards, Richard, *The Art of Wen Cheng-ming (1470—1559)* (Ann Arbor, MI, 1976) (with an essay by Anne de Coursey Clapp, and special contributions by Ling-yün Shi Liu, Steven D.Owyoung, James Robinson and other seminar members, 1974—1975)

—, *The Field of Stones: A Study of the Art of Shen Chou* (Washington, DC, 1962)

Eight Dynasties of Chinese Painting: The Collections of the Nelson Gallery-Atkins Museum, Kansas City, and the Cleveland Museum of Art, with essays by Wai-kam Ho, Sherman E.Lee, Laurence Sickman and Marc F. Wilson (Cleveland, OH, 1980)

Elman, Benjamin A., 'The Formation of "Dao Learning" as Imperial Ideology during the Early Ming Dynasty', in *Culture and State in Chinese History: Conventions, Accommodations, and Critiques*, ed. Theodore Huters, R. Bin Wong and Pauline Yu (Stanford, CA, 1997), pp.58—82

—, *A Cultural History of Civil Examinations in Late Imperial China* (Berkeley, Los Angeles and London, 2000)

Farrer, Anne, *The Brush Dances and the Ink Sings: Chinese Painting and Calligraphy from the British Museum* (London, 1990)

Findlen, Paula, *Possessing Nature: Museums, Collecting and Scientific Culture in Early Modern Italy* (Berkeley, Los Angeles and London, 1994)

Fisher, Carney T., *The Chosen One: Succession and Adoption in the Court of Ming Shizong* (Sydney, Wellington, London and Boston, 1990)

Fong, Wen, and James C. Y. Watt, eds, *Possessing the Past: Treasures from the Palace Museum, Taipei* (New York, 1996)

Franke, Wolfgang, *An Introduction to the Sources of Ming History* (Kuala Lumpur and Singapore, 1968)

Fu, Marilyn and Shen, *Studies in Connoisseurship: Chinese Paintings from the Arthur M.Sackler Collection in New York and Princeton* (Princeton, NJ, 1973)

Fu, Shen C. Y., 'Huang Ting-chien's Cursive Script and its Influence', in *Words and Images:Chinese Poetry, Painting and Calligraphy*, ed. Alfreda Murck and Wen C. Fong (New York,1991), pp. 107—122

Fuller, Germaine L.,'Spring in Chiang-Nan: Pictorial Imagery and Other Aspects of Expression in Eight Wu School Paintings of a Traditional Literary Subject', PhD diss., University of Chicago, 1984

Furth, Charlotte, *A Flourishing Yin: Gender in China's Medical History* (Berkeley, Los Angeles and London, 1999)

Geiss, James, 'The Cheng-te Reign, 1506—1521', in *The Cambridge History of China,* VII: *The Ming Dynasty, 1368—1644, Part I*, ed. Frederick W. Mote and Denis Twitchett (Cambridge,1988), pp. 403—439

—, 'The Chia-ching Reign, 1522—1566', in *The Cambridge History of China*, VII: *The Ming Dynasty, 1368—1644, Part I*, ed. Frederick W. Mote and Denis Twitchett (Cambridge, 1988), pp. 440—510

Gell, Alfred, *Art and Agency: An Anthropological Theory* (Oxford, 1998)

Goepper, Roger,'Methods for a Formal Analysis of Chinese Calligraphy: Taking Sun Kuo-t'ing's *Shu-p'u* as an Example'

Goldgar, Anne, *Impolite Learning: Conduct and Community in the Republic of*

Letters, 1680—1750 (New Haven, CT, and London, 1995)

Goodrich, Carrington L., ed., *Dictionary of Ming Biography, 1368—1644,* 2 vols (New York and London, 1976)

Goody, Jack, *The Oriental, the Ancient and the Primitive: Systems of Marriage and the Family in the Pre-industrial Societies of Eurasia,* Studies in Literacy, Family, Culture and the State (Cambridge, 1990)

Gott, Ted, '"Silent Messengers" : Odilon Redon's Dedicated Lithographs and the "Politics "of Gift-Giving', *Print Collector's Newsletter*, XIX/3 (1988), pp. 92—101

Hall, David L., and Roger T. Ames, *Thinking from the Han: Self, Truth and Transcendence in Chinese and Western Culture* (Albany, NY, 1998)

Hammond, Kenneth James,' Beyond Archaism: Wang Shizhen and the Legacy of the Northern Song', *Ming Studies*, XXXVI (1996), pp. 6—28

—, 'The Decadent Chalice: A Critique of Late Ming Political Culture', *Ming Studies*, XXXIX(1998), pp. 32—49

Harrist, Robert E., Jr. and Wen C. Fong, eds, *The Embodied Image: Chinese Calligraphy from the John B. Elliot Collection* (Princeton, NJ, 1999)

Hay, Jonathan, *Shitao: Painting and Modernity in Early Qing China*, Res Monographs on Anthropology and Aesthetics (Cambridge, 2001)

Hazelton, Keith, *A Synchronic Chinese-Western Daily calendar 1341—1661 AD*, Ming Studies Research Series, I (Minneapolis, MN, 1984)

Hearn, Maxwell K.,'An Early Ming Example of Multiples : Two Versions of *Elegant Gathering in the Apricot Garden*', in *Issues of Authenticity in Chinese Painting,* ed. Judith G.Smith and Wen C. Fong (New York, 1999), pp. 221—258

Ho, Chuan-hsing,'Ming Dynasty Soochow and the Golden Age of Literati Culture', in *The Embodied Image: Chinese Calligraphy from the John B. Elliot Collection,* ed. Robert E.Harrist Jr and Wen C. Fong (Princeton, NJ, 1999), pp. 320—341

Ho, Wai-kam, 'Tung Chi'i-ch'ang's New Orthodoxy and the Southern School Theory', in *Artists and Traditions: Uses of the Past in Chinese Culture*, ed. Christian F. Murck (Princeton, NJ,1976)

Ho, Wai-kam, and Dawn Ho Delbanco, 'Tung Ch'i-ch'ang and the Transcendence of History and Art', in *The Century of Tung Ch'i-ch'ang 1555—1636*, ed. Wai-kam Ho and Judith G. Smith, 2 vols (Seattle, WA, and Kansas City, MO, 1992), I, pp. 2—41

Hucker, Charles O., 'Ming Government', in *The Cambridge History of China,* VIII: *The Ming Dynasty, 1368—1644, Part II*, ed. Frederick W. Mote and Denis Twitchett (Cambridge,1998), pp. 9—105

—, *A Dictionary of Official Titles in Imperial China* (Stanford, CA, 1985)

Huters, Theodore, R. Bin Wong and Pauline Yu, eds, *Culture and State in Chinese History:Conventions, Accommodations and Critiques* (Stanford, CA, 1997)

Hyland, Alice R. M., 'Wen Chia and Suchou Literati', in *Artists and Patrons: Some Social and Economic Aspects of Chinese Painting,* ed. Chu-tsing Li (Lawrence, KS, 1989), pp. 127—138

I Ching, or Book of Changes, trans. Cary F. Baynes after Richard Wilhelm, foreword by C. G.Jung (London, 1968)

Ishida, Hou-mei Sung,'Wang Fu and the Formation of the Wu School', PhD diss., Case Western Reserve University, 1984

Joachimides, Alexis,'The Museum's Discourse on Art: The Formation of Curatorial Art History in Turn of the Century Berlin', in *Museums and Memory,* ed. Susan A. Crane (Stanford, CA, 2000), pp. 200—220

Kao, Mayching, ed., *Paintings of the Ming Dynasty from the Palace Museum* (Hong Kong,1988)

Katz, Paul R., *Images of the Immortal: The Cult of Lü Dongbin at the Palace of Eternal Joy* (Honolulu, 1999)

Kipnis, Andrew B., *Producing Guanxi: Sentiment, Self and Subculture in a North China Village* (Durham, NC, and London, 1997)

Kotzenberg, Heike, *Bild und Aufschrift in der Malerei Chinas: Unter besonder Berücksichtigung der Literatenmaler der Ming-Zeit T'ang Yin, Wen Cheng-ming und Shen Chou* (Wiesbaden 1981)

Kraus, Richard Kurt, *Brushes with Power: Modern Politics and the Chinese Art of Calligraphy* (Berkeley, Los Angeles and London, 1991)

Kuo, Jason Chi-sheng, 'Huichou Merchants as Art Patrons in the Late Sixteenth and Early Seventeenth Centuries', in *Artists and Patrons: Some Social and Economic Aspects of Chinese Painting*, ed. Chu-tsing Li (Lawrence, KS, 1989), pp. 177—188

Kutcher, Norman, 'The Fifth Relationship: Dangerous Friendships in the Confucian Context', *American Historical Review*, CV (December 2000), pp. 1615—1629

Laing, Ellen Johnston, 'Ch'iu Ying's Three Patrons', *Ming Studies*, VIII (Spring 1979), pp.49—56

—, 'Five Early Paintings by Ch'iu Ying', 《台湾大学美术史研究集刊》, 4 (1997), 页 223—251

—, 'Problems in Reconstructing the Life of Qiu Ying', *Ars Orientalis,* XXIX (1999), pp.70—89

—, 'Women Painters in Traditional China', in *Flowering in the Shadows: Women in the History of Chinese and Japanese Painting*, ed. Marsha Weidner (Honolulu, 1990), pp.81—101

Lawton, Thomas, *Chinese Figure Painting*, Freer Gallery of Art Fiftieth Anniversary Exhibition, II (Washington, DC, 1973)

Ledderose, Lothar, *Ten Thousand Things: Module and Mass Production in Chinese Art*(Princeton, NJ, 2000)

Legge, James, trans., *The Chinese Classics, in Five Volumes,* IV*: The She King*, 2nd edn (Hong Kong, 1960)

—, *The Sacred Books of China: The Texts of Confucianism, Part III: The Li Ki, I-X* (Oxford,1885)

Li, Chu-Tsing, and James C.Y. Watt, eds, *The Chinese Scholar's Studio: Artistic Life in the Late Ming Period* (New York, 1987)

Little, Stephen with Shawn Eichman ed., *Taoism in the Arts of China* (Chicago, 2000)

Little, Stephen, '*Enjoying Antiquities*: A Problem in Connoisseurship' , in *Issues of Authenticity in Chinese Painting*, ed. Judith G. Smith and Wen C. Fong (New York, 1999), pp. 189—220

Lovell, Hin-cheung, *An Annotated Bibliography of Chinese Painting Catalogues and Related Texts*, Michigan Papers in Chinese Studies, 16 (Ann Arbor, 1973)

Lowry, Kathryn, 'Three Ways to Read a Love Letter in the Late Ming', *Ming Studies*, XLIV(2001), pp. 48—77

Mair, Victor, 'Scroll Presentation in the T'ang Dynasty', *Harvard Journal of Asiatic Studies*, XXXVIII/1 (1978), pp. 35—60

Marmé, Michael, 'Heaven on Earth: The Rise of Suzhou, 1127—1550', in *Cities of Jiangnan in Late Imperial China,* ed. Linda Cooke Johnson (Albany, NY, 1993), pp. 17—46

—, 'Population and Possibility in Ming (1368—1644) Suzhou: A Quantified Model', *Ming Studies*, XII (Spring 1981), pp. 29—64

Mather, R. B., *Shih-shuo Hsin-yu: A New Account of Tales of the World* (Minneapolis, MN,1976)

Mauss, Marcel, *The Gift: Forms and Function of Exchange in Archaic Societies,* intro. E. E.Evans-Pritchard (New York, 1967)

McDermott, Joseph P., 'Bondservants in the T'ai-hu Basin during the Late Ming: A Case of Mistaken Identities', *Journal of Asian Studies*, XL/4 (1981), pp. 675—701

—, 'Friendship and its Friends in the Late Ming', 收于《近世家族与政治比较历史论文集》(台北，1992)，上册，页 67—96

—, 'The Art of Making a Living in Sixteenth Century China', *Kaikodo Journal*, V (Autumn 1997), pp. 63—81

Merrill, Alice Rosemary, 'Wen Chia (1501—1583): Derivation and Innovation', PhD diss.,University of Michigan, 1981

Meskill, John, *Gentlemanly Interests and Wealth on the Yangtze Delta*, Association for Asian Studies Monograph and Occasional Paper Series, 49 (Ann Arbor, MI, 1994)

Moore, Oliver, 'The Ceremony of Gratitude', in *State and Court Ritual in China,* ed. Joseph P.McDermott, University of Cambridge Oriental Publications, 54 (Cambridge, 1999), pp.197—236

Mote, Frederick W.,'A Millennium of Chinese Urban History: Form, Time, and Space Concepts in Soochow', *Rice University Studies*, LIX/4 (1973), pp. 35—65

Muller, Deborah Del Gais, 'Hsia Wen-yen and his "Tu-hui pao-chien" (Precious Mirror of Painting)', *Ars Orientalis*, XVIII (1988), pp. 31—50

Nagel, Alexander, 'Gifts for Michelangelo and Vittoria Colonna', *Art Bulletin*, LXXIX (1997), pp. 647—668

Naquin, Susan, *Peking: Temples and City Life, 1400—1900* (Berkeley, Los Angeles and London, 2000)

Needham, Joseph, and Tsien Tsuen-hsuin, *Science and Civilization in China, v: Chemistry and Chemical Technology, Part I, Paper and Printing* (Cambridge, 1985)

Nelson, Susan E.,'Late Ming Views of Yuan Painting', *Artibus Asiae*, XLIV (1983), pp. 200—212

—, 'Revisiting the Eastern Fence: Tao Qian's Chrysanthemums', *Art Bulletin*,

LXXXIII/3(2001),pp. 437—460

Nussdorfer, Laurie, *Civic Politics in the Rome of Urban VIII* (Princeton, NJ, 1992)

Owyoung, Steven D., 'The Formation of the Family Collection of Huang Tz'u and Huang Lin', in *Artists and Patrons: Some Social and Economic Aspects of Chinese Painting*, ed. Chu-tsing Li (Lawrence, KS, 1989), pp. 101—126

Peterson, Willard, 'Confucian Learning in Late Ming Thought', in *The Cambridge History of China*, VIII: *The Ming Dynasty, 1368—1644, Part II*, ed. Frederick W. Mote and Denis Twitchett (Cambridge, 1998), pp. 708—788

Phillips, Quitman E., *The Practices of Painting in Japan, 1475—1500* (Stanford, CA, 2000)

Plaks, Andrew, '*Shui-hu chuan* and the Sixteenth-century Novel Form: An Interpretive Reappraisal', *Chinese Literature: Essays, Articles, Reviews*, II (1980), pp. 3—53

—, 'The Prose of Our Time', in *The Power of Culture: Studies in Chinese Cultural History*, ed. Willard J. Peterson et al. (Hong Kong, 1994), pp. 206—217

Podro, Michael, *The Manifold of Beauty: Theories of Art from Kant to Hildebrand* (Oxford, 1972)

Porter, Roy, 'Introduction', in *Rewriting the Self: Histories from the Renaissance to the Present*, ed. Roy Porter (London and New York, 1997), pp. 1—14

Preziosi, Donald, *Rethinking Art History: Meditations on a Coy Science* (New Haven, CT, 1989)

Riely, Celia Carrington, 'Tung Ch'i-ch'ang's Life (1555—1636)', in *The Century of Tung Ch'i-ch'ang 1555—1636*, ed. Wai-kam Ho and Judith G. Smith, 2 vols (Seattle, WA, and Kansas City, MO, 1992), I, pp. 387—457

Robson, James, 'The Polymorphous Spaces of the Southern Marchmount', *Cahiers d'Extrême-Asie*, VIII (1995), pp. 221—264

Rodger, N.A.M., *The Wooden World: An Anatomy of the Georgian Navy* (London, 1988)

Rogers, Howard, 'Second Thoughts on Multiple Recensions', *Kaikodo Journal*, V (Autumn 1997), pp. 46—62

Rogers, Howard, and Sherman E. Lee, *Masterworks of Ming and Qing Painting from the Forbidden City* (Lansdale, PA, 1988)

Screech, Timon, *The Shogun's Painted Culture: Fear and Creativity in the Japanese*

States 1760—1829 (London, 2000)

Sensabaugh, David, 'Guests at Jade Mountain: Aspects of Patronage in Fourteenth Century K'un-shan', in *Artists and Patrons: Some Social and Economic Aspects of Chinese Painting,* ed.Chu-tsing Li (Lawrence, KS, 1989), pp. 93—100

Shih, Shou-ch'ien, 'Calligraphy as Gift: Wen Cheng-ming's (1470—1559) Calligraphy and the Formation of Soochow Literati Culture', in *Character and Context in Chinese Calligraphy*, ed. Cary Y. Liu et al. (Princeton, NJ, 1999), pp. 255—283

—, 'The Landscape Painting of Frustrated Literati: The Wen Cheng-ming Style in the Sixteenth Century', in *The Power of Culture: Studies in Chinese Cultural History*, ed. Willard J. Peterson et al. (Hong Kong, 1994), pp. 218—246

Sickman, Laurence, and Alexander Soper, *The Art and Architecture of China,* Pelican History of Art (Harmondsworth, 1956)

Silbergeld, Jerome, with Gong Jisui, *Contradictions: Artistic Life, the Socialist State, and the Chinese Painter Li Huasheng* (Seattle, WA, and London, 1993)

Spence, Jonathan D., 'A Painter's Circles'(1967), in *Chinese Roundabout* (New York and London, 1993)

Strathearn, Marilyn, *The Gender of the Gift: Problems with Women and Problems with Society in Melanesia* (Berkeley, Los Angles, and London, 1988)

Thomas, Nicolas, *Entangled Objects: Exchange, Material Culture and Colonialism in the Pacific* (Cambridge, MA, and London, 1991)

Tsai, Shi-sban Henry, *The Eunuchs in the Ming Dynasty* (Albany, NY, 1996)

Tsao, Jr-lien,'Remembering Suzhou: Urbanism in Late Imperial China', PhD diss., University of California, Berkeley, 1992

Tseng Yu-ho, '"The Seven Junipers" of Wen Cheng-ming', *Archives of the Asian Art Society of America*, VIII (1954), pp. 22—30

Vervoorn, Aat, *Men of the Cliffs and Caves: The Development of the Chinese Eremitic Traditions to the End of the Han Dynasty* (Hong Kong, 1990)

Vitiello, Giovanni, ' Exemplary Sodomites: Chivalry and Love in Late Ming Culture', *Nan Nü*,II/2 (2000), pp. 207—257

Wakeman, Frederic, Jr., *The Great Enterprise: The Manchu Reconstruction of Imperial Order in Seventeenth Century China,* 2 vols (Berkeley, Los Angeles and London, 1985)

Waltner, Ann, *Getting an Heir: Adoption and the Construction of Kinship in Late Imperial China* (Honolulu, 1990)

Wang Fangyu and Richard M. Barnhart, *Master of the Lotus Garden: The Life and Art of Bada Shanren (1626—1705)* (New Haven, CT, and London, 1990)

Wang Shiqing, 'Tung Chi'-ch'ang's Circle', in *The Century of Tung Chi'-ch'ang 1555—1636*, ed. Wai-kam Ho and Judith G. Smith, 2 vols (Seattle, WA, and Kansas City, MO, 1992), II, pp.459—483

Warwick, Genevieve, 'Gift Exchange and Art Collecting: Padre Sebastiano Resta's Drawing Albums', *Art Bulletin*, LXXIX (1997), pp. 630—646

—, *The Arts of Collecting: Padre Sebastiano Resta and the Market for Drawings in Early Modern Europe* (Cambridge, 2000)

Weiner, Annette B., *Inalienable Possessions: The Paradox of Keeping-While-Giving* (Berkeley, Los Angeles and London, 1992)

Weitz, Ankeney, 'Notes on the Early Yuan Antique Art Market in Hangzhou', *Ars Orientalis*, XXVII (1997), pp. 27—38

Wilson, Marc, and Kwan S. Wong, *Friends of Wen Cheng-ming: A View from the Crawford Collection* (New York, 1974)

Wong, Kwan S., 'Hsiang Yüan-pien and Suchou Artists', in *Artists and Patrons: Some Social and Economic Aspects of Chinese Painting*, ed. Chu-tsing Li (Lawrence, KS, 1989), pp.155—158

Wu, Marshall P. S., *The Orchid Pavilion Gathering: Chinese Painting from the University of Michigan Museum of Art*, 2 vols (Ann Arbor, MI, 2000)

Wu, Pei-yi, *The Confucian's Progress: Autobiographical Writing in Traditional China* (Princeton, NJ, 1990)

Xu Bangda, 'Tung Ch'i-ch'ang's Calligraphy', in *The Century of Tung Ch'i-ch'ang 1555—1636,* ed. Wai-kam Ho and Judith G. Smith, 2 vols (Seattle, WA, and Kansas City, MO,1992), I, pp. 104—132

Xu, Yinong, *The Chinese City in Time and Space: The Development of Urban Form in Suzhou* (Honolulu, 2000)

Yan, Yunxiang, *The Flow of Gifts: Reciprocity and Social Networks in a Chinese Village* (Stanford, CA, 1996)

Yang, Lien-sheng,'The Concept of "Pao" as a Basis for Social Relations in China', in *Chinese Thought and Institutions*, ed. John K. Fairbank (Chicago and London, 1957), pp.291—309

Yang, Mayfair Meihui, *Gifts, Favors, and Banquets: The Art of Social Relationships in China* (Ithaca, NY, and London, 1994)

Yoshikawa Kōjirō, *Five Hundred Years of Chinese Poetry, 1150—1650*, trans. Timothy Wixted, Princeton Library of Asian Translations (Princeton, NJ, 1989)

Yu, Pauline, Peter Bol, Stephen Owen and Willard Peterson, eds, *Ways with Words: Writing about Reading Texts from Early China* (Berkeley, Los Angeles and London, 2000)

Yuhas, Louise, 'The Landscape Art of Lu Chih, 1494—1576', PhD diss., University of Michigan, 1979

—, 'Wang Shih-Chen as Patron', in *Artists and Patrons: Some Social and Economic Aspects of Chinese Paintings*, ed. Chu-tsing Li (Lawrence, KS, 1989), pp. 139—153

Zeitlin, Judith, 'The Petrified Heart: Obsession in Chinese Literature, Art and Medicine', *Late Imperial China*, XII/1 (1991), pp. 1—26

Zito, Angela, and Tani Barlow, eds, *Body, Subject and Power in China* (Chicago, 1994)

图版目录

图 1	董其昌	《项元汴墓志铭》（局部）	IX
图 2	文徵明	《千字文》（局部）	X
图 3	文徵明	《古柏图》	XI
图 4	沈周	《杖藜远眺》	11
图 5	夏昶	《湘江春雨图》（局部）	16
图 6	文徵明	《致岳父吴愈札》	19
图 7	文徵明	《仿李营丘寒林图》	22
图 8	文徵明	《湘君湘夫人图》	24
图 9	文徵明	《风雨孤舟》 出自《沈石田文徵明山水合卷》	30
图 10	沈周	《庐山高》	33
图 11	沈周	《落花图并诗》（局部）（附文徵明题跋）	36
图 12	唐寅	《落花诗》（局部）	37
图 13	唐寅	《贺王鏊六十寿》	39
图 14	文徵明	《繁香坞》（《拙政园图册》）	46
图 15	文徵明	《繁香坞》（《拙政园图册》）	46
图 16	文徵明	《天平记游图》	57
图 17	徐祯卿等（书）、仇英（画）《募驴图》第三段局部		58
图 18	"认捐连署名单"徐祯卿等（书）、仇英（画）《募驴图》第五段		58
图 19	祝允明	《蜀道难》（局部）	59
图 20	文徵明	《松阴高隐》	61
图 21	文徵明	《东林避暑图》（局部）	62
图 22	文徵明	《溪山深雪图》	65
图 23	文徵明	《江南春》	67
图 24	文徵明	《云山图》（局部）	71
图 25	佚名	《顾璘像》	72
图 26	佚名	《明世宗（1522—1566 年在位）坐像》	84
图 27	文徵明	《付彭嘉二儿家书》（局部）	86
图 28	文徵明	《剑浦春云图》	87

图 29	文徵明	《深翠轩图》	89
图 30	文徵明	《燕山春色》	97
图 31	文徵明	《乔林煮茗》	98
图 32	文徵明	《劝农图》	99
图 33	文徵明	《西苑诗》（局部）	100
图 34	文徵明	《太液池诗》	101
图 35	文徵明	《赐长命彩缕诗》	101
图 36	文徵明	《楼居图》	102
图 37	文徵明	《过庭复语十节》（局部）	103
图 38	文徵明	《兰亭修禊图》（局部）	104
图 39	文徵明	《江南春》（局部）	111
图 40	《苏州府境图》 出自王鏊（编）《姑苏志》		112
图 41	文徵明	《虞山七星桧》	114
图 42	文徵明	《茶事图》	121
图 43	文徵明	《天平记游图》	121
图 44	文徵明	《治平山寺图》	122
图 45	文徵明	《停云馆言别图》	124
图 46	文徵明	《真赏斋图》（局部）	125
图 47	唐寅	《毅庵图》（局部）	126
图 48	文徵明	《存菊图》（仿本）	126
图 49	文徵明	《洛原草堂图》（局部）	127
图 50	文徵明	《东园图》（局部）	127
图 51	文徵明	《浒溪草堂图》（局部）	128
图 52	文徵明书	《唐龙墓志铭》	140
图 53	文徵明	《永锡难老图》	141
图 54	文徵明	《疏林浅水图》（局部）	142
图 55	文徵明	《山水图》	144
图 56	文徵明	《柏石流泉图》	147
图 57	文徵明	《雨余春树图》	150
图 58	文徵明	《猗兰室图》（局部）	151
图 59	文徵明	《蘂桂斋图》（局部）	152
图 60	文徵明	《兰竹石图》	153
图 61	文徵明	《山水树石册》	152
图 62	文徵明	《秋山图》（局部）	154
图 63	文徵明	《四体千字文》（局部）	154
图 64	文徵明	《清阴试茗图》	155
图 65	文徵明	《心经》	155
图 66	文徵明	《西斋话旧图》	160

图 67	文徵明	《书陆机〈文赋〉》卷尾	161
图 68	钱榖	《驻节听歌图》	161
图 69	文徵明	《玉兰图》（局部）	162
图 70	文徵明	《致华云谢札》（附信封）	162
图 71	《真赏斋帖》中摹王羲之书帖		164
图 72	《淳化阁帖》中摹王羲之书帖		164
图 73	文徵明	《真赏斋铭》	166
图 74	文徵明	《袁安卧雪图》	168
图 75	文徵明	《红杏湖石图》	170
图 76	陈道复	《致文徵明书札》起首部分	173
图 77	文徵明	《松壑飞泉》	177
图 78	文徵明	《关山积雪图》（局部）	178
图 79	王献之	《地黄汤帖》（摹本）	180
图 80	文徵明	《画竹册》（局部）	180
图 81	文徵明	《疏林茆屋图》	181
图 82	文徵明	《林榭煎茶图》	182
图 83	文徵明	《兰石图》	183
图 84	文徵明	《品茶图》	184
图 85	朱朗	《赤壁图》（局部）	188
图 86	文徵明	《中庭步月图》	189
图 87	仇英	《桃花源图》	191
图 88	文徵明	《书画》	193
图 89	赵孟頫	《水村图》（局部）	197
图 90	文徵明	《小楷黄庭经》 出自《停云馆帖》	199
图 91	文嘉	《先君行略》 出自《甫田集》	200
图 92	仿文徵明画法 出自《顾氏画谱》		208
图 93	《文衡山像》 出自《三才图会》		213
图 94	李昭道	伪款《山中访友》	217
图 95	文徵明	《绿阴清话》	218
图 96	文徵明	《松石高士图》	219
图 97	王守仁	《与郑邦瑞尺牍》（局部）	221
图 98	文徵明	《山水》	222
地图	明代中国东部		85
地图	明代长江三角洲地区		108

人名索引

简写书目对照

DMB: L. Carrington Goodrich, ed., *Dictionary of Ming Biography, 1368—1644*, 2 vols (New York and London, 1976)

《明传》:《明人传记资料索引》,中华书局本(北京,1987)

以下人物主要系根据其与文徵明的关系而标示注记。除非在 *DMB* 中有列出独立条目,或事迹仅在 *DMB* 中散见者,才标示 *DMB* 的条目;其余则提供《明传》的参考资料。

八大山人(1626—1705),清画家 142

白居易(772—846),唐诗人 159

白悦(1498—1551:《明传》114),《洛原草堂图》(1529)受画者 图49,130

半云,僧人,受信人,《重修大云庵碑》(约1548)委托人 123,146

卜益泉,受画者 220

蔡清(1453—1508:《明传》811),官员 241

蔡羽(约1470前—1541:《明传》810-811),友人、诗画(《溪山深雪图》,1517)受赠者、墓志传主 63,64,图22,75,80,86,120,123,174,176,244,245

柴奇(1470—1542:《明传》367),官员 86,87

朝舜,《猗兰室图》(1529)受赠者 151,图58

陈瑶(1534年殁:《明传》602),武官、文林之友、受信人 6

陈宠,业医、《陈氏家乘序》委托人 128

陈道复,又名陈淳(1483—1544:*DMB* 179—180),弟子、书画家 42,118,171,172,图76,175,179,205,244,258,259

陈湖,陈道复亲戚 172

陈继(1370—1434:《明传》607),学者、陈宽之父 32,119

陈宽(*DMB* 164),学者、沈周之师 图10,32,34,119,148

陈琳(1496年进士:《明传》591),教育官员、受文者 81,83,245

陈冕（约 1472—1542），墓志传主 112

陈汝言（约 1331—1371；*DMB* 163—165），学者、陈继之父 119, 195, 252

陈一德，书作受赠者 99, 图 37

陈沂（1469—1538；《明传》578），同僚、诗画受赠者 74, 95

陈钥（1463—1516），受诗者、墓志传主 71, 73

程大伦，作伪者 214

戴穉宾（活动于 17 世纪初），古董商 220, 266

戴冠（1442—1512；《明传》915），传主 245

狄谦，仆人 190

鼎怀古，《瑞光寺兴修记》委托人 123

董其昌（1555—1636；《明传》735），官员、作家、书画家 图 1, XVII, 109, 139, 209, 223, 250, 267

董淞，《募驴图》认捐者 图 18, 59

董宜阳（1511—1572；《明传》735），信件、画作受赠者 129, 145

董源（962 年殁），五代画家 209, 223

都穆（1459—1525；*DMB* 1322—1323），友人、官员、诗文受赠者 52, 53, 54, 64, 69, 119, 120, 201, 245, 261

杜瑶（1481—1531），墓志传主 80, 125

杜琼（1396—1474；*DMB* 1321—1322），官员、作家、画家 56

范蠡，古吴国英雄 172

范庆，苏州知府 110

方策，僧人 123

方豪（1508 年进士；《明传》15），官员 86

方质夫，友人 241

丰熙（1470—1537；《明传》921），官员 92, 248

夫差，古吴国君王 117

傅山（1607—1684），书家 XIV, 232, 269

高第（1496 年进士；《明传》390），长洲知县 82, 114

高克恭（1248—1310），元画家 17

顾璘（1476—1545；《明传》957—958），诗文受赠者、墓志传主 图 25, 73, 74, 80, 96, 210, 211

顾从德，家传传主之夫 138

顾从义（1523—1588；《明传》954），学者、作家 254

顾德辉（1310—1369），元赞助者及收藏家 119, 252

顾定芳（1489—1554；《明传》952），御医 254

顾况（? 757—约 814），唐画家 111

顾兰，主、受信人 69, 70, 71, 243, 245, 262

顾履方（1497—1546），墓志传主 245

顾潜（1471—1534；《明传》956—957），受诗者 18, 19, 237, 246

顾右（1461—1538），亲戚、墓志传主 26

管道昇（1262—1319），元画家 18

贯泉，官员、受信人 100

桂萼（1531 年殁；*DMB* 756—759），官员 91, 93, 96

郭忠恕（约? 920—977），五代画家 195

韩昂（活动于约 1519 年），作家 18, 237, 269

韩愈（768—824），唐代文学家 42

杭济（1452—1534；《明传》300），官员、诗人 43

杭濂，受诗者、传主 43, 44

杭允卿，杭濂之弟，《大川遗稿序》委托人 43

何鏊（1497—1559；《明传》277—278），官员、神道碑委托人 135

何景明（1483—1521；*DMB* 510—513），诗人 120

何良俊（1506—1573；*DMB* 515—518），作家、诗文受赠者 47, 105, 193, 194, 210, 211, 212, 239, 240, 243, 248, 249, 250, 254, 262, 264, 265, 269

何孟春（1474—1536；《明传》271），官员、庇主、受诗者 90, 91, 92, 247, 248

何昭（1460—1535；《明传》278），神道碑传主 135, 246

阖闾，古吴国君王 117

贺府，长洲知县 99

胡师闵，作伪者 214

华珵（1438—1514：《明传》672—673），传主 158, 245, 256

华宝，华家先祖 157, 158, 168

华基（约1464—1517），墓碑文传主 157

华金（1479—1556：《明传》671），志略传主 157

华麟祥（1464—1542），墓碑文传主 159, 245, 247

华钦（1474—1554），墓志传主 26, 165

华时祯，诗、信受赠者 89, 157

华燧（1439—1513：DMB 647—649）157

华夏（约1498年生：DMB 1473），《真赏斋图》（1549）及文、题跋受赠者 52, 图 46, 129, 158, 163, 165, 166, 198

华云（1488—1560：《明传》673），画、文及题跋受赠者 158, 159, 图 66, 图 68, 图 69, 图 70, 163, 166, 257

华钟（约1456—1533），墓志传主 157

怀素（活动于约730—780年），唐书家 197

怀雪，受信人 145

皇甫汸（1503—1582：DMB 656—659），赠文徵明文作者 137, 195, 262, 269

黄公望（1269—1354），元画家 209, 223

黄昊（1518年殁），墓志传主 136

黄庭坚（1045—1105），宋文人、书家 165

黄云（《明传》658），友人、诗画（《云山图》）受赠者 70, 71, 图 24, 243

黄佐（1490—1566：DMB 669—672），同僚、文徵明墓志作者 95, 199, 201, 203, 204, 205, 248, 263, 269

惠崇（约965—1107），宋画家 111

江彬（1521年殁：DMB 230—233），武官 90

江参（约1090—1138），宋画家 195

姜绍书，清作家 207, 236, 264, 269

金献民（《明传》311），官员、庇主 90

荆浩（活动于约880—940年），五代画家 223

居节，弟子、代笔 171, 187

柯九思（1290—1343），元画家 119, 195

濑石，《雨余春树图》（1507）受赠者 图 57, 151, 171

郎瑛（活动于16世纪），作家 209, 210, 264, 270

李白（701—762），唐诗人 53

李成（919—967），五代画家 21, 图 7, 23, 196, 223

李充嗣（1462—1528：《明传》195），官员、庇主 83, 84, 87, 90, 213

李东阳（1447—1516：DMB 877—881），官员、文徵明之母的墓志铭作者 4, 13, 15, 36, 38, 49, 235, 241, 247, 270

李公麟（1049—1105 或 1106），宋画家 195, 209

李华生（1944年生），画家 XIV

李梦阳（1473—1530）：DMB 841—845），官员、作家 49, 85, 120

李日华（1565—1635：DMB 826—830），官员、作家 216, 220, 221, 223, 266, 267, 270

李绍文（活动于16世纪），作家 212, 265, 270

李思训（651—716），唐画家 223

李唐（约1050—1130年），宋画家 111, 195, 209, 223

李应祯（1431—1493：《明传》227），书法老师、诗及跋文中人物 28, 29, 31, 38, 55, 59, 128, 165, 196, 198, 201, 251

李瀺（1455—1519），诗画受赠者、墓志传主 53, 245

李昭道（活动于约670—730年），唐画家 图 94

李子成，《仿李营丘寒林图》（1543）受赠者 21, 图 7, 112, 149, 237

练川，官员、受信人 100

梁灏，屡试不第的宋人 80

廖鹏（活动于约1506—1521年），宠臣 13

林俊（1452—1527：《明传》293），官员、庇主 49, 83, 84, 85, 88, 89, 90, 91, 92, 93, 139, 210, 213, 247, 270

林世远，苏州知府 40, 220

林庭昂（1472—1541：《明传》294），苏州知府 82

林僖，受画者 83

刘大夏（1436—1516：DMB 958—962），官员、文森之庇主 13, 15

刘鹤城，知府、纪文受赠者 119

刘瑾（1510年殁：DMB 941—945），宦官，宠臣 13, 15, 18, 19, 20, 37, 40, 49, 81, 83, 246, 247, 249

刘麟（1474—1561：《明传》860），同僚、文及画（《楼居图》，1543）受赠者 96, 图 36

刘稺孙，侄女婿、受画者 44, 120

刘协中，受诗者、刘稺孙之父 43, 44, 120

刘缨（1442—1523：《明传》860），诗、记受赠者、行状传主 47, 246

卢鸿（活动于713—742年），唐画家 223

卢煦，墓碑传主 80

陆安道，题文徵明画 图 3, 185

陆粲（1494—1551：DMB 758），赠文徵明文 195, 262, 270

陆龟蒙（约881年殁），唐作家 118

陆焕（1484—1555），寿葬铭传主 245

陆机（261—303），南朝作家 159, 图 67

陆容（1436—1497：《明传》567），诗中人物 29, 38, 251

陆伸（1508年进士：《明传》566），襟兄 20, 237

陆师道（1511—1574：《明传》567），友人、画（《品茶图》，1531）、诗、信受赠者 171, 185, 图 84, 186, 205, 214

陆士仁（活动于16世纪），画家、陆师道之子 185, 214, 260, 261, 271

陆世明，官员、受文者 80, 241, 245

陆廷玉，《贤母颂》传主之夫 185

陆完（1458—1526：《明传》566），官员 50

陆之箕，外甥 179

陆治（1496—1576：DMB 990—991），弟子、画家 171, 175, 186, 220, 254, 261

陆子冈，玉匠 215

吕㦂（1449—1511：《明传》262），官员、诗中人物、行状传主 28, 35, 36, 37, 38, 80, 83, 251

罗玘（1447—1519：《明传》935），官员 241

马和之（约1190年殁），宋画家 195

马汝骥（1493-1543：《明传》410），同僚、赠文徵明文作者 95

马扬，苏州知府 105

毛珵（1452—1533：《明传》92），行状传主 26

毛澄，官员 92

毛锡畴，受信人 145

毛锡朋，远亲 26, 144

米芾（1051—1107），宋书画家 32, 196

米友仁（1075—1151），宋画家 223

民望，受信人 146

倪瓒（约1301—1374：DMB 1090—1093），元书画家 66, 71, 111, 119, 128, 168, 182, 209, 223, 243

聂豹（1487—1563：DMB 1096—1098），同僚 94, 211, 248

欧阳必进（1491—1567：《明传》794），官员 110

欧阳德（1496—1554：DMB 1102—1104），官员、书家 139

潘半岩，受画者 94

潘辰（1519年殁：《明传》776），父亲之友 44, 247

潘崇礼，受文者 128

潘和甫，《劝农图》（1525）受赠者 94, 95, 图 32

彭昉（1470—1528：DMB 1117），墓志传主 83

彭年（1505—1566：DMB 1117-1118），弟子、受信人、姻亲 83, 136, 148, 153, 171, 185, 186, 187, 220

彭中之，受画者 153

皮日休（约834—约883），唐诗人 118

浦有徵，友人 123

祁春（1430—1508），舅父 5, 136

祁慎宁（1477 年殁），母 5

祁守清（1437—1508），姨母 5

启之，受信人 145

钱榖（1508—约 1578：DMB 236—237），弟子、画家 159, 图 68, 171, 187, 287

钱贵（1472—1530：《明传》879），受诗者、墓志传主 69, 70, 92, 115, 245

钱宁（1521 年殁），宦官、宠臣 13

钱泮（1493—1555：《明传》876），墓志传主 110

钱同爱（1475—1549：《明传》876），友人、诗、信及画受赠者，墓志传主 52, 图 18, 59, 60, 62, 63, 图 21, 66, 81, 83, 118, 125, 129, 179, 212, 243, 244, 245

钱子中，挽词传主 81

乔宇（1457—1524：《明传》675），官员、庇主 89, 90, 91, 92, 247

秦镗（1466—1544：《明传》431—432），墓志传主 245

丘思，丘母墓志委托人 138

丘廷基，钟夫人之夫 138

仇英（约 1494—约 1552：DMB 255-257），画家 图 17, 图 18, 153, 156, 186, 图 87, 191, 215, 257, 262

屈原（约公元前 315 年殁），诗人 25, 238

权鹤峰，僧人 120

如鹤，《乔林煮茗》（1526）受赠者 94, 图 31, 149

汝讷（1433—1493：《明传》118），官员 89

汝养和，官员、汝讷之子，纪文委托人 89

桑廷瑞，画像赞主 47

邵宝（1460—1527：《明传》288），官员 49

沈啓（1501—1568：《明传》173），绍兴知府 99

沈邠，《募驴图》认捐者 图 18, 59

沈林（1453—1521：《明传》171），行状传主 47, 246

沈明之，友人 52

沈润卿，题跋受赠者 119

沈天民，文、画（《浒溪草堂图》）受赠者 92，图 51

沈云鸿（1450—1502：DMB 1177），墓志传主 32, 110, 134

沈周（1427—1509：DMB 1173—1177），师长、诗人、书画家 VII, VIII, 6, 7, 9, 10, 图 4, 18, 29, 30, 31, 32, 图 10, 图 11, 34, 35, 36, 38, 39, 50, 53, 55, 56, 68, 73, 109, 110, 111, 119, 120, 123, 128, 146, 167, 174, 182, 195, 198, 202, 209, 220, 236, 237, 238, 239, 251, 267, 270

慎祥（1479—1539），墓志传主 137

石瀚（1458—1532），受文者、墓志传主 136, 137

石涛 [1642—1707：DMB 1259—1263（道济条）]，清书画家 II, XVII, 142, 233

石屋，受信人 144, 145

石诸，《兰竹石图》受赠者 152, 图 60

时大彬（活动于 16 世纪晚期），陶工 215

史际（1495—1571：《明传》105），受文者 116

事茗，墓文传主 167

双梧，道士、受信人 147

苏轼（1037—1101），宋官员、文人、书画家 29, 158, 180, 186, 198

苏舜钦（1008—1048），宋诗人 119

孙过庭（约 648—约 703），唐作家 198

孙咏之，《深翠轩图》（1518）委托人 图 29, 129

谈恭人（谈氏，1469—1538），婶婶、墓志传主 15, 136, 236

谈祥（1480—1537：DMB 657），墓志传主 136

汤珍（《明传》628），诗、信受赠者 116, 176, 178, 179, 187

唐龙（1477—1546：《明传》399），文徵明为书墓志 139, 图 52, 254

唐寅（1470—1524：DMB 1256—1259），友人、

书画家　图 12, 40, 图 13, 43, 49, 50, 53, 54, 55, 56, 图 18, 59, 60, 62, 64, 66, 68, 69, 106, 119, 图 47, 130, 159, 174, 176, 195, 196, 198, 201, 205, 242, 257, 260

陶潜（365—427），南朝诗人 133, 216

滕用衡（1337—1409），元收藏家 88

天黥，受信人 103, 146, 149

童汉臣（1535 年进士：《明传》631），《疏林浅水图》（1540）受画者 141, 图 54

涂相，受文者 96

万育吾，武进知县、贺文对象 100

王鏊（1450—1524：DMB 1343—1347），官员、庇主 32, 38, 40—43, 图 13, 50, 63, 64, 79, 80, 84, 图 40, 118, 120, 123, 130, 196, 197, 221, 239, 241, 243, 245, 271

王秉之，友人 123

王宠（1494—1533：DMB 1368—1369），弟子、书家、诗画（《松壑飞泉》[1527—1531]、《停云馆言别图》[1531]、《关山积雪图》[1528—1532]）受赠者、墓志传主 80, 110, 129, 图 45, 145, 171, 174—176, 178, 179, 图 77, 图 78, 187, 215, 220, 244, 250, 259, 260

王德昭，《清阴试茗图》（1528）受赠者 153, 图 64, 176, 215

王穉登（1535—1612：DMB 1361—1363），作家 207, 236, 264, 271

王夫人（翁氏，1521 年殁），王鏊之母、家传传主 138

王涣（约 1482—1535），墓志传主 73, 83, 245

王徽（1428—1510：《明传》77），诗中人物 36, 251

王瑾，王献臣之父、碑文传主 44

王涞（1459—1528），墓志传主 110

王蒙（约 1308—1385），元画家 VIII, 55, 111, 119, 209

王明府，受信人 103

王清夫，受文者 52, 174

王石门，受信人、《虞山七星桧》（1532）受赠者图 41, 146, 153

王世贞（1526—1590：DMB 1399—1405），官员、作家、文徵明传作者 204—207, 209, 214, 233, 263, 264

王守（《明传》28），信札、诗作及《仙山图》（1543）受赠者 48, 99, 174, 176, 179, 244, 257

王守仁（1472—1529：DMB 1408—1416），官员、思想家 48, 图 97, 257

王锃，王夫人之子 138

王廷（1532 年进士：《明传》35），苏州知府 105, 106, 139, 249

王廷载，受信人 7

王庭（1488—1571：《明传》46），友人、信札及题跋受赠者 148, 149, 256

王同祖（1497—1551：《明传》30），官员、襟兄之子 16, 87, 95

王韦（《明传》42），诗、文、信札受赠者 74

王维（701—761），唐诗人、画家 182

王闻，诗、画（《存菊图》，1508）受赠者 图 48, 184, 216

王锡麟，王献臣之子 44

王锡龙，王献臣之子 106

王羲之（303—361），南朝书家 32, 100, 163, 图 71, 图 72, 165, 197, 198, 199

王献臣（《明传》80），官员、庇主、《拙政园图册》（1533、1551）及诗、文受赠者 图 14, 图 15, 44, 45, 106, 129, 220

王献之（344—388），南朝书家 176, 图 79

王毅祥（1501—1568：《明传》69），弟子、画家、《画竹册》（1538）、《林榭煎茶图》及《兰石图》轴受赠者 145, 171, 179, 180, 图 80, 图 82, 图 83, 182, 184, 185, 186, 216, 260

王仪（《明传》70），知府、受信人 103, 104

王银（1464—1499：《明传》30），襟兄 16, 17, 18, 20

王曰都，女婿、受信人 21

文骈，孙 83, 185

文宝，文氏宋代祖先 12, 25

294　｜ 雅债——文徵明的社交性艺术

文彬（1468—1531），叔 11, 12, 13

文伯仁（1502—1575：*DMB* 1473），侄 175, 207

文洪（1426—1479：《明传》17），祖父 9, 10, 12, 78, 113, 176, 200, 234, 236, 263

文惠（1399—1468），曾祖父 9, 200, 234, 263

文嘉（1501—1583：《明传》18），子 XIX, 20, 49, 50, 80, 85, 92, 93, 148, 163, 175, 178, 186, 187, 198, 199, 图 91, 201—207, 209, 211

文奎（1469—1536），兄 8, 9, 31, 78, 113, 167, 205

文林（1445—1499：《明传》17），父 4, 7, 8, 12, 13, 14, 28, 29, 31, 32, 35, 36, 37, 38, 40, 42, 49, 54, 56, 68, 78, 83, 200, 201, 202, 203, 204, 205, 209, 212, 234, 235

文彭（1489—1573：《明传》17），子 60, 80, 85, 148, 156, 176, 178, 186, 187, 214, 263

文森（1464—1525：《明传》17），叔 12—16, 26, 40, 41, 78, 80, 82, 105, 113, 128, 200, 203, 234, 236, 263

文素延（1437—1513），姑婆 10

文台，子 187

文天祥（1236—1283），宋政治家 13, 14, 16, 25, 40, 41, 105, 168, 200, 236

文通，仆人 190

文同（1018—1079），宋文人、画家 180

文旺，仆人 190

文学，受信人 145

文玉清（1449—1528），姑母 10, 11, 12

文徵明（1470—1559：*DMB* 1470—1474）

闻人诠（1525年进士），教育官员、王守仁之连襟 99

蜗隐，受信人 144, 149

吴爟，受信人 73, 118

吴夫人（吴氏，1470—1543），妻 18, 20, 21, 202

吴继美（1488—1534），墓志传主 125

吴敬方，受画者 220

吴宽（1436—1504：*DMB* 1487—1489），师长、庇主 8, 18, 29, 30, 31, 38, 40, 43, 53, 55, 63, 64, 73, 78, 120, 123, 128, 201, 235, 238, 246, 251, 271

吴纶（1440—1522：《明传》253），题跋受赠者 195

吴山泉，受画者 220

吴西溪，受画者 44

吴一鹏（1460—1542：《明传》236），墓志传主 55, 96, 118

吴奕（1472—1519），诗、题跋受赠者 55

吴愈（1443—1526：《明传》252），岳父、受信人 18, 19, 20, 图 6, 83, 92

吴镇（1280—1354），元画家 VII, 209, 223

西施，古吴国美人 117

夏昺（《明传》405），书画家、姻亲 17, 89, 195

夏圭（活动于约1200—1250年），宋画家 88

夏昶（1388—1470：*DMB* 525—527），书画家、姻亲 17, 18, 图 5, 89, 209

夏文彦（活动于14世纪），作家 18

项笃寿（1521—1586：《明传》639），项元汴之兄、画作及信札受赠者 149

项元汴（1525—1590：*DMB* 539—544），收藏家 图 1, 149

小野，《山水图》受赠者 144, 图 55

谢铎（1435—1510：《明传》889），诗中人物 31, 251

谢晋，明初艺术家 图 29, 129

心秋，信、画受赠者 144

邢参（《明传》234），友人、受诗者 图 18, 55, 59, 63, 66

邢缵（1453—1510：《明传》234），长洲知县 82

性空，僧人、受画者 179

徐达（1332—1385：*DMB* 602—608），武官 130

徐阶（1503—1583：*DMB* 570—576），官员、《永锡难老图》（1557）受赠者 139, 图 53, 249

徐缙（1479—1545：*DMB* 1346），画（《花卉册》，1533）、文、诗及题跋受赠者 118, 119, 221

人名索引 | **295**

徐梅泉，受信人 147, 148, 149

徐沁，清作家 209, 236, 264, 271

徐世英（《明传》458），诗、画受赠者 44, 111

徐有贞（1407—1472：DMB 612—615），书家 59, 196, 198

徐祯卿（1479—1511：DMB 569—570），诗、文、信受赠者、祭文传主 6, 7, 35, 52, 55, 56, 图 17, 图 18, 59, 60, 62, 64, 66, 68, 69, 96, 118, 201, 205, 220, 235, 242, 243, 271

薛蕙（1489—1541：《明传》903），墓碑铭传主 93, 105, 106, 120, 249

薛淋（1489—1530），墓志传主 245

严宾，诗、信、画受赠者 145, 146

严嵩（1480—1565：DMB 1586—1591），官员 XIII, 141, 158, 210, 211, 212

研庄，受信人 100

阎次平（活动于约1164年），宋画家 119, 195

阎立本（673年殁），唐画家 197

阎起山，墓志传主 69, 125

阎秀卿（活动于16世纪初），作家 68, 243, 271

颜真卿（709—785），唐书家 165

杨秉义（1483—1529：《明传》704），受文者 93

杨复春（1480—1538），墓志传主 108, 245

杨复生，受画者 220

杨美，《募驴图》认捐者 图 18, 59

杨慎（1488—1559：DMB 1531—1535），同僚、赠文徵明文作者 92, 201

杨廷和（1459—1529：DMB 1542—1546），官员 49, 90, 91, 92

杨维聪（1500年生：《明传》715），同僚 193, 194

杨循吉（1458—1546：DMB 1513—1516），受信人、文徵明之父的墓志铭作者 6, 7, 8, 42, 43, 53, 64, 68, 120, 123, 172, 201, 240

杨一清（1454—1530：《明传》694），受文者、赠文徵明诗作者 47, 246

姚广孝（1335—1418：《明传》381），僧人 107, 250

姚涞（1523年进士：《明传》380），同僚、赠文徵明诗作者 193, 194

叶玠，《募驴图》认捐者 图 18, 59

叶鹤年，贺文委托人 96

叶文贞，贺文对象 96

永付，仆人 190

永贤，僧人，《兴福寺重建慧云堂记》委托人 123

右卿，诗、信受赠者 100

俞谏（1453—1527：《明传》372），庇主、受文者 203, 204, 205

俞紫芝，画家 100

袁褧（1495—1560：DMB 1628），信、题跋受赠者 145, 167

袁袠（1502—1547：DMB 1626—1628），文、画（《江南春》，1547）受赠者、墓志传主 52, 81, 图 23, 167—169, 220, 250

袁㸅（约1467—1530：《明传》425），袁袠之父、墓志传主 25, 175

袁褒（1499—1576：DMB 1627），信、画（《袁安卧雪图》，1531）受赠者 167, 168 图 74

袁表（《明传》424），诗、画受赠者 66, 111, 167, 169, 258

袁裒（《明传》425），诗、信、画受赠者、袁梦鲤之父 167, 169, 175, 图 75

袁梦鲤，孙女婿 25, 175

袁裴（DMB 1627），受画者 167, 169

袁翼（1481—1541：《明传》428），墓志传主 245

袁尊尼（1523—1574），题文徵明画 图 3, 169

越山，《山水树石册》（1552）受赠者 152, 图 61

允文，受信人 146

湛若水（1466—1560：DMB 36—41），思想家、同僚 93, 96

张秉道，题跋受赠者 198

张丑（1577—1643？：DMB 51—53），作家 77

张璁（1475—1539：DMB 67—70），官员 91, 93, 96, 139, 201, 206, 249

张凤翼（1527—1613；*DMB* 63—64），书、画《古柏图》受赠者 Ⅸ，图 3, 156, 221

张衮（1487—1564；《明传》536），受信人 23, 96, 147

张弘用（1487—1516），墓志传主 80

张简（1465—1535；《明传》557），画像赞主 246

张恺（1453—1538；《明传》542），传主 109

张灵（《明传》561），受诗者 55, 66

张钦，《募驴图》认捐者 图 18, 59

张声远，文惠之岳父 200

张士诚（1321—1367；*DMB* 99—103），苏州割据势力 125

张玮（1452—1517），墓志传主 125, 246

张西园，沈周等人为作贺寿图及诗 55, 64

张献翼（1604 年殁；《明传》559），受信人 156, 157

章文，刻工、受信人 190, 191, 198, 图 90

赵伯驹（约 1162 年殁），宋画家 60, 179, 195, 223

赵孟頫（1254—1322），元官员、书画家 Ⅶ, 44, 100, 153, 156, 182, 187, 195, 196, 197, 图 89, 198, 199, 202, 209

赵孟坚（1199—约 1267），宋画家 116

赵忭，长洲知县 96, 99, 249

赵宗鲁（1529 年殁），墓表传主 96

郑子充，《蒙桂斋图》受赠者 152, 图 59

钟夫人（钟氏，1475—1538），墓志传主 138

周德瑞，受文者 93

周凤来（1523—1555），书《心经》受赠者 156, 256, 图 65

周经（1440—1510；*DMB* 267—269），官员 13, 15

周伦（1463—1542；《明传》325），传主 92, 246

周天球（1514—1595；《明传》315），受文者 图 3, 171, 186

周振之，受文者 52, 245

周祚（《明传》324），官员、受文者 114

朱勔（活动于 12 世纪初），宋官员 120

朱秉忠，受文者 图 47, 52

朱察卿（1572 年殁；《明传》144），官员、受信人 146

朱长文（1039—1098），宋诗人 56

朱宸濠（1519 年殁；《明传》135），宁王 48, 49

朱存理（1444—1513；*DMB* 371—372），受文者、墓志传主 图 17, 图 18, 55, 56, 63, 64, 261

朱德润（1294—1365），元画家 119

朱奠培（1418—1491），宁王 48

朱厚熜（1507—1567；*DMB* 315—322），嘉靖皇帝 13, 图 26, 90, 95, 139

朱厚照（1491—1521；*DMB* 307—315），正德皇帝 13, 49, 50, 90, 92

朱凯（1512 年殁；《明传》140），友人 55, 56, 118, 244

朱朗，弟子、代笔 137, 171, 187, 图 85, 188, 190, 214, 图 86, 243, 260, 261, 271

朱良育，友人、《募驴图》认捐者 图 18, 59, 66, 68

朱权（1378—1448；*DMB* 305—307），宁王 48

朱荣（1486—1551），墓志传主 137, 187, 188

朱三峰，受画者、朱希周之弟 254

朱希周（1463—1546；《明传》129），官员 202, 210, 254

朱应登（1477—1526；《明传》149），《剑浦春云图》（1509）受赠者 86, 图 28

朱治登，作伪者 214

祝允明（1460—1526；*DMB* 392—397），诗、题跋受赠者 29, 59, 图 18, 图 19, 60, 62, 63, 64, 68, 69, 110, 119, 120, 196, 198, 201, 205, 220, 252

庄昶（1437—1499；《明传》616），诗文受赠者、诗中人物 29, 38, 238, 251

子慎，《四体千字文》受赠者 152, 图 63

子仰，《秋山图》受赠者 152, 图 62

子正，受信人 145